JOSÉ AUGUSTO WANDERLEY

NEGOCIAÇÃO TOTAL

ENCONTRANDO SOLUÇÕES, VENCENDO RESISTÊNCIAS, OBTENDO RESULTADOS

Copyright © Editora Gente

Editora	*Rosely M. Boschini*
Capa	*Márcio Perri*
Preparação	*Kika de Freitas*
Revisão	*Hiroko Tamada*
	Jô de Melo
	Márcia de Melo Pires
Editoração eletrônica	*Saga Ltda.*

Dados Internacionais de Catalogação na Publicação (CIP)
(Câmara Brasileira do Livro, SP, Brasil)

Wanderley, José Augusto

Negociação total: encontrando soluções, vencendo resistências, obtendo resultados / José Augusto Wanderley. — São Paulo : Editora Gente, 1998.

ISBN 85-7312-168-8

1. Administração de conflitos 2. Administração por objetivos 3. Decisões 4. Negociação 5. Relações interpessoais 6. Solução de problemas I. Título

98-3462   CDD-658.4052

Índices para catálogo sistemático:
1. Negociação : Administração executiva : Administração de empresas   658.4052

Todos os direitos desta
edição são reservados à Editora Gente.
Rua Pedro Soares de Almeida, 114, São Paulo – SP
CEP 05029-030 – Telefax: (011) 3670-2500
Site: www.editoragente.com.br
E-mail: gente@editoragente.com.br

A

minha tia Carminha e a meus filhos
Flávia, Alexandre, Ana Luisa e Marcela,
com todo o meu amor e carinho.

Agradecimentos

A Luiz Augusto Costacurta Junqueira, pelos incentivos para escrever este livro.

Beth Werner, pelo apoio.

Ataliba Vianna Crespo, Eraldo Meireles, Sineval Martins Rodrigues e Leila Rockert, companheiros de consultoria em negociação.

Maria Teresa Ramos de Souza e Alcides Santos da Silva, cujo apoio logístico foi fundamental para o desenvolvimento de nossos seminários sobre negociação.

Todas as pessoas que, de uma forma ou de outra, contribuíram para que eu pudesse escrever este livro, sobretudo os participantes de nossos seminários.

José Augusto Wanderley

Apresentação

Há, pelo menos, quinze anos estive escrevendo este livro, baseado nas minhas atividades de treinamento e consultoria, não apenas em negociação, mas também em desenvolvimento gerencial, formação de equipe, processo decisório, resolução de conflitos e criatividade. Através destas atividades pude compreender a negociação de uma forma mais ampla, em contraste com a minha compreensão inicial, quando, depois de me formar em Engenharia, fui trabalhar no setor comercial de uma empresa multinacional.

Negociação, em última instância, significa definição e busca de objetivos, relacionamento interpessoal e processo decisório compartilhado. Não existe negociação em que estes três aspectos não estejam sempre presentes. A qualidade com que são tratados é que faz a diferença. E mais: não existe nada referente ao ser humano que não esteja presente numa negociação.

O que se procura mostrar é esta forma de ver a negociação, em que todos estes aspectos relevantes são identificados e relacionados, tornando possível obter resultados que levem em conta expectativas, emoções, desejos, sentimentos, temores, valores, crenças e necessidades das partes envolvidas. Para tratar dessas questões, desenvolvemos um modelo e uma metodologia aberta e flexível, de tal forma que o leitor possa ir agregando aos mesmos as suas experiências profissionais e pessoais e fazer as adaptações necessárias a cada contexto e situação. Uma metodologia que, acreditamos, seja útil, direta e objetiva.

Entre as fontes deste nosso trabalho, não poderíamos deixar de citar as contribuições dos participantes de nossos seminários, que, com seus desafios, nos permitiram amadurecer nossas reflexões de modo a encontrar aquilo que fosse realmente essencial, o que determina o sucesso ou o fracasso numa negociação. Os *feedbacks* relativos aos resultados das aplicações da nossa metodologia no dia a dia desses participantes, seja na vida particular, seja na vida profissional, também foram muito úteis e nos convenceram de que aqueles que utilizam e aplicam a metodologia desenvolvida obtêm resultados extremamente compensadores.

O tempo relativamente longo em que este livro foi elaborado não nos permite sempre lembrar de todas as fontes em que nos baseamos e a partir das quais criamos e desenvolvemos os nossos conceitos. Foram muitas as fontes. Às vezes, nos lembramos de alguma coisa ou conceito, decidimos procurar a fonte e não conseguimos localizá-la mais. Assim, a bibliografia contém aquelas que consideramos mais relevantes. Esperamos que não tenhamos omitido nenhuma que tenha sido realmente significativa.

De nossa experiência em treinamento, consultoria e mudança comportamental, constatamos que de nada adianta fazer cursos e ler livros se os conceitos não forem internalizados e aplicados. Assim, é nosso desejo que este livro seja, por um lado, como uma viagem, que permita uma reflexão sobre a sua prática, auxiliando a identificação de seus pontos fortes e fracos. Por outro, que seja como uma bússola que orienta a sua ação. De qualquer forma, é sempre conveniente ter em mente que conhece melhor o gosto da mostarda quem prova uma pitada dela do que quem vê um elefante carregando uma tonelada deste condimento.

O livro foi desenvolvido considerando alguns conceitos básicos, entre eles o de poder pessoal, o do MIN — Modelo Integrado de Negociação, das formas de negociar e do Mecanismo Básico do Sucesso. Além destes, foram abordados os conceitos do *iceberg* comportamental e das etapas do processo de negociação.

De qualquer forma, é sempre conveniente mencionar uma orientação de Budha:

Não acredite em nada simplesmente porque foi dito
nem em tradições por terem sido legadas da Antiguidade
nem em lendas do passado
nem em escritos de sábios só porque os sábios os escreveram
nem em fantasias que suspeitamos nos tenham vindo da inspiração divina
nem em inferências tiradas ao acaso
nem no que parece ser uma necessidade analógica
nem na mera autoridade dos nossos professores e mestres.
Só acredite quando escritos, doutrinas ou dizeres forem corroborados pela razão e pela consciência.

Só assim acreditamos que cada pessoa possa conhecer profundamente as suas verdades e fugir da superficialidade dos modismos, distinguindo aquilo que é relevante e que, de fato, faz a diferença entre o sucesso e o fracasso.

José Augusto Wanderley
e-mail: jawander@jawanderley.pro.br
zw@jawanderley.pro.br
Home page: http://www.jawanderley.pro.br
Tels.: (0xx21) 2205-3608 e (0xx21) 2205-5851

Prefácio

Negociação, influenciação, relacionamento são hoje as principais dimensões da liderança numa sociedade globalizada. A tese por trás dessa afirmação é que o "ensino" de liderança, num mundo global, comporta uma possibilidade de combinações tão grandes que deveríamos nos concentrar naquelas dimensões de maior impacto sobre os negócios, exatamente as mencionadas no início deste parágrafo.

Dentro desse mesmo contexto, vale transcrever uma afirmação de Charles Handy, guru europeu: "O *empowerment* é algo cuja iniciativa deve partir de quem 'está embaixo', mais do que uma proposta do superior hierárquico, até porque isso deixará ao subordinado a decisão sobre querer ou não ser energizado". A relação entre negociação e *empowerment* é evidente: o grau de *empowerment* varia segundo a capacidade de influenciação daquele que tomou a iniciativa da solicitação.

Definidas essas questões estratégicas, é fundamental mencionar que muita coisa aconteceu com a "negociação" desde que trouxemos o primeiro seminário para o Brasil, a partir de um intercâmbio de tecnologia com a Interpersonal Growth Sistems, presidida por Ronald Bates.

Sem o intuito de estabelecer prioridade, seguem algumas dessas mudanças:

▷ Da era do "comprar" passamos à era do "vender" (embora ambas as dimensões sejam igualmente importantes).

▷ A forma (processo) de negociar/vender passou a ser um grande diferencial competitivo.

▷ A ênfase no conhecimento do negócio passou a se fazer acompanhar da tecnologia de negociação (etapas, estratégias etc.), cada vez mais considerando a necessidade de customização desse conhecimento e dessa tecnologia em face das características pessoais (comportamentais) de quem está do outro lado da mesa.

▷ Os compradores passaram a se preparar tão bem (ou melhor) quanto os vendedores.

▷ O planejamento da negociação passou a receber uma parcela maior de nosso tempo, até para evitar que todo o processo sofresse com um desenvolvimento que não previsse ações contingenciais.

As mudanças que relatamos foram compartilhadas com o amigo e consultor José Augusto Wanderley, cuja atuação foi fundamental, a partir do ano de 1982, na condução dos seminários e no aperfeiçoamento dos produtos ligados ao tema negociação.

A ele devemos hoje boa parte do que conquistamos no mercado de consultoria e treinamento no Brasil (1400 eventos realizados). Começamos com um seminário gerencial e hoje possuímos um programa de educação permanente em negociação, eventos focados em gerência/compras/vendas, produtos/serviços/ideias, indústria/comércio/serviços.

Não podemos deixar de citar os companheiros que também estiveram e permanecem conosco neste esforço: Eraldo Meireles, Sineval Martins Rodrigues, Leila Rockert de Magalhães. Se o leitor nos perguntar as razões pelas quais deveria ler este livro, nós não teríamos dúvida em citar:

▷ A teoria aqui exposta foi retirada da experiência do autor, seu conteúdo nada tem de acadêmico.

▷ Essa teoria é decorrente de aplicações/experiências brasileiras.

▷ São abordados tanto os aspectos estratégicos quanto os operacionais do processo de negociação e influenciação.

▷ A mensagem é extremamente adequada a compradores, vendedores, mediadores, enfim todos os atores do processo de negociação.

▷ Cada capítulo é independente, o que permite a leitura daqueles tópicos de maior interesse, sem que se corra o risco de não entender a mensagem global.

Esperamos ter deixado o leitor curioso para usufruir a experiência de Wanderley, sintetizada neste livro.

Uma última observação: leia o livro pensando em todos os tipos de negociação em que estiver envolvido. **Uma boa metodologia não depende do tipo de negociação em que nos envolvemos.**

Boa leitura.

L.A. Costacurta Junqueira

Vice-presidente do MVC — Instituto M. Vianna Costacurta — Estratégia e Humanismo e autor do livro
Negociação: Tecnologia e Comportamento.

Sumário

Parte I — Alguns fundamentos

1. Você é um negociador (quer queira, quer não) ... 17
2. Negociação: alguns conceitos básicos ... 21
3. O MIN — Modelo Integrado de Negociação ... 29

Parte II — A realidade pessoal dos negociadores

4. O poder pessoal ... 37
5. O estado mental ... 41
6. O *iceberg* comportamental e o comportamento dos negociadores ... 48
7. O mecanismo básico do sucesso ... 57
8. Reflexão e ação: saber pensar e agir, sendo um negociador integral ... 61

Parte III — Os cenários e o conhecimento do negócio/assunto

9. Os cenários de uma negociação ... 69
10. O que é conhecer o assunto ou o seu negócio? ... 74
11. A margem de negociação ... 79

Parte IV — Relacionamento interpessoal

12. Habilidades de relacionamento. Janela de Johari e *Rapport* ... 85
13. Comunicação e metamodelo. Entendendo e se fazendo entender com precisão ... 90
14. O clima e a confiança na negociação: dois fatores indispensáveis ... 96
15. Estilos comportamentais ... 103
16. Comportamento dos negociadores e flexibilidade ... 116

Parte V — O processo de negociação

17. Os momentos e as etapas do processo de negociação _____ 127
18. Mais sobre etapas _____ 150
19. Estratégias e táticas de informação, tempo e poder _____ 158
20. As táticas ganha/perde _____ 182
21. Solução de conflitos na negociação. A superação de impasses _ 190
22. Como fazer e obter concessões. A matriz de concessões _____ 196

Parte VI — Negociação e processo decisório

23. O processo de tomada de decisão e solução de problemas _ 205
24. Pecados capitais no processo de tomada de decisão e solução de problemas _____ 211
25. Aspectos comportamentais do processo de tomada de decisão e solução de problemas _____ 215
26. Construindo acordos. Integrando os processos de tomada de decisão e solução de problemas na negociação _____ 220
27. Procedimentos indispensáveis para quem quiser negociar com base na solução de problemas _____ 223

Parte VII — Alguns complementos

28. O que não fazer ao negociar _____ 235
29. As modalidades e a estrutura geral e a específica de negociação _____ 240
30. A equipe de negociação e a sua organização _____ 243
31. A capacitação organizacional em negociação _____ 250
32. Poder pessoal: palavras finais _____ 254
33. Um teste: qual é a sua habilidade como negociador? _____ 258

Bibliografia _____ 262

ALGUNS FUNDAMENTOS

1
VOCÊ É UM NEGOCIADOR
(QUER QUEIRA, QUER NÃO)

2
NEGOCIAÇÃO: ALGUNS CONCEITOS BÁSICOS

3
O MIN — MODELO INTEGRADO DE NEGOCIAÇÃO

1

VOCÊ É UM NEGOCIADOR (QUER QUEIRA, QUER NÃO)

NEGOCIAR É PRECISO...
(adaptado de uma canção popular)

Você é um negociador, quer queira, quer não. Negociar é uma forma de viver. Pode-se viver impondo e exigindo ou concedendo e fugindo. Negociação pode ser uma contraposição a tudo isso. Negociar é enfrentar para encontrar soluções.

Negociação é uma das formas de exercer a arte das escolhas e suas implementações. Estamos sempre escolhendo e realizando as nossas escolhas. Para viver bem é preciso negociar bem. Vivemos num mundo de negociações, e negociar faz parte do nosso dia a dia, seja na vida profissional, seja na vida particular. São negociações com chefes, subordinados, colegas, clientes e fornecedores. Com amigos, pais e filhos. O próprio casamento é uma contínua negociação. Há quem o considere a mais difícil de todas as negociações. Onde quer que haja interesses opostos, conflitos ou divergências, há espaço para negociação.

Algumas negociações são simples e podem ter desfechos muito rápidos. Outras são complexas e podem durar muitos anos, como a negociação sobre os direitos aos recursos do fundo do mar, promovida pela ONU, que durou mais de sete anos e envolveu 150 países.

Quase tudo pode ser objeto de negociação. Compra e venda de produtos e serviços, transferência de tecnologia, dívida externa, pacto social, definição de expectativas, papéis e recompensas, entretenimento e lazer, associações, partilhas e separações. Enfim, uma lista interminável de assuntos. Tudo o que já foi objeto ou decidido através de alguma negociação

NEGOCIAÇÃO TOTAL

pode sê-lo novamente. Assim, não deve haver dúvida de que nosso destino e sucesso individual, familiar ou coletivo, em nações, empresas e instituições, é decidido ou influenciado a cada momento pelas negociações que nós mesmos realizamos ou deixamos de realizar, ou pelas negociações que outros desenvolvem, mas que, de uma forma ou de outra, acabam repercutindo em nossas vidas.

A necessidade de negociar também se impõe, e cada vez mais, por ser a forma mais apropriada de resolver problemas, conflitos e antagonismo decorrentes de nossa transformação em "aldeia global". Outros procedimentos, em virtude da enorme capacidade de destruição que o ser humano atingiu, podem significar o extermínio total, seja devido a uma guerra nuclear, seja devido à devastação dos sistemas ecológicos, como vem acontecendo atualmente com os danos à camada de ozônio, os desmatamentos indiscriminados e a poluição sistemática do meio ambiente.

Em decorrência destes fatos, mais do que em qualquer outra época, estamos nos tornando conscientes da importância do processo de negociação. E esta é uma verdade inquestionável que está se impondo cada vez mais, independentemente de nossas vontades. É como a lei da gravidade. Pode-se até ser contra, ou ignorá-la, mas continuamos sentindo seus efeitos. É também uma questão de sobrevivência e inteligência. Pessoas de sucesso, executivos que ocupam altos postos e também aqueles que obtêm êxito em seus negócios e empreendimentos são hábeis negociadores. Igualmente são negociadores hábeis as pessoas que conseguem levar suas vidas pessoal e familiar em harmonia.

O fato de estarmos continuamente negociando e, portanto, de sermos todos negociadores, tenhamos ou não consciência dessa condição, faz com que todos nós tenhamos muita prática em negociar. Mas é preciso cuidado. Ter muita prática não significa, obrigatoriamente, negociar bem. É o que acontece com a comunicação. Todos nós temos muita prática de comunicação, pois afinal estamos nos comunicando desde que nascemos. Mas apesar disso, frequentemente, nos expressamos inadequadamente e o nosso processo de comunicação é entremeado por distorções que provocam mal-estar, conflitos disfuncionais, prejuízos e términos de relacionamentos.

Portanto, uma coisa é a prática pura e simples da comunicação. Outra, bastante diferente, é saber se comunicar bem, com a compreensão dos vários elementos envolvidos nesse processo, necessários para que a comunicação se torne efetiva e não uma Torre de Babel.

O que é válido para a comunicação é válido para a negociação. Ou seja, a prática de negociar não significa saber, de forma consistente, como obter os resultados esperados e desejáveis. É preciso, intuitivamente, ou através de um aprendizado consciente, identificar e adotar os comportamentos usuais dos negociadores que obtêm sucesso em suas negociações, decorrentes, sobretudo, de seus estados mentais, de conhecimentos e de habilidades.

Existem duas razões principais que nos impedem de perceber que somos todos negociadores e que estamos continuamente negociando. A primeira é que a palavra negociação muitas vezes é interpretada de forma distorcida e associada a comportamentos antiéticos, como "passar a perna" nos outros, levar vantagem em tudo, considerando somente o próprio lado (Lei de Gerson), ou até mesmo vender a própria consciência.

A segunda razão é uma visão extremamente limitada de negociação, associando-a a uma ou outra de suas formas, geralmente compra, venda ou negociação sindical. Essa concepção limitada é equivocada, pois nem sempre quem compra ou vende está negociando. Quem compra num supermercado não está negociando. O vendedor que efetua uma venda por ter vencido uma concorrência tampouco está negociando. Igualmente não há negociação sindical quando, sob a fachada de um ritual, o objetivo é simplesmente atiçar ou forçar uma greve por questões ligadas à liderança dentro do sindicato ou quando o lado patronal atua, com dados falsos e promessas que não serão cumpridas. O fato é que uma concepção limitada não facilita a troca de conhecimentos entre as várias modalidades de negociação e impede que se verifiquem e compreendam os princípios e fundamentos sempre presentes em toda e qualquer negociação. Além disso, impede também a identificação das características básicas dos negociadores bem-sucedidos:

> ▷ são capazes de obter os resultados dentro da margem a que se propõem;

> ▷ sabem que o importante não é o que fazem, mas sim as respostas que recebem por aquilo que fazem;

> ▷ consciente ou inconscientemente, desenvolvem seu poder pessoal e sabem como utilizá-lo com propriedade e oportunidade;

> ▷ são flexíveis e sabem como eliciar estados mentais positivos;

> ▷ têm uma grande necessidade de realização e empregam sua energia corretamente, nos pontos que efetivamente são pertinentes e significativos;

> ▷ são pacientes e determinados;

- correm riscos de forma adequada;

- sabem determinar objetivos e fazer escolhas apropriadas;

- sabem diferenciar o essencial do acidental;

- podem conviver com situações de ambiguidade, conflito, insegurança e *stress;*

- conhecem o processo de negociação;

- têm um enfoque situacional, ou seja, são capazes de refletir e de agir de acordo com cada situação específica;

- nem sempre obtêm o melhor resultado, mas, na pior das hipóteses, não fazem um acordo do qual venham a se arrepender.

Para fazer face às exigências de uma negociação, é necessário um conjunto de habilidades que não se restringem às de negociação propriamente ditas. Entre elas estão as de gerenciamento, solução de problemas, tomada de decisão, comunicação, motivação, administração de conflitos e do tempo, desenvolvimento de equipe e organização de reuniões.

Nosso objetivo com este livro é:

1. apresentar de forma sistemática todos os aspectos relevantes numa negociação bem-sucedida;

2. mostrar o conjunto de estados mentais, crenças e valores daqueles que fazem boas negociações;

3. indicar formas de desenvolvimento das habilidades pessoais;

4. propor práticas para o autodesenvolvimento;

5. identificar formas de desenvolvimento do seu poder pessoal e, consequentemente, obter mais êxito em suas negociações.

NEGOCIAÇÃO: ALGUNS CONCEITOS BÁSICOS

O QUE É NEGOCIAÇÃO?

Negociação é o processo de alcançar objetivos por meio de um acordo nas situações em que existam interesses comuns, complementares e opostos, isto é, conflitos, divergências e antagonismos de interesses, ideias e posições.

Essa definição comporta algumas considerações:

Negociação é um processo, uma sequência de etapas que se desenrolam do início até o final da negociação. A maneira como desenvolvemos este processo é decisiva para o desfecho da negociação.

Certa vez, dois seminaristas foram pedir autorização ao padre superior para fumar enquanto rezavam. O primeiro foi direto ao assunto, perguntando se podia fumar durante suas orações. O padre negou o pedido e exigiu do seminarista muitas penitências. O segundo seminarista preparou-se previamente. Descobriu qual era o santo da devoção do superior, leu sobre sua vida e foi ao encontro do padre. Estabeleceu um clima positivo e verificou o momento oportuno de fazer a sua solicitação. Falou sobre seu grande desejo de chegar à santidade e contou o que vinha fazendo nesse sentido. Entretanto, observou, tinha um pequeno problema. Algumas vezes costumava fumar, mas nos momentos em que estava fumando sentia uma vontade incontrolável de rezar. Será que nesses momentos poderia rezar? Recebeu uma resposta positiva, com a recomendação de que rezasse também para interromper esse vício.

Portanto, há uma grande diferença entre pedir para fumar enquanto se reza e pedir para rezar enquanto se fuma. Muitas vezes o *como* se faz é tão ou mais importante do que *o que* se faz.

 Toda negociação significa alcançar objetivos. Assim, é necessário que saibamos formular com propriedade nossos objetivos e desejos. E, também, o que estamos dispostos a dar em troca. Quem quer obter alguma coisa sem dar nada em troca está esperando uma doação ou então um milagre.

 Uma negociação pode ser entendida dentro de uma adaptação do conceito do campo de forças[1], utilizado em intervenção e mudança organizacional. Assim, podemos entender uma negociação como a passagem de uma situação atual para uma situação futura, dentro de um campo de forças impulsionadoras e restritivas, conforme a figura acima. As forças impulsionadoras são as que levam a um desfecho dentro da zona de acordo. Entre estas forças podem estar os interesses comuns. As forças restritivas, como uma preparação inadequada da negociação, conduzem a negociação para o acordo nocivo ou para o impasse.

 Negociação é relacionamento e não um ato isolado. É sempre alguma coisa que se faz em conjunto. E, em todo relacionamento, dois fatores estão sempre presentes: emoção e comunicação. Não há relacionamento humano sem a presença desses dois componentes e a maneira como eles são considerados reflete diretamente no êxito ou no fracasso da negociação.

---

[1] O conceito do campo de força foi desenvolvido pelo psicólogo Kurt Lewin.

NEGOCIAÇÃO: ALGUNS CONCEITOS BÁSICOS

 O que diferencia a negociação de outras formas de alcançar objetivos é que, na negociação, isso é feito por meio de um acordo, ou seja, um ajuste, um pacto, uma combinação. E isso significa processo decisório compartilhado, pessoas decidindo em conjunto. Esse acordo pode ser obtido com consentimento mútuo ou por meio de dominação, manipulação e chantagem.

 Divergências, conflitos e antagonismos estão sempre presentes de uma ou de outra forma. Alguns antagonismos são decorrentes de má comunicação ou divergências entre ideias, interesses e propostas. Outros têm origem em dificuldades de relacionamento, chegando ao extremo de um negociador não suportar a presença do outro.

AS POSTURAS DE NEGOCIAÇÃO

Existem duas condutas básicas que implicam em comportamentos relacionados a um conjunto de estados mentais, atitudes, crenças e valores que, em última instância, determinam a forma como o negociador usa seus recursos, conhecimentos e habilidades.

1. Postura competitiva (ganha/perde)

É o negociador que está interessado apenas na satisfação dos seus próprios interesses, mesmo que isso represente danos para o outro lado. Adota máximas como:

- O importante é levar vantagem em tudo.
- Só os interesses próprios é que contam. O outro que trate de cuidar dos seus.
- O mundo é dos mais espertos.
- A negociação é um campo de batalha no qual os mais aptos vencem.
- Quem tem pena do coitado fica no lugar dele.
- O que vale é, sobretudo, o curto prazo, pois a longo prazo estaremos todos mortos.

NEGOCIAÇÃO TOTAL

> ▷ Não é importante estabelecer vínculos positivos ou duradouros com o outro negociador.

> ▷ O segredo é a alma do negócio. Informações falsas fazem parte do negócio.

> ▷ Vale tudo. O importante é não ser pego.

Os negociadores deste estilo não têm remorsos nem princípios éticos, acreditam que os outros são ingênuos e não estão percebendo as suas manobras ou são incapazes de uma retaliação à altura. Em suas negociações utilizam, sobretudo, a barganha de propostas, sem entender mais profundamente a substância das questões que estão sendo negociadas.

Existem duas modalidades de negociadores ganha/perde. A hostil, cujo objetivo é intimidar a outra parte, e a manipuladora, que procura cativar ou enganar o outro lado, induzindo-o a erros de interpretação não só quanto a informações, mas também quanto às verdadeiras intenções do que se pretende efetivamente negociar.

2. Postura colaborativa (ganha/ganha)

Este negociador parte do princípio de que um bom acordo é aquele que satisfaz os interesses de ambos os lados. Que é possível encontrar alternativas de ganho comum, pois os negociadores não são inimigos, mas sim solucionadores de problemas comuns. São pessoas que agem para encontrar pontos de convergência, por mais difícil que seja. Têm as seguintes crenças:

> ▷ Querem que os seus interesses sejam atendidos.

> ▷ Um bom negócio deve atender os interesses de todos os negociadores envolvidos.

> ▷ O problema do outro não é só problema do outro. Ele deve ser identificado e solucionado no processo de negociação.

> ▷ Embora o curto prazo seja relevante, não se pode deixar de levar em consideração as perspectivas de médio e longo prazos.

> ▷ Em toda negociação, além do objeto da negociação, deve-se dedicar igual atenção ao relacionamento entre as partes.

▷ Para que haja um bom acordo, é necessário que os dois lados estejam verdadeiramente comprometidos com a sua implementação.

3. Postura perde/perde

Eventualmente é possível encontrar a postura perde/perde, que é a do negociador que não se importa de perder desde que o outro também perca. O mais importante é prejudicar o outro, e não obter qualquer vantagem para si próprio. É o estilo *kamikaze*. Vamos todos explodir juntos.

Certa vez, um escorpião pediu a um sapo que o ajudasse a atravessar um rio. O sapo respondeu que não, pois o escorpião iria matá-lo. "Ora", disse o escorpião, "se você morrer, eu morrerei junto, pois não sei nadar". O sapo achou a argumentação muito razoável e resolveu atravessar o rio com o escorpião às suas costas. Quando chegou ao meio do caminho, o escorpião deu uma ferroada no sapo, que, atônito, perguntou: "Por que você fez isso? Agora nós dois vamos morrer". "É verdade", respondeu o escorpião, "eu também vou morrer, mas não pude conter o meu ímpeto."

OS DESFECHOS DE UMA NEGOCIAÇÃO

Numa negociação existem quatro desfechos possíveis, conforme apresentado na figura abaixo:

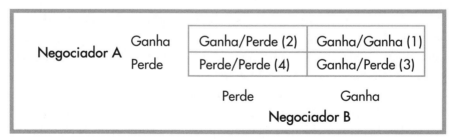

O ganha/ganha (1) ocorre quando os interesses legítimos das partes são atendidos, isto é, quando um acordo efetivo é realizado. Parte do princípio de que a efetividade de um acordo (EA) é o produto de sua qualidade (Q) por sua aceitação (A), ou seja: EA=QxA.

Um acordo tem aceitação quando as partes envolvidas estão comprometidas psicologicamente com ele e dispostas a cumpri-lo. Um acordo tem qualidade quando os interesses legítimos das partes foram atendidos. O resultado ganha/ganha, portanto, é consequência de um acordo com alta qualidade e alta aceitação.

O ganha/perde (2 e 3) ocorre quando somente os objetivos e interesses de uma das partes são atendidos e o perde/perde (4) quando as duas fazem acordos nocivos ou chegam a impasses prejudiciais para ambas.

AS FORMAS DE CONDUÇÃO DA NEGOCIAÇÃO

Existem duas formas de conduzir uma negociação. Uma é a barganha de propostas. Outra é a solução de problemas. Quem faz barganha de propostas não está interessado em conhecer a fundo o que está sendo negociado. Procura defender os seus interesses sem se preocupar com os da outra parte. Tem uma proposta ou solução para a questão e preocupa-se em defender a sua posição. Não se propõe chegar a um entendimento comum e compartilhado da questão com o outro negociador.

A solução de problemas tem outro enfoque. Antes de apresentar solução, é preciso entender a essência e os méritos da questão ou problema. Desta forma, seguem-se as etapas do processo de solução de problemas e tomada de decisão. Portanto, antes de apontar uma solução, é preciso fazer um diagnóstico, compreender a situação sob óticas variadas. Depois, procurar alternativas de solução, identificar critérios adequados e só então escolher uma que seja a mais apropriada. Assim, antes de se chegar a um acordo, é preciso entender a questão pelas várias óticas das pessoas envolvidas.

Qual é a melhor forma de conduzir uma negociação? Depende de cada situação. Existem situações em que a barganha de propostas pode ser perfeitamente válida. Por exemplo, ao comprar uma roupa ou eletrodoméstico, pode-se utilizar a barganha. Não é preciso agir como um solucionador de problemas, isto é, não é necessário conhecer os problemas do dono da loja, seu mercado, seus custos fixos e variáveis, o sistema de remuneração do vendedor. Mas, se o objetivo da negociação for a compra desta mesma loja ou uma sociedade com o proprietário, há necessidade de agir como solucionador de problemas.

Uma grande rede de supermercados, que negociava, e bem, com seus fornecedores com base na barganha de propostas, começou a negociar a compra de outra rede de supermercados. Por não dominar adequadamente o processo para solucionar problemas, fez uma péssima negociação e acabou comprando também dívidas que ignorava. Isso pôs o grupo em sérias dificuldades, tendo de vender parte de seus ativos para superar a situação. Em suma, o procedimento adequado num contexto pode ser bastante inadequado em outro.

Existem situações cuja única forma correta de procedimento é a solução de problemas. Imaginemos as divergências entre dois setores de uma mesma empresa. Os procedimentos do tipo barganha de propostas costumam levar ao perde/perde, ao enfraquecimento e à destruição da própria organização. O mesmo pode ser considerado nas negociações familiares. Quando uma família quer tirar férias em conjunto, por exemplo, e cada um tem interesses diferentes, a barganha de propostas só serve para produzir conflitos familiares.

A barganha de propostas não é necessariamente antiética ou imoral. Tudo depende da forma como é feita. É apenas uma forma limitada de conduzir uma negociação.

RELAÇÃO ENTRE A FORMA DE NEGOCIAR E OS DESFECHOS DA NEGOCIAÇÃO

A relação entre os resultados e as formas de condução de uma negociação é apresentada na figura abaixo:

Formas de negociar / Desfechos da negociação	Ganha/ganha	Ganha/perde	Perde/perde
Barganha de propostas	Desfecho menos provável	Desfecho mais provável	Desfecho de média possibilidade
Solução de problemas	Desfecho mais provável	Desfecho de pouca possibilidade	Desfecho de pouca possibilidade

Podemos observar que qualquer forma de negociar pode levar ao ganha/ganha, ganha/perde ou perde/perde. Entretanto, os desfechos mais prováveis da barganha de propostas são o ganha/perde e o perde/perde porque os procedimentos usuais consistem em realçar e exagerar todos os pontos positivos de sua proposta. Os pontos negativos são ocultados ou diminuídos, mas em relação à proposta do outro ocorre o inverso: os pontos positivos são diminuídos e os

NEGOCIAÇÃO TOTAL

pontos negativos, realçados. A postura básica da barganha de propostas é: quero resolver o meu problema, o outro que defenda seus interesses. Já o desfecho mais provável da solução de problemas é o ganha/ganha, tendo em vista que se busca encontrar alternativas de ganho comum.

ALGUMAS CONSIDERAÇÕES SOBRE A NEGOCIAÇÃO BASEADA NA SOLUÇÃO DE PROBLEMAS

A negociação baseada na solução de problemas é a mais difícil de ser conduzida, pois exige bastante competência. Não é somente uma questão de postura ou boas intenções. Entre as habilidades necessárias estão as seguintes:

- ▷ conhecer truques, ardis e táticas sujas dos negociadores ganha/perde e perde/perde;

- ▷ saber como encará-los de forma positiva;

- ▷ saber identificar e lutar por objetivos que atendam aos interesses legítimos das partes;

- ▷ saber manter o bom relacionamento, mesmo nas situações de grande tensão, separando as pessoas dos problemas decorrentes da negociação e mantendo o foco nos objetivos;

- ▷ encontrar alternativas que atendam aos interesses legítimos das partes. Só existe desfecho ganha/ganha se for possível encontrar soluções de ganho comum;

- ▷ saber construir critérios objetivos para escolher entre as alternativas, de forma que os interesses das partes sejam satisfeitos.

Além disso, dominar os fundamentos do processo decisório, da solução de problemas e da criatividade pode ser extremamente útil.

3

O MIN — MODELO INTEGRADO DE NEGOCIAÇÃO

Certa vez, um navio com a tubulação obstruída foi obrigado a permanecer no porto. Vários engenheiros tentaram efetuar o conserto, mas, apesar dos equipamentos sofisticados, nada conseguiram. Finalmente, em desespero de causa, chamaram um mecânico que trajava um simples macacão e dispunha apenas de um martelo. Ele abriu uma válvula e fechou-a. Depois abriu outra e assim sucessivamente. E cada vez ele procurava ouvir atentamente o que acontecia, colocando seu ouvido junto à tubulação. Após alguns minutos, deu uma martelada numa determinada válvula e toda a tubulação desobstruiu-se. Ele partiu deixando a conta: 10 milhões. Foi chamado imediatamente de volta e ouviu os mais veementes protestos, pois a conta era um verdadeiro absurdo, nada justificava aquele preço por uma simples martelada. Caso não houvesse um forte argumento, a conta não seria paga.

A demonstração veio de forma irrefutável.

Martelada	1,00
Saber onde martelar	9.999.999,00
Total	10.000.000,00

É o conhecimento que possibilita não só um diagnóstico correto de cada situação, mas também que se disponha das soluções mais adequadas para cada caso. O fato de sermos todos negociadores e de estarmos continuamente negociando faz com que tenhamos um volume razoável de informações sobre o assunto. Mas alguns pontos precisam ser considerados para que esses conhecimentos possam se constituir, efetivamente, num dos alicerces da nossa capacidade e poder de negociação.

▶ De tudo o que conhecemos, sabemos identificar o que é realmente importante e adequado para cada situação, de modo que possamos alcançar os resultados desejados? Sabemos separar o joio do trigo? Ou, melhor ainda, sabemos aplicar aos nossos conhecimentos o Princípio de Pareto? Pareto foi um economista italiano que, estudando a distribuição da riqueza, descobriu que ela estava concentrada nas mãos de uma porcentagem extremamente reduzida da população. Essa descoberta lançou luz sobre o conceito das poucas coisas vitais *versus* as muitas coisas triviais, isto porque ela se revelou idêntica em vários outros campos. Existem algumas coisas que respondem ou são responsáveis pela maioria dos resultados ou efeitos. O Princípio de Pareto é válido, também, para o nosso conhecimento. De tudo o que conhecemos, existem algumas coisas que são apropriadas para cada situação. Portanto, é necessário que o nosso conhecimento esteja hierarquizado em termos de importância.

▶ Nossa forma de perceber e raciocinar está bastante relacionada aos símbolos e modelos mentais que utilizamos para representar a realidade. Assim, é muito importante que procuremos encontrar símbolos e modelos que nos ajudem. Um pequeno exemplo de como tudo isso funciona é o seguinte: podemos simbolizar quantidades usando números romanos ou arábicos e, conforme utilizamos um ou outro, a nossa capacidade de atuar sobre a realidade torna-se muito distinta. Tente, por exemplo, somar, subtrair, multiplicar, dividir ou efetuar outras operações matemáticas utilizando números romanos. Tente dividir L por D. É uma operação bastante difícil. Se, entretanto, fizermos a conversão de números romanos para arábicos, ficará muito mais fácil, pois vamos dividir 50 por 500. Assim, uma pessoa extremamente inteligente, mas que usa números romanos para representar quantidades, terá um resultado muito inferior ao de outra não tão inteligente, mas que usa números arábicos.

▶ Por que Cristóvão Colombo foi o primeiro navegador a tentar uma viagem de circunavegação? Porque foi o primeiro navegador a utilizar um modelo adequado da Terra, ou seja, uma esfera. Se o modelo de representação da Terra fosse um plano, um navegador jamais tentaria uma viagem de circunavegação. Pior ainda, se os limites deste plano tivessem abismos profundos povoados por dragões e outros monstros. Nós agimos em função do mapa e não do território. Assim, se o mapa que utilizarmos for bom, saberemos como agir com mais eficiência.

▷ O conhecimento, um dos fundamentos do nosso poder, deve estar baseado num bom mapa da realidade. Um modelo de negociação é um mapa que utilizamos para representar os principais elementos que influem numa negociação. Um modelo equivocado ou incompleto levará a ações equivocadas. Existem alguns requisitos que devem estar presentes num bom modelo:

1. Conter tudo o que as pessoas bem-sucedidas fazem em suas negociações.
2. Permitir a identificação dos poucos pontos importantes em relação aos muitos pontos triviais.
3. Possibilitar que organizemos nosso conhecimento de forma proveitosa.
4. Ser aberto, isto é, permitir a inclusão de novas experiências e conhecimentos.
5. Ser aplicável a qualquer tipo de negociação.
6. Ter uma boa apresentação visual, de forma que possa ser mentalizado com facilidade.

A fim de atender a todas essas necessidades, desenvolvemos o MIN — Modelo Integrado de Negociação, conforme mostra a figura abaixo:

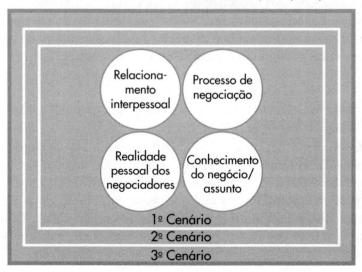

Existem cinco áreas que devemos considerar no modelo: cenários, conhecimento do negócio, processo de negociação, relacionamento interpessoal e realidade pessoal dos negociadores.

1ª Área: Realidade pessoal dos negociadores

Esta área refere-se à realidade interna dos negociadores e às suas manifestações comportamentais. Trata das representações internas que as pessoas fazem da realidade externa, ou seja, seus mapas, suas necessidades e motivações, vontade de realizar e obter sucesso, desejos, expectativas, crenças, valores, atitudes, temores e estado mental. Trata também dos diálogos internos, que, em última instância, acabam influenciando bastante o comportamento.

2ª Área: Os cenários da negociação

Toda negociação ocorre no espaço e no tempo e tem personagens desempenhando vários papéis situados em três cenários. O primeiro é composto pelas pessoas diretamente envolvidas na negociação, ou seja, os personagens que estão no palco, tentando efetuar um acordo, e o próprio palco ou território onde ocorre a negociação. O segundo cenário é composto pelos personagens que estão nos bastidores, não sendo, portanto, visíveis, pelos intermediários para chegar aos personagens do primeiro cenário e pelas organizações dos negociadores. O terceiro cenário refere-se às variáveis sociais e macroeconômicas. No caso de negociações internacionais, devem-se considerar também os aspectos relativos à cultura do país, das empresas e das pessoas com quem se está negociando.

3ª Área: Conhecimento do negócio ou do assunto

Conhecer o negócio ou o assunto que é objeto da negociação é fundamental. Sem isso não é possível definir o que seja um bom ou mau acordo. Não é possível identificar as miragens, ou falsas expectativas, os erros de interpretação; assim, pode-se ser facilmente iludido por informações distorcidas, omissões ou conclusões precipitadas. Tornam-se praticamente impossíveis o diagnóstico da situação e o conhecimento das vantagens e desvantagens existentes. O nível de confiança do negociador fica também bastante abalado, impedindo, inclusive, que se conheçam os bons acordos possíveis.

Não conhecer o assunto é o mesmo que andar de táxi numa cidade desconhecida e às vezes, o que é pior, num país cuja língua não falamos.

Muitas vezes, quando tomamos um táxi no aeroporto, o motorista faz perguntas do tipo: "Há quanto tempo o senhor não vem a esta cidade?", "Estava chovendo na sua cidade?", "Quando o senhor pretende voltar?" Essas perguntas são sondagens para saber se moramos lá ou não. Depois disso, vem uma ou outra pergunta sobre o nosso conhecimento da cidade. Se o motorista concluir que não a conhecemos, a corrida de táxi será muito mais cara, chegando a ser o dobro ou mais.

4ª Área: Relacionamento interpessoal

Se o conhecimento do assunto é imprescindível para efetuarmos acordos que tenham qualidade, o relacionamento interpessoal é básico para realizarmos acordos que tenham aceitação pelos dois lados. Um acordo com alta aceitação é aquele em que as partes se comprometem a respeitá-lo e cumpri-lo. Em negociações continuadas, ou seja, aquelas em que os negociadores vão se encontrar repetidas vezes, esta área é de capital importância. Transgredi-la é entrar no círculo vicioso da recriminação, da sabotagem e da vingança.

Toda negociação envolve relacionamento interpessoal. Quem quiser relacionar-se corretamente numa negociação não pode confundir a pessoa do outro negociador com as propostas e posições que ele defende. Deve, portanto, ser capaz de separar as pessoas dos problemas que ocorrem numa negociação e não projetar no outro suas expectativas e seus valores. Não apenas saber, mas, também, agir reconhecendo e respeitando as diferenças individuais. Sem habilidade de relacionamento interpessoal não é possível que a negociação ocorra num clima de cooperação.

5ª Área: Processo de negociação

O processo de negociação trata da sequência ou caminho a ser percorrido desde o início até o final da negociação. Identifica obstáculos e proporciona maneiras de ultrapassá-los. Trata da forma como se deve utilizar o conhecimento do assunto e as habilidades de relacionamento durante a negociação. Mostra o que, como e quando fazer com estes dois componentes, considerando o encadeamento das ações. Quando se trata de negociação, o princípio matemático de que a ordem dos fatores não altera o resultado é completamente falso, ou seja, a ordem ou o caminho que se segue podem alterar substancialmente os resultados obtidos.

Portanto, nosso modelo de negociação é composto por cinco áreas. Vamos procurar identificar melhor cada uma dessas áreas isoladamente, diferenciando-as das demais e posteriormente integrando-as. Em certo sentido, é semelhante ao que faz um pianista quando aprende uma nova música. Em muitos trechos ensaia apenas com uma das mãos, depois com a outra e, finalmente, utiliza as duas mãos.

De qualquer forma, o que devemos lembrar é que em todas as negociações, quer os negociadores se dêem conta, quer não, todas as áreas do Modelo Integrado de Negociação estão sempre presentes.

A REALIDADE PESSOAL DOS NEGOCIADORES

4
O PODER PESSOAL

5
O ESTADO MENTAL

6
O *ICEBERG* COMPORTAMENTAL E O COMPORTAMENTO DOS NEGOCIADORES

7
O MECANISMO BÁSICO DO SUCESSO

8
REFLEXÃO E AÇÃO: SABER PENSAR E AGIR, SENDO UM NEGOCIADOR INTEGRAL

4

O PODER PESSOAL

O resultado de qualquer negociação é consequência direta da relação de poder entre as partes. Poder significa capacidade de influenciar pessoas e situações. Todos nós temos poder e, a todo o momento, influenciamos ou somos influenciados, embora nem sempre estejamos conscientes do tipo de poder que temos e da forma mais apropriada de utilizá-lo.

Existem dois tipos de poder. Um é o poder decorrente de elementos ou fatores externos, como, por exemplo, nosso cargo numa empresa, nossos bons relacionamentos, nossos bens materiais ou recursos financeiros. Outro é o nosso poder pessoal ou poder interno, ou seja, algo que é fruto de nossa educação, desenvolvimento próprio e características. É o poder pessoal que nos habilita a conquistar e usar corretamente o poder externo.

O poder não deve ser considerado um fim em si mesmo, mas algo que, uma vez que tenhamos definido com propriedade nossos objetivos, nos permite:

▶ alcançar estes objetivos;

▶ obter sinergia em nossas negociações.

A compreensão do que seja sinergia e como obtê-la na prática estão entre o que há de mais significativo em termos de capacitação do ser humano. Assim sendo, nunca é demais ressaltar a sua importância. Podemos definir sinergia como um fenômeno que ocorre no relacionamento entre as partes.

Quando estas interagem de tal forma que provocam uma espécie de ativação ou multiplicação de seus talentos e recursos, ocorre sinergia. Ao contrário, quando no relacionamento entre as partes há subtração ou divisão, ou seja, empobrecimento de recursos e talentos, acontece a anti-sinergia ou entropia.

Um casamento pode mostrar melhor o conceito. Vamos considerar que existem três espécies de casamento. O primeiro é o casamento-âncora, fruto de um relacionamento com resultados negativos, em que o casal acaba afundando. Mesmo que os parceiros, individualmente, tenham muitas habilidades e capacidades, o relacionamento acaba sendo destrutivo para ambos.

O segundo é o casamento-boia, que não permite que ambos afundem, mas também não possibilita que os recursos mais significativos do casal venham à tona. O casal tem um dispositivo de alarme que é acionado em duas situações. Na primeira, quando a situação começa a deteriorar, o alarme é acionado com a instrução: está na hora de melhorar. A outra situação de disparo do alarme é quando as coisas começam a evoluir. A mensagem passa a ser a seguinte: está na hora de piorar para não ficar bom. E é o que acaba acontecendo. Mas piora até certo limite, quando o outro alarme é acionado. E assim continua acontecendo, indefinidamente.

O terceiro tipo é o casamento-balão. Neste caso, energias, habilidades e talentos de cada um dos parceiros são reforçados e ampliados constantemente, descobrindo-se, inclusive, reservas que existiam apenas em estado latente.

Esta é a relação de sinergia. Portanto, sinergia é apenas um dos desfechos possíveis em qualquer relacionamento — de negócios, amizade ou amor. Alcançar sinergia é tão importante que a capacidade de obtê-la deve ser considerada o indicador mais significativo da inteligência de uma pessoa.

O **Poder Pessoal** (PP) é resultado do produto de três fatores: Estados Mentais (EM), Conhecimentos (C) e Habilidades (H), ou seja, PP = EMxCxH.

Isto quer dizer que um estado mental positivo potencializa conhecimentos e habilidades. Várias vezes encontramos pessoas que, embora não sejam muito competentes em termos de conhecimentos e habilidades, conseguem obter sucesso porque são capazes de manter **estados mentais** altamente positivos. Já um estado mental negativo faz com que pessoas altamente competentes não alcancem seus objetivos. Portanto, o primeiro fator do poder pessoal é o estado mental.

O **conhecimento** é o segundo fundamento do poder pessoal. Envolve não apenas o que se conhece, mas também a profundidade, a organização e a priorização do que se conhece. O conhecimento deve associar-se à prática, e esta é a forma de conhecimento que realmente importa, ou seja, nós só podemos dizer que conhecemos aquilo que realmente aplicamos. A integração prática-conhecimento encontra melhor compreensão em duas expressões:

▷ Conhecimento sem prática é inútil. Prática sem conhecimento é cega.

▷ Nada é tão prático quanto uma boa teoria.

As **habilidades** constituem o terceiro fundamento do poder pessoal. Habilidade significa saber fazer. Implica, portanto, comportamento, ação. E é através da ação que alcançamos os resultados que estamos buscando.

A nossa possibilidade de obter resultados condizentes com os objetivos a que nos propomos está diretamente relacionada ao conjunto de nossas habilidades. Portanto, temos de responder a duas questões:

1. Quais habilidades devemos ter ou desenvolver para alcançarmos a excelência, em termos de negociação?

2. Como fazer para desenvolver essas habilidades?

As habilidades a serem desenvolvidas são aquelas que os negociadores bem-sucedidos têm. Isso pode ser feito pela observação direta ou por intermédio de uma boa teoria, que é, em suma, a proposta deste livro.

Já o processo de mudança comportamental necessário para adquirir uma habilidade constitui-se basicamente de três etapas:

NEGOCIAÇÃO TOTAL

▶ *Etapa da consciência da necessidade:* é quando percebemos a necessidade de mudança e desejamos que ela aconteça efetivamente. Sem consciência da necessidade de novas habilidades, ou do desenvolvimento de habilidades que já temos, não há a menor possibilidade de mudança. É esta consciência que nos dá forças para sairmos da área de conforto em que nos encontramos com as nossas habilidades atuais e fazermos os investimentos necessários para a mudança.

▶ *Etapa da mudança:* é a identificação e a prática dos comportamentos envolvidos na nova habilidade, bem como o recebimento de informações sobre a maneira como este comportamento está se desenvolvendo e as correções necessárias para que se atinja o padrão desejado.

▶ *Etapa da sedimentação:* é a transformação do novo comportamento numa segunda natureza, isto é, a incorporação da habilidade ao nosso repertório comportamental.

Em suma, é o processo que você percorreu quando aprendeu qualquer habilidade, como dirigir automóvel, dançar, andar de bicicleta ou conduzir uma reunião de forma produtiva.

Toda negociação é um jogo de poder e de influências, e o nosso sucesso está diretamente relacionado ao tratamento que damos à questão do poder. O processo de influência, em si, não é bom nem mau. Se estamos equivocados e alguém nos influencia mostrando nosso erro, é uma influência positiva. O problema surge quando estamos certos, mas somos influenciados e acabamos cedendo e mudando nossa opinião ou posição. E mais ainda, não lutamos por aquilo que julgamos correto.

5

O ESTADO MENTAL

O principal componente do poder pessoal é o estado mental ou estado de consciência. O estado mental é a chave para entender desempenhos espetaculares ou medíocres. Alguns exemplos podem ilustrar melhor.

Certa ocasião, ao tomar banho de mar, um homem foi puxado pela correnteza. Só conseguiu sair após cinco horas, muitos quilômetros distante do local onde havia entrado. Neste período passou por momentos extremamente difíceis, quando já se encontrava sem forças e pensou que fosse morrer. Então, vieram à sua mente as imagens de sua mulher e seu filho e, aí, quase por encanto, ele encontrou forças para continuar lutando e sobreviver.

Outro exemplo da força do estado mental é o efeito placebo, produzido por pílulas que simulam medicamentos, mas que não têm nenhum efeito farmacológico. A pesquisadora Judith Turner, da Universidade Washington, Seatle, estudou o efeito placebo durante quinze anos, tendo analisado publicações e resultados de mais de 75 pesquisas sobre os efeitos analgésicos resultantes de medicamentos e cirurgias fictícias, e concluiu que ele funciona numa parcela bastante considerável de pacientes. Dores de cabeça, de coluna, cólicas pós-operatórias, dores provocadas por anginas e asma podem ser combatidas em grande parte dos casos com placebo.

O estado mental também pode funcionar de forma negativa, como no caso do vodu, em que uma pessoa, ao se sentir atingida por uma feitiçaria, acaba adoecendo e até morrendo. Caso semelhante aconteceu com uma pessoa que consultou uma cartomante que previu sua morte. Ela entrou em depressão e *stress* e perdeu quinze quilos (não recomendamos este tipo de regime). Era uma pessoa muito eficiente, mas sua angústia tornou-a improdutiva e ela precisou afastar-se do trabalho.

Existem estados mentais ricos ou pobres de recursos, adequados ou inadequados. E é em grande parte de nosso estado mental que depende a adequação de nossos comportamentos, mesmo que tenhamos conhecimentos e habilidades necessárias para executá-los corretamente.

Os estudos sobre criatividade podem mostrar exatamente o que definimos como estados ricos e pobres de recursos ou adequados e inadequados. Todos nós podemos ser criativos, desde que saibamos os procedimentos adequados. Uma técnica de criatividade chamada *brainstorming* (tempestade cerebral, ou "toró de parpite", como é conhecida no interior de Minas Gerais) tem como princípio que não se pode ser crítico e criativo ao mesmo tempo porque a crítica mata a criatividade. Quando feita no momento certo, entretanto, a crítica é fundamental, pois permite separar o joio do trigo, ou seja, distinguir as ideias que podem ser aproveitadas e desenvolvidas daquelas que não têm qualquer utilidade. Assim, na fase em que são geradas ideias, o estado mental deve ser o da espontaneidade, da liberdade interior. As ideias devem fluir sem nenhuma crítica ou censura, não importando quão absurdas possam parecer. Uma vez que essa fase tenha chegado ao fim, começa a outra etapa, em que o conjunto de ideias é analisado e avaliado, escolhendo-se, então, as ideias mais pertinentes ao que se pretende. E isto exige outro estado mental que permita a análise, a crítica e o julgamento. A clareza de estados mentais é fundamental para que se possa efetuar com precisão o *brainstorming*. Qualquer mistura ou imprecisão compromete todo o processo.

Estados mentais distintos também são necessários no processo de comunicação, pois há um princípio que diz que é impossível ser plenamente emissivo e receptivo ao mesmo tempo, ou seja, falar e ouvir simultaneamente. E o estado mental que nos permite ser efetivamente emissivos é diferente daquele em que somos receptivos. Não importa o que estejamos fazendo, há sempre um estado mental adequado, totalmente diferente do inadequado.

Assim, o estado mental que prevalece naqueles que têm expectativas positivas e grande desejo de sucesso contrasta sensivelmente com o do pessimista, que desiste facilmente e está sempre se lamentando.

COMO ELICIAR ESTADOS MENTAIS POSITIVOS

Para eliciar estados mentais positivos, devemos considerar alguns pontos:

1. As escolhas que fazemos

O ser humano está, a todo o momento, fazendo escolhas por ação ou omissão e nem sempre tem consciência das escolhas que faz e da sua responsabilidade por elas. Entre as principais escolhas destacamos:

▷ Os motivos ou projetos de vida

Vitor Frankl, psiquiatra austríaco que morreu aos 92 anos, sobreviveu a três campos de concentração, inclusive ao de Auschwitz. O sofrimento em meio a um ambiente de destruição e morte levou-o a considerar a importância de buscar um sentido para a vida. Em sua autobiografia, publicada em 1995, Frankl afirma que "forças ocultas são liberadas no homem consciente dos motivos que cercam a sua vida".

▷ O significado que damos às coisas

Três operários trabalhavam numa obra. Perguntou-se a cada um deles o que estava fazendo.

O primeiro respondeu: "Estou assentando pedras".

O segundo disse: "Estou construindo uma escada".

Já o terceiro deu esta resposta: "Estou contribuindo para a construção de uma catedral".

O significado que damos às coisas fornece motivação e paixão ao nosso desempenho. Quem está assentando pedras tem uma motivação completamente diferente de quem está contribuindo para a construção de uma catedral.

▷ A perspectiva temporal

Existem dois padrões relativos à consideração do tempo, conforme a figura a seguir:

NEGOCIAÇÃO TOTAL

PADRÃO 1	PADRÃO 2
Atenção voltada para o	
Passado	Futuro
Procedimentos usuais	
Lamentação	Formulação de objetivos
Recriminação	Procura de alternativas
Procura de justificativa	Estabelecimento de critérios para escolher a melhor alternativa
Autocomplacência	
Busca de culpados e pontos fracos	Busca de soluções e pontos fortes
Consequências	
Desmotivação	Motivação
Atitude básica	
Ameaça	Oportunidade

O padrão 1 é extremamente nocivo. É adotado por pessoas que se queixam o tempo todo e procuram razões para nada fazer; querem mudar o passado e se esquecem do velho ditado: "Águas passadas não movem moinhos". Usam muito "se tivesse acontecido isto", "se não tivesse acontecido aquilo".

Por outro lado, o padrão 2 considera o passado como um dado do problema. O filósofo francês Jean-Paul Sartre disse uma frase que mostra bem este tipo de padrão: "Não importa o que fizeram de mim. O que importa é o que eu faço com o que fizeram de mim". Portanto, a perspectiva básica é: o passado passou. É apenas um dado. Tem de ser aceito. O que importa agora são meus projetos e objetivos.

▷ O canal da TV mental

Em nossa mente podemos focar vários assuntos. É como se fosse uma televisão com vários programas. Existem programas para todos os tipos e gostos. Alguns têm alto-astral e são energizantes. Outros são depressivos e representam um estímulo ao fracasso. O canal mental que escolhemos influi no nosso humor, na nossa produtividade, na nossa pressão sanguínea. Devemos considerar também, nesta nossa TV mental, os personagens e a natureza dos nossos diálogos internos. Isto influencia a maneira como falamos e como falam os nossos personagens interiores.

2. O encontro de gatilhos

Gatilho é alguma coisa que dispara e provoca determinado estado mental. Existem cinco espécies de gatilho.

O primeiro é o visual externo, alguma coisa que vemos e provoca em nós estados propícios para enfrentarmos determinadas situações. O novelista Gilberto Braga e o banqueiro Edmond Safra usam este recurso. Gilberto Braga, quando está com dúvidas ao escrever uma novela, olha para a fotografia da novelista Janete Clair. Já Edmond Safra, nos momentos de dificuldades, olha para a fotografia de seu pai.

Uma história bastante interessante aconteceu com uma atleta ucraniana de salto tríplice. No campeonato mundial de 1995, em Gotemburgo, ela havia queimado duas tentativas, só restava mais uma. Então, ela recolheu-se e foi vista olhando a fotografia de um atleta britânico que, três dias antes, havia batido o recorde mundial de salto tríplice. Após esta concentração, a ucraniana seguiu para sua última tentativa e iniciou o salto dez centímetros antes da marca para evitar queimá-la novamente. Desta vez, a jovem bateu o recorde mundial feminino. O atleta britânico chama-se Jonathan Edwards e a atleta ucraniana, Inessa Kravets.

O segundo tipo de gatilho é o visual interno. É o caso da pessoa que foi tomar banho de mar a que nos referimos anteriormente. Há a lembrança de alguma pessoa ou coisa. Neste caso, a fotografia é vista mentalmente.

O terceiro tipo de gatilho é o auditivo externo. As músicas podem despertar diversos estados mentais. O estilo *new age* provoca estados de relaxamento, os batuques dos terreiros, estados de transe. A aprendizagem acelerada desenvolvida pelo búlgaro Giorgi Lozanov utiliza a música como um dos seus pontos de apoio. Até nos animais os estímulos musicais têm se mostrado importantes. Galinhas botam mais ovos ouvindo determinados tipos de música.

O quarto tipo de gatilho é o auditivo interno. Os iogues treinam certos tipos de som internos, denominados mantras, cuja repetição induz a determinados estados mentais ou de consciência. A oração silenciosa é outro exemplo. Existem pessoas que, nos momentos de dificuldade, encontram grande energia e força combativa simplesmente rezando.

Finalmente, o quinto tipo de gatilho é o cinestésico, que corresponde a uma postura corporal. Já está provado que uma pessoa só fica deprimida se adotar a postura corporal do deprimido. Uma outra forma de gatilho cinestésico é detonado pela respiração, da forma como é praticada pelos iogues.

3. Os gatilhos negativos

Os gatilhos servem tanto para acionar estados mentais positivos quanto negativos. Gerald Epstein conta uma história sobre um grupo de ex-viciados em heroína e metadona que não tomavam drogas havia dez anos. Este grupo concordou em participar de um experimento no qual seria levado de ônibus até a Rua 125, na cidade de Nova York, onde, dez anos antes, costumava comprar drogas. No momento em que o ônibus se aproximou da esquina onde eles faziam a transação, os ex-viciados entraram em crise de abstinência da droga.

4. A identificação dos estados mentais adequados

Os estados mentais devem ser apropriados para cada atividade. Existem alguns particularmente importantes. Entre eles, os de emissão, recepção, criatividade, crítica, julgamento, reflexão, ação, intuição, estar conectado com o mundo exterior. Como veremos oportunamente, para cada uma das etapas do processo de negociação, existem estados mentais adequados.

Há também alguns que são particularmente negativos e que já levaram muitas pessoas e empresas a experimentar graves perdas, como os estados mentais de arrogância, intolerância e falta de persistência.

5. A alternância de estados mentais

Alternância de estados mentais é a capacidade de identificar e passar para o estado mental adequado a cada situação. A alternância de estados mentais está profundamente relacionada à flexibilidade, conforme veremos mais adiante.

6. A manutenção do estado mental

O complemento indispensável da capacidade de evocar e alternar estados mentais é a capacidade de mantê-los pelo tempo necessário. Um dos grandes obstáculos a essa manutenção são as palavras assassinas, de desestímulo, pronunciadas com o objetivo de fazer fracassar boas ideias e iniciativas. De acordo com Maquiavel, "o inovador tem por inimigos todos os que se deram bem com o velho e por defensores mornos aqueles que podem se dar bem com o novo". Entre as palavras assassinas mais comuns

O Estado Mental

temos: "Não seja ridículo", "Já tentamos isto antes e não funcionou", "Seja prático", "Esta proposta não me entusiasma nem um pouco", "Ninguém vai comprar isso!", "Isso não se adapta ao nosso sistema", "E quem é que vai fazer?", "Não se mexe em time que está ganhando".

Além das palavras assassinas, há as expressões assassinas, como o riso e a desaprovação facial.

Pior do que os estímulos negativos externos são as internalizações, que se manifestam através das conversas que temos conosco, como: "Não adianta tentar", "Eu não vou conseguir", "Pareço bobo". De qualquer forma, é conveniente lembrar-se das palavras de Eleanor Roosevelt: "Ninguém pode fazer você sentir-se inferior sem a sua autorização".

Como o poder pessoal é resultado de um produto, podemos constatar que habilidade e conhecimento só têm significado quando estão associados a estados mentais ricos de recursos. Nos pobres de recursos, o poder pessoal torna-se negativo.

7. O condicionamento físico e o stress

Muitas vezes, as negociações são longas e desgastantes. Há pessoas com grande disposição para reuniões demoradas. Um caso conhecido é Harold Geneen, que dirigiu a ITT, sendo um exemplo da forma autocrática de gestão, que era capaz de ficar durante doze horas numa reunião. Aqueles que não tiverem um bom condicionamento físico nem conhecimento das formas de tratar com o *stress* dificilmente conseguirão manter estados mentais adequados. Karl Albrecht, um conhecedor do assunto, recomenda a adoção do princípio RED: relaxamento, exercícios e dieta. Nuno Cobra acrescenta um sono de boa qualidade e respiração correta.

O *iceberg* comportamental, o mecanismo básico do sucesso e a flexibilidade, que serão apresentados proximamente, são outros dois aspectos que complementam o assunto relativo ao poder pessoal.

6

O *ICEBERG* COMPORTAMENTAL E O COMPORTAMENTO DOS NEGOCIADORES

*N*ão são as intenções que importam, mas sim os comportamentos efetivos e as implicações decorrentes deles, ou seja, as respostas que obtemos. Assim, se quero elogiar alguém, mas esta pessoa se sente ofendida, eu, de fato, a ofendi, mesmo que a minha intenção tenha sido elogiá-la. Daí a expressão: "De boas intenções o inferno está cheio". Portanto, se pretendo uma negociação com resultado ganha/ganha, ou seja, que atenda aos interesses legítimos das partes, quero que tanto o meu comportamento quanto o do outro negociador sejam de cooperação.

O comportamento de uma pessoa é função de dois fatores: a realidade externa e a sua realidade interna. Por realidade externa entendemos o ambiente onde a pessoa se encontra. Isto quer dizer que nossos comportamentos não são independentes do ambiente onde nos encontramos, ao contrário, são bastante influenciados por ele, embora nós, frequentemente, não percebamos esta influência, chegando mesmo a ponto de negá-la. O ambiente nos fornece uma série de estímulos e gatilhos. Existem aqueles que nos fazem bem, enquanto outros nos causam profunda apreensão e desestímulo, como as palavras assassinas.

Podemos, também, pensar em territorialidade, que é a tendência do ser humano e de vários animais de estabelecer e defender uma área particular ou território. Em geral, nosso desempenho é melhor em nosso território, haja vista o rendimento de um time de futebol quando joga no seu próprio estádio. Além do território, que corresponde a determinado espaço físico, existe o território pessoal, a distância à nossa volta, que varia de 45 centímetros a

1 metro. É como se estivéssemos envolvidos numa cápsula. Este é o nosso espaço pessoal, não permitimos a qualquer pessoa aproximar-se dele e temos a tendência de nos afastar quando alguém tenta fazê-lo. Este espaço pessoal varia de pessoa para pessoa, de situação para situação e de cultura para cultura. Assim, o espaço pessoal para amigos é menor do que para desconhecidos.

Devemos diferenciar comportamento de realidade interna. Comportamento é toda manifestação de uma pessoa que podemos captar por um dos cinco sentidos — gestos, expressões, respiração e voz, por exemplo. Realidade interna é tudo o que não podemos perceber pelos sentidos e só sabemos quando se transforma em comportamento. Consideremos tudo isso como um *iceberg* (figura abaixo). O comportamento é a parte visível do *iceberg*. A realidade interna é a parte invisível, mas que influencia diretamente o comportamento.

Assim, se queremos entender o comportamento de uma pessoa, precisamos conhecer os elementos ocultos no *iceberg* e que são componentes importantes do estado mental de cada pessoa. São eles: percepção, expectativas, emoções/sentimentos/desejos, metaprogramas, crenças/valores e necessidades. Vamos ver o que isso tudo significa.

1. PERCEPÇÃO

Percepção é a chave do comportamento, ou seja, as pessoas não se comportam de acordo com a realidade objetiva ou externa, mas sim de acordo com a realidade percebida. Embora sejamos influenciados pela realidade externa, cada um de nós recebe essa influência de forma própria, que é a maneira como nós interpretamos essa realidade. Assim, se considerarmos a realidade externa ou objetiva como sendo o território, e a realidade interna como sendo o mapa que formamos desta realidade, constatamos que nós agimos em função do mapa da realidade que construímos em nossa mente. E é preciso que tenhamos em conta que duas pessoas não formam um mesmo mapa de uma mesma realidade. Haja vista um acidente de automóvel com várias testemunhas, em que cada uma tem uma versão diferente do acidente.

Existem três mecanismos básicos que transformam o território no nosso mapa mental: omissão, distorção e generalização, isto é, tendemos a omitir informações, sobretudo aquelas que nos desagradam. Distorcemos a realidade em função dos demais elementos do *iceberg* comportamental e generalizamos, ou seja, a partir de alguns fatos tiramos conclusões que muitas vezes são apressadas e sem consistência.

Convencido de que as pessoas se comportam de acordo com o mapa e não com o território, e compreendendo seus mecanismos, um famoso político mineiro costumava dizer: "O que importa não são os fatos, mas a versão".

Entender isso é extremamente importante, já que o nosso organismo age de acordo com o que percebemos ou interpretamos da realidade. Assim, se você estiver passando por uma rua mal iluminada e, em sua direção, vier outra pessoa que você suponha ser um assaltante, todo o seu organismo entrará em estado de alerta e vários hormônios serão injetados na sua corrente sanguínea, como o ACTH, a adrenalina e os corticóides. Seu organismo ficará pronto para a ação. Seu coração baterá com mais força. Não importa se a pessoa que caminha em sua direção seja ou não um assaltante. O que importa é que você supôs que era, e o sinal de perigo foi acionado. Posteriormente, você poderá verificar que se tratava de um pacato cidadão.

Numa negociação, a percepção é um dos pontos mais relevantes porque, mesmo que duas pessoas concordem a respeito de uma mesma realidade objetiva, ou seja, dos fatos, elas poderão dar pesos e valores diferentes a eles. Assim, poderão concordar com os fatos a respeito de um acidente automobilístico, mas discordar sobre quem deve pagar os prejuízos ou a quantia a ser paga. A nossa percepção é influenciada pelos elementos que vêm a seguir.

2. EXPECTATIVAS

Nós costumamos ver aquilo que esperamos ver, e não vemos aquilo que não esperamos ver. Certa vez, foi feita uma experiência num hospital psiquiátrico. Pessoas perfeitamente normais simularam certos desvios de comportamento a fim de ser internadas. Uma vez internadas, contaram que tudo não passava de uma experiência acadêmica e passaram a se comportar normalmente. Os psiquiatras não acreditaram na história e consideraram tudo aquilo como mais uma evidência de distúrbio mental. Eles esperavam que aquelas pessoas fossem desequilibradas e nada que indicasse o contrário poderia ser levado em conta. E isso apesar de todo o treinamento profissional. Ou, quem sabe, por causa dele.

Uma outra faceta das expectativas é o chamado Efeito Pigmalião, que consiste em transformar em realidade aquilo que se espera seja a realidade. Foi feito um teste na Universidade Harvard com alunos de uma escola primária. Eles foram escolhidos aleatoriamente, independentemente de seus níveis de inteligência e capacidades, e distribuídos em duas classes. Uma professora foi incumbida de desenvolver um programa com as duas turmas. Disseram a ela, que não conhecia os alunos, que a turma A era composta de alunos excelentes e a turma B, de alunos problemáticos. Algum tempo depois, os alunos das duas turmas submeteram-se a um teste: os da classe A obtiveram notas consideravelmente melhores do que os alunos da classe B. Isso significava que a professora havia transformado em realidade aquilo que ela esperava que fosse a realidade, por isso adotara um tratamento diferenciado para os alunos de cada classe. Os alunos da classe A eram incentivados, e os da classe B, admoestados, reprimidos e desvalorizados.

3. EMOÇÕES, SENTIMENTOS E DESEJOS

Sonhos, esperanças, medos, frustrações. O ser humano é cheio de sentimentos, desejos e emoções, que também compõem as relações humanas. Os sentimentos que temos pelas pessoas determinam a nossa compreensão dos seus atos. Um mesmo ato pode ser considerado de várias formas. Se gostamos de alguém, nossa propensão é só ver seus pontos positivos e negar ou justificar seus pontos negativos. Ao contrário, se não gostamos de alguém, tendemos a ser intolerantes e a ver apenas os seus defeitos.

Assim, se você perguntasse a uma pessoa conhecida "Você viu alguém dobrando a esquina?" e a resposta fosse "Eu não sei. Quando eu cheguei ela já estava dobrada", qual seria a sua reação? Depende dos seus sentimentos em relação à outra pessoa. Se fosse amiga, você daria uma boa risada, acharia que ela tem um fino senso de humor e iria em frente. Mas se fosse uma pessoa com quem você não tem um bom relacionamento, por julgá-la irônica e debochada, você se sentiria profundamente insultado e agredido.

Assim, um mesmo fato pode ter interpretações extremamente diferentes. Tudo depende do tipo de relacionamento que as pessoas têm, dos sentimentos e emoções que fluem entre elas.

Quando o pianista português sentou-se afastado do piano e puxou-o, em vez de aproximar-se dele, todo mundo comentou: "Como é burro este português". Quando o pianista russo fez a mesma coisa, o comentário foi: "Como é forte este russo".

4. METAPROGRAMAS

Outro fator que influencia percepção, julgamentos e ações são os nossos metaprogramas, programas interiores que usamos para decidir em que devemos prestar atenção e a forma como organizamos e processamos informações.

São, portanto, padrões interiores, profundamente arraigados, que influenciam a formação do mapa mental de uma pessoa e a definição dos seus comportamentos. Podemos considerá-los uma espécie de *software* mental. Assim, quando nos comunicamos com alguém, se usarmos o programa adequado para aquela pessoa seremos entendidos. Mas, se usarmos o errado, comprometeremos o relacionamento e poderemos até entrar em conflito. Em geral, os metaprogramas são compostos por pares de elementos.

Os principais tipos de metaprograma são estes:

Aproximação e afastamento

Aproximação é a tendência de buscar alguma coisa, mover-se em determinada direção e procurar fazer certo. Afastamento é a tendência de evitar erros. Existem pessoas que agem buscando o prazer, outras fogem da dor e do desprazer. Assim, algumas pessoas compram um carro porque ele é confortável, tem um ótimo desempenho e uma bela aparência. Já outras compram um carro porque ele é seguro, consome pouco combustível e não tem problemas de manutenção.

Introvertidos e extrovertidos

Introvertidas são as pessoas voltadas basicamente para seus interesses, preocupadas em vencer. Extrovertidas são as pessoas voltadas para os outros, para os relacionamentos. Nos casos extremos, os introvertidos seriam os grandes egoístas e os extrovertidos, os mártires. É conveniente ressaltar que as definições de introvertido e extrovertido, no que se refere aos metaprogramas, são diferentes das definições usuais para estes termos.

Internos e externos

Internas são as pessoas autorreferentes, que tomam suas decisões com os elementos que têm dentro de si, sem buscar apoio em outras pessoas. Já os externos estão muito voltados e atentos para as opiniões de outras pessoas. Assim, para convencer um interno é preciso procurar argumentos baseados em dados que ele já tem como referência interior. Para um externo, as opiniões, considerações e comportamentos de outras pessoas têm um peso muito significativo.

Associadores e dissociadores

Associadoras são pessoas que enxergam semelhanças e estão mais voltadas para o global. Dissociadoras percebem diferenças e estão mais voltadas para os detalhes. Os associadores vêem a floresta. Os dissociadores, as árvores. Se mostrarmos moedas para ambos, os associadores dirão que são moedas redondas e com duas faces. E os dissociadores dirão que elas têm tamanhos e valores diferentes e que foram cunhadas em épocas distintas.

O que temos de fazer para convencer alguém

Este metaprograma está relacionado ao número de repetições que temos de fazer para impactar alguém, ao tempo de aceitação de cada pessoa e aos canais sensoriais que devem ser empregados. Existem pessoas às quais basta falar uma ou duas vezes sobre os benefícios de alguma coisa, enquanto outras necessitam ouvir mais vezes, mesmo que a mensagem já tenha sido entendida anteriormente. O tempo de aceitação está ligado ao tempo de assimilação de novas ideias, que pode ser bastante diferente para cada pessoa. Algumas aceitam de imediato, enquanto outras podem ser bem lentas. Os canais sensoriais visual, auditivo e cinestésico auxiliam a pessoa a receber mais intensamente as mensagens. O canal cinestésico envolve o tato, o olfato, o paladar e as emoções.

Todos nós temos uma combinação dominante destes metaprogramas. Assim, podemos ter, por exemplo, os metaprogramas extroversão, associação e aproximação. Por outro lado, cada um de nós não tem o metaprograma puro. Um interno, por exemplo, pode ser 80% interno e 20% externo, ou seja, sempre temos alguma coisa dos dois elementos do metaprograma.

5. CRENÇAS E VALORES

Uma empresa brasileira ofereceu alguns presentes típicos aos negociadores de um país árabe e, entre eles, um disco de um cantor bastante conhecido. Mas ninguém percebeu que na foto da capa o cantor estava usando um chapéu com uma estrela semelhante à estrela de Davi. O resultado foi um profundo mal-estar. Valores e crenças são formados por educação e cultura e definem o que é importante para nós. Crenças são generalizações que fazemos a respeito do mundo, de nós mesmos, das pessoas, do que é certo ou errado e de como as coisas devem ser ou funcionar. Nossas crenças são muito fortes e nem sempre temos consciência delas. Há duas expressões que mostram isto. A primeira diz: "Quer você acredite que pode, quer você acredite que não pode, você está certo". A outra diz: "Contra crenças não há fatos", o que é justamente o contrário de "contra fatos não há argumentos". Isto é, contra os fatos existem as crenças.

Valores são as prioridades que damos às crenças. Existem crenças que julgamos mais importantes do que outras. Valores são nossas prioridades comportamentais. Assim, se eu tenho como valor ajudar os outros e, de fato, eu não os ajudo, isto significa que ajudar os outros não é um valor efetivo para mim. É um valor "fantasia". Pode ser uma boa ideia, mas não é um valor ou uma crença. Nossos valores estão relacionados ao tempo que dedicamos efetivamente a eles e ao peso que assumem quando temos de decidir alguma coisa.

A importância das crenças para o nosso sucesso ou fracasso é relatada por Robert Dilts, terapeuta especializado no assunto. A mãe de Dilts tinha um câncer de mama que se espalhou para o crânio, espinha dorsal, costelas e pélvis. Para os médicos, o melhor a fazer era proporcionar a ela o máximo conforto possível, enquanto o fim não chegasse. Dilts trabalhou intensamente com sua mãe os sistemas de crenças dela sobre si mesma e sobre sua doença, ajudando-a a modificar algumas crenças limitadoras e a integrar conflitos importantes. Como consequência das mudanças em suas crenças, a saúde dela teve uma melhora fantástica, e ela se recuperou completamente, sem nenhum sintoma de câncer.

Existem algumas crenças que são extremamente úteis quando se quer alcançar resultados significativos. Entre elas destacamos:

Considerar tudo o que nos acontece como uma oportunidade, como na história de Milton Erickson, psiquiatra e um dos pais da hipnose moderna. Sua contribuição é uma das bases da Programação Neurolinguística. Aos 17 anos ele sofreu uma paralisia infantil de alto grau e ficou imobilizado numa cama. A partir dessa situação, começou a desenvolver a sua acuidade sensorial de tal forma que percebia que as irmãs diziam sim quando queriam dizer não, que o andar de seu pai indicava seu estado de espírito e até o cômodo da casa para onde ele se dirigia. Erickson reaprendeu a andar e utilizou esse aprendizado na indução de transes hipnóticos. Mais tarde, quando alguém comentou sobre sua infelicidade por ter tido paralisia infantil tão grave, ele respondeu: "Eu tive sorte, pois graças a ela pude desenvolver todas as minhas habilidades".

 Assumir responsabilidade pelo que lhe acontece, pois só dessa forma você pode ser o timoneiro do seu barco. Aqueles que estão sempre achando desculpas e responsabilizando outras pessoas pelos seus males também estão dizendo que não podem fazer nada para mudar a própria vida, já que tudo está fora do alcance de suas possibilidades.

 Considerar os próprios erros não como fracasso, mas como um *feedback* negativo, ou seja, uma informação que indica que estamos no caminho errado e que é preciso fazer alguma coisa diferente, que é preciso mudar.

 Não é preciso saber tudo para agir, é necessário correr algum risco, sobretudo na época atual, em que vivemos situações de incerteza, ambiguidade, insegurança e mudança. Onisciente, onipresente e onipotente, só Deus.

6. NECESSIDADES

Na parte mais profunda do *iceberg* comportamental está a origem de nossos comportamentos. O ser humano age para satisfazer suas necessidades, grandes impulsionadoras e motivadoras. Tudo o que fazemos ou dizemos é para satisfazer ou evitar a privação de alguma de nossas necessidades. Nós temos uma estrutura de necessidades. Vamos mencionar quatro, entre os tipos de necessidade que formam esta estrutura: realização, reconhecimento, associação e segurança.

Realização é a necessidade de atingir metas e obter resultados. *Reconhecimento* é a necessidade de ser importante para os outros, de ser uma pessoa bem-vista. *Associação* é a necessidade social de estar com outras pessoas e de pertencer a um grupo. *Segurança* é a necessidade de certeza, de dominar o que se está fazendo, de não se expor, de proteção. A estrutura de necessidades é formada por uma combinação destas quatro. Há pessoas nas quais essas necessidades estão distribuídas de forma equilibrada. Já em outras existe uma preponderância acentuada de uma, com manifestação bem menos acentuada das outras três. Além dessas quatro necessidades, que formam a base para a identificação dos estilos comportamentais, que abordaremos no capítulo 15, devemos considerar as necessidades fisiológicas e as necessidades de autorrealização. As fisiológicas são as necessidades primárias das pessoas, como abrigo, alimentos e roupas. As de autorrealização são a necessidade de crescimento e utilização do pleno potencial de uma pessoa.

O MECANISMO BÁSICO DO SUCESSO

Existe um Mecanismo Básico do Sucesso, isto é, pessoas que atingem seus objetivos e obtêm resultados expressivos têm um padrão ou processo de atuação que as leva a conquistar sistematicamente o que desejam. Estudos sobre pessoas que obtiveram sucesso comprovam esse mecanismo. O processo é seguido persistentemente e se compõe de algumas etapas bastante simples:

1. Definição de objetivos, saber exatamente o que se quer.

2. Ação, isto é, medidas para transformar os desejos em realidade. Caso contrário, eles não passarão de pura fantasia.

3. Comparação entre os objetivos e os resultados das ações, para saber se se está agindo de modo certo, se se está no rumo correto ou se há necessidade de alterações.

4. Se não está caminhando na direção de seus objetivos, procurar saber o que fez, aprender com a experiência e tentar outras ações para alcançar os objetivos.

NEGOCIAÇÃO TOTAL

Esse procedimento deve ser seguido até que os objetivos sejam atingidos. A figura da página anterior mostra o Mecanismo Básico do Sucesso.

O Mecanismo Básico do Sucesso é muito simples, mas isso não significa facilidade. Frequentemente, é mais fácil ser complicado do que ser simples. Ser simples significa saber o que de fato é essencial, o que produz resultados. Existe uma série de armadilhas pelo caminho. Os principais erros cometidos quando se quer atingir objetivos tendo em vista o Mecanismo Básico do Sucesso são os seguintes:

1. Definir e formular imprecisamente os objetivos.

2. Não identificar nem seguir a ação, ou ações, mais adequada. Estas ações devem ser entendidas como um processo, uma sequência de atividades. Devemos sempre lembrar que *como* se faz é, frequentemente, tão importante quanto o *que* se faz.

3. Não dispor de evidências e critérios para saber se o objetivo está sendo atingido. É preciso responder a seguinte pergunta: "Como posso saber se as ações que estou efetuando estão, ou não, me levando ao objetivo desejado?"

4. Não dispor de mecanismos nem ter sensibilidade para efetuar correções de rumo. Se a ação desenvolvida não está levando ao objetivo desejado, quais ações ou procedimentos podem ser adotados?

5. Não ter flexibilidade para tentar de várias formas distintas.

6. Acreditar, mesmo, que o sucesso acontece por acaso, sem necessidade de persistência, paciência e disciplina.

Portanto, tudo deve começar com a definição de objetivos. Objetivos bem definidos são um ótimo começo. Objetivos mal definidos, o início do fracasso. Existem algumas regras que podem ajudar:

1. Em princípio, o objetivo deve ser estabelecido em termos positivos. Devemos estabelecer o que queremos e não o que não queremos. "Eu quero ganhar tanto". E não: "Eu não quero ter dificuldades financeiras".

2. Devemos procurar formular o objetivo de acordo com os gatilhos a que nos referimos anteriormente, ou seja, visual externo, visual interno, auditivo externo, auditivo interno e cinestésico: o que eu estarei vendo, imaginando, ouvindo, dialogando internamente e sentindo quando o objetivo for atingido.

3. O objetivo deve ser iniciado e mantido por quem pretende alcançá-lo. Não se pode ter por objetivo que faça sol ou que chova amanhã.

4. O objetivo deve ser verificável, isto é, mostrar evidências ou permitir uma forma palpável para saber se e quando o objetivo foi alcançado ou se a direção está certa.

5. O objetivo deve ser desafiador e motivador. Quando alcançamos estes objetivos, temos um grande senso de realização e aumentamos nossa autoestima.

6. O objetivo deve ser realizável. Viajar para Saturno ou Plutão no ano que vem é um péssimo objetivo.

7. O objetivo deve estar de acordo com as crenças e os valores de quem está tentando alcançá-lo.

8. Definido no tempo.

As ações que adotamos para atingir nossos objetivos devem estar bem encadeadas, e esta é uma das chaves do êxito. Um exemplo de má sequência aconteceu no confronto em que o campeão mundial de xadrez Garry Kasparov foi derrotado pelo computador Deep Blue. Numa das partidas, com as peças brancas, Kasparov inverteu um lance da sequência clássica de uma abertura e esta simples inversão permitiu que o computador neutralizasse a vantagem do jogador com peças brancas, que é quem inicia a partida. É como uma chamada telefônica. Você pode discar todos os números certos, mas se alterar a ordem entre eles não conseguirá telefonar para quem você quer.

Um exemplo de como uma boa sequência pode facilitar ocorreu quando os americanos estavam construindo um foguete para um submarino nuclear. O projeto estava previsto para acabar em cinco anos, mas a criação de um método chamado Pert para encontrar a melhor forma de encadeamento das atividades permitiu reduzir o prazo para três anos. Um ganho bastante considerável.

Todos nós sempre agimos de acordo com determinadas sequências ou processos e padrões comportamentais, desde as coisas mais simples até as mais complexas. Temos padrões comportamentais para abrir a geladeira ou amarrar o cordão do sapato. Temos determinada forma de dirigir automóvel, de cantar ou pensar. Existem sequências que nos ajudam e outras que nos afastam de nossos objetivos. Muitas vezes não percebemos as sequências que utilizamos.

Há, portanto, um padrão ou processo para obter sucesso e um padrão para fracassar. E o mais intrigante é que a energia consumida para fracassar é a mesma utilizada para triunfar. Mas, para que o Mecanismo Básico do Sucesso funcione, devemos ter em mente as crenças a que nos referimos anteriormente, quando abordamos o *Iceberg* Comportamental. Essas crenças são extremamente úteis quando se busca alcançar resultados significativos. Convém tê-las sempre presentes:

1. Considere tudo o que acontece com você uma oportunidade, e não uma ameaça.

2. Assuma responsabilidade por tudo que acontece com você, pois só assim é possível assumir o comando da sua vida.

3. Não considere seus erros um fracasso, mas sim um *feedback* negativo, uma informação de que a ação escolhida para alcançar o objetivo teve um resultado indesejado.

4. Não é preciso saber tudo para agir. É preciso saber correr riscos, mas nunca riscos do tipo tudo ou nada.

8

REFLEXÃO E AÇÃO: SABER PENSAR E AGIR, SENDO UM NEGOCIADOR INTEGRAL

O binômio reflexão-ação é a base da conduta de um negociador. Parte do princípio de que cada situação é única e singular e a vida é um ciclo de mudanças, um constante vir a ser. Assim, é preciso compreender cada situação. O binômio reflexão-ação opõe-se a fórmulas prontas e definitivas, a truques e macetes que podem ser aplicados a toda e qualquer situação, que, em última instância, consideram o mundo algo estático e acabado. Também é contrário a agir de forma mecanizada e robotizada. Nada se repete. Heráclito, filósofo grego, já dizia: "Uma pessoa não se banha duas vezes no mesmo rio". O rio pode continuar com o mesmo nome, mas as águas vão passando e nunca são as mesmas.

Existem dois tipos de mudança: a quantitativa e a qualitativa. Nas mudanças quantitativas as transformações baseiam-se no incremento, sem que a natureza intrínseca da situação seja alterada. Nas mudanças qualitativas há uma grande ruptura. Pode corresponder ao que se chama atualmente de mudança de paradigma. Portanto, entrar e estar em sintonia com este devenir e compreender cada situação é essencial. Devemos ainda considerar os ciclos, conforme estão registrados na Bíblia, quando José, no Egito, previu sete anos de vacas gordas, seguidos por sete anos de vacas magras. Tudo são ciclos, sístole e diástole. Tese, antítese e síntese.

É através da reflexão que compreendemos cada situação em suas particularidades, estabelecemos objetivos, verificamos possibilidades, escolhemos, encontramos caminhos, avaliamos e criticamos, verificamos desvios e erros, planejamos as correções de rumo e, sobretudo, aprendemos com as nossas experiências. E é através da ação que transformamos nossos sonhos e objetivos em realidade. O binômio reflexão-ação pode ser mais bem compreendido com o auxílio da figura abaixo.

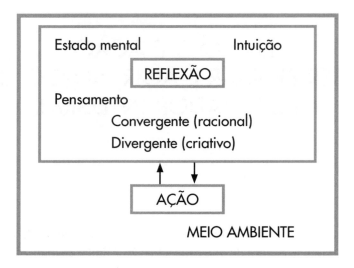

Nossa capacidade de refletir é função de quatro elementos: estado mental, intuição, pensamento divergente e pensamento convergente. E tudo isso deve ser considerado na sua relação com o meio ambiente, entendendo-se ambiente dentro de uma concepção ampla, que considere não apenas os aspectos materiais, mas também outras pessoas e instituições.

O **estado mental** já foi considerado no capítulo 5. Cabe lembrar que existem estados mentais ricos e pobres de recursos e adequados e inadequados. A todo momento, queiramos ou não, estamos num determinado estado mental, que pode ser ou não apropriado ao que desejamos fazer. Portanto, é necessário que estejamos atentos ao estado mental apropriado a cada um dos momentos de uma negociação.

A **intuição** e outros fenômenos correlatos, como premonição, pressentimentos e clarividência, constituem uma classe de fenômenos de natureza bastante sutil da capacidade de reflexão e, por isso mesmo, de difícil apreensão. Existem ocasiões em que estes fenômenos podem manifestar-se através dos sonhos. Foi assim que o químico Friedrich Kekulé descobriu a estrutura molecular do benzeno, o fisiologista Otto Loewi teve inspiração para descobrir que na ação dos nervos estão em jogo elementos químicos ativos, o que lhe valeu o Prêmio Nobel de Fisiologia e Medicina, e o paleontólogo Louis Agassiz identificou um peixe fóssil na laje de pedra onde estava preservado. No sonho, Agassiz reconheceu características que, quando acordado, julgava impossível estar presentes no fóssil.

Muitos homens de espírito criador utilizaram-se de processos mentais que ocorreram durante o sono para encontrar soluções a seus problemas. Entre eles, Thomas Edison, um dos maiores inventores de todos os tempos, que todas as noites costumava meditar sobre o que pretendia fazer no dia seguinte.

O **pensamento divergente** está ligado à criatividade, à imaginação e a características do hemisfério cerebral direito. É sempre conveniente repetir a frase de Einstein: "A imaginação é mais importante do que o conhecimento". Afinal, foi imaginando a experiência de alguém dentro de um elevador com um pequeno orifício, caindo à velocidade da luz, que ele desenvolveu a teoria da relatividade restrita. Segundo Robert Ornstein, esse hemisfério cerebral está associado ao fantástico, difuso, receptivo, móvel, holista, versátil, lateral, tácito, não-verbal, não-linear e atemporal.

Entre as técnicas de criatividade mais conhecidas está a do *brainstorming*. O pai desta técnica, Alex Osborne, afirma que pessoas com treinamento em técnicas apropriadas podem aumentar em 94% a capacidade de ter ideias aproveitáveis.

O **pensamento convergente** envolve o hemisfério cerebral esquerdo. Ele é lógico, quantitativo, verbal, analítico, linear, orientado temporalmente, racional, tradicional e focado.

Em negociação, refletir significa levar em conta esses quatro fatores, da preparação ao controle e à avaliação. Uma das falhas mais comuns é considerar apenas o pensamento convergente ou o divergente, sem observar os quatro fundamentos de forma integrada. O processo de refletir-agir ganha ainda mais consistência quando passamos a empregar os conceitos da teoria geral dos sistemas, sobretudo o sistema aberto. O sistema aberto contrapõe-se ao sistema fechado, aquele que não troca energias nem informações com o meio ambiente. Está voltado exclusivamente para si mesmo. Os sistemas fechados são sujeitos à força da entropia, que cresce em direção à máxima entropia, um movimento de desordem, uma falha completa na transformação de recursos que pode resultar em morte.

O sistema aberto está em constante interação com o meio ambiente, dentro de um esquema entrada-processamento-produto, isto é, recebemos energias ou recursos do meio ambiente, sob diversas formas, como alimentos, informações, carícias e admoestações. Processamos o que

NEGOCIAÇÃO TOTAL

recebemos e geramos produtos que voltam para o meio ambiente, dentro de um fluxo contínuo.

Embora os seres vivos sejam sistemas abertos, muitas vezes agem como sistemas fechados. E o que acontece nesses casos? Vejamos, como exemplo, o caso de pequenos povoados onde os casamentos acabam sendo entre parentes. Após algum tempo, começam a nascer crianças com problemas de ordem física e mental.

Um ser humano age como um sistema fechado ou quase fechado quando se refugia ou quando sua capacidade de percepção e processamento fica enrijecida. Nesse último caso, começa a perceber a realidade sempre da mesma maneira e ter as mesmas respostas, por mais inadequadas que elas sejam. Assim, o errado passa a ser a realidade. Como aquela mãe que, numa parada militar, notou que o filho era o único com o passo diferente e exclamou: "Meu filho é o único que está marchando certo". Essa mãe ainda conseguiu perceber que o filho estava com o passo diferente, mas não é o que acontece muitas vezes. Entre os fatores que podem fazer um ser humano perder o contato com a realidade estão o orgulho, a vaidade, a arrogância, a necessidade de certeza, os valores, as crenças e as ideologias sectárias.

Várias empresas, em função da arrogância, do sentimento de superioridade, da vaidade e do orgulho de seus executivos, perderam oportunidades ou não foram capazes de perceber as ameaças de novos concorrentes. A necessidade de certeza provoca uma grande dificuldade para tratar com a ambiguidade, a incerteza e a insegurança. É não querer admitir que tudo é probabilístico e não determinístico.

As crenças estão ligadas às generalizações que fazemos sobre como devemos agir, como as coisas devem ser feitas, o que é certo e o que é errado. Valores são as prioridades que damos às crenças. Embora sejam necessários, não devem ser, em princípio, imutáveis, pois neste caso transformam-se em dogmas. Valores e crenças devem ser entendidos como princípios que só são válidos quando permitem tratar com efetividade as situações existentes. Durante muito tempo, foi uma crença que a Terra era o centro do Universo. E, em função dessa crença, muitas pessoas foram queimadas. Outra crença era que lugar de mulher era em casa. E havia toda uma organização social em função disso. Hoje, quem ainda acreditar nisso provavelmente entrará em atrito com o seu meio social. Na administração havia a crença de que a gerência devia pensar e os operários, executar. Atualmente, todos também devem pensar. Assim, muitas crenças e valores, considerados válidos e até funcionais em determinados contextos, estão sendo substituídos por outros, mais apropriados às novas realidades. Portanto, valores e crenças devem ser entendidos como uma orientação, não como uma verdade imutável e aplicável a todos os contextos e situações. Agir desta última forma é ser um sério candidato a sistema fechado e transformar a capacidade de pensar em algo inútil, por não permitir que enfrentemos os desafios do dia a dia.

De acordo com Jack Welch, da General Electric: "Se o nível de mudança interno está abaixo do nível de mudança externo, o colapso é iminente". E isso vale para qualquer sistema, seja uma empresa, seja uma pessoa e ocorre quando um sistema aberto começa a se fechar. Portanto, é necessário pensar e agir dentro de uma concepção de sistema aberto, em contato e sintonia com a realidade externa. Do contrário, numa negociação, por exemplo, quando alguém estiver falando, o ouvinte estará pensando na resposta que dará, sem antes entender plenamente o ponto de vista do outro.

É através da reflexão que escolhemos e estabelecemos objetivos, que compreendemos cada situação em suas particularidades, encontramos caminhos, avaliamos e criticamos. E, sobretudo, aprendemos. É através da ação que transformamos nossos sonhos em realidade. De qualquer forma, a frase "Pensar globalmente, agir localmente" pode ser muito útil.

Parte III

OS CENÁRIOS E O CONHECIMENTO DO NEGÓCIO/ASSUNTO

9

OS CENÁRIOS DE UMA NEGOCIAÇÃO

10

O QUE É CONHECER O ASSUNTO OU
O SEU NEGÓCIO?

11

A MARGEM DE NEGOCIAÇÃO

9

OS CENÁRIOS DE UMA NEGOCIAÇÃO

O resultado de uma negociação não decorre apenas da atuação isolada dos negociadores. Todos eles estão submetidos a uma rede de tensões e influências, algumas facilmente verificáveis, outras, ocultas e bastante dissimuladas. Em suma, os negociadores operam em um contexto de inter-relacionamentos e de forças das mais variadas espécies que constituem os cenários de uma negociação.

Devemos considerar três cenários. O primeiro é aquele onde ocorre a negociação. O segundo é constituído por todos os personagens e fatores organizacionais que, de uma forma ou de outra, influenciam os atores do primeiro cenário. O terceiro, pelos fatores externos à organização, que podem ser de natureza econômica, financeira, jurídica, social e ecológica. Em caso de negociações internacionais, devemos considerar também a cultura do país com que estamos negociando.

O primeiro cenário é o palco principal. É constituído pelos atores ou negociadores e pelo território onde ocorre a negociação. Chamamos de atores todos os decisores, isto é, as pessoas que vão participar diretamente do processo de decisão da negociação. São pessoas que têm algum tipo de poder como usuárias de algum produto ou serviço, pela posse do poder legal, técnico ou do conhecimento, ou ainda do controle dos recursos. É conveniente salientar que a negociação com os decisores pode acontecer simultânea ou separadamente.

Quando nos referimos a território, devemos considerar duas espécies de território: o local da negociação e o espaço pessoal.

NEGOCIAÇÃO TOTAL

Os seres humanos, bem como muitos animais, têm a propensão de considerar, se apegar e defender uma área particular como seu território. Nós nos sentimos mais à vontade e atuamos melhor no nosso território, qualquer que seja a atividade. Quando estamos em território desconhecido, temos a tendência de nos sentir desconfortáveis. Um aspecto relevante do território, que deve sempre ser considerado, está relacionado às formas pouco éticas de sua utilização. Com o auxílio da eletrônica e outros procedimentos, é possível obter informações de forma escusa. Também é possível efetuar as mais variadas formas de pressão, tais como: posição e altura de cadeiras, nível do ar condicionado, claridade da sala, difícil acesso a banheiros e uma série de procedimentos estressantes que visam provocar descontrole, desconforto, mal-estar e intimidação.

O território ou espaço pessoal é móvel, isto é, nos acompanha. É uma distância de aproximadamente cinquenta centímetros ao nosso redor, onde não permitimos a entrada de qualquer pessoa. Numa conversa com um desconhecido, por exemplo, se ele se aproxima muito, tendemos a nos afastar, estabelecendo uma distância confortável para a conversação. Um estudo entre presidiários mostrou que aqueles que cometeram crimes violentos têm um espaço pessoal duas vezes maior do que o dos presidiários classificados como não-violentos. O grupo violento declarou que se sentia ameaçado quando alguém se aproximava. Era como se fosse um estranho querendo atacar.

Pessoas de diferentes nacionalidades costumam ter espaços pessoais diferentes, e isso pode provocar algumas dificuldades nas negociações internacionais. O espaço pessoal dos árabes, por exemplo, é menor do que o de americanos e alemães.

O segundo cenário é constituído pelo eleitorado dos negociadores, pelos intermediários para chegar aos personagens do primeiro cenário e pelas organizações dos negociadores. Os personagens do segundo cenário são aqueles que, embora não estejam diretamente envolvidos na negociação, influenciam, de uma forma ou de outra, os que estão no primeiro cenário. Os que influenciam mais diretamente são designados eleitorado e os intermediários, passagens.

Eleitorado são as pessoas a quem os negociadores, direta ou indiretamente, devem algum tipo de satisfação, querem agradar, têm alguma espécie de temor ou tomam como modelo, como chefes, colegas, familiares e amigos.

Muitas vezes, são os personagens do segundo cenário que, efetivamente, decidem a negociação, escrevem os roteiros, definem limites, critérios

Os Cenários de uma Negociação

e diretrizes a ser adotados pelos que estão no primeiro cenário. Assim, algumas vezes há necessidade de trazer para o primeiro cenário personagens que estão no segundo.

A organização a que pertencem os negociadores é que estabelece, ou deveria estabelecer, normas ou diretrizes a serem seguidas, apoio logístico e estrutura organizacional de sustentação aos negociadores, como, por exemplo, uma equipe de assessores e um bom banco de dados. Esse aspecto do segundo cenário é extremamente relevante e pode ser a chave de uma negociação. Os japoneses o valorizam muito. É bem conhecido um procedimento que costumam adotar quando negociam em países estrangeiros. Ao término de cada dia acontece a "hora Japão", isto é, eles se comunicam com o Japão e fornecem dados sobre o desenvolvimento da negociação que, analisados, retornam sob a forma de subsídios e orientações para as próximas rodadas de trabalho. É semelhante ao que acontece com uma partida de xadrez suspensa. Enquanto os jogadores descansam, os assessores estudam a partida a fim de descobrir todas as possibilidades de desdobramento para subsidiar o jogador de sua equipe. Com isso, também contribuem para diminuir o desgaste e o *stress* de cada jogador de sua equipe.

O terceiro cenário refere-se à região ou aos países dos negociadores, às variáveis sociais e macroeconômicas. Assim, sua amplitude é bastante variável e, dependendo do tipo de negociação, pode incluir a opinião pública. Neste caso, os órgãos de comunicação assumem uma função bastante importante. Às vezes, os negociadores fazem declarações públicas para pressionar a outra parte ou apenas para agradar ao seu eleitorado.

No caso de negociações internacionais, devem-se considerar também aspectos relativos à cultura do país ou dos países das empresas e pessoas com quem se está negociando. Neste sentido, é oportuno procurar seguir a máxima "em Roma, aja como os romanos". Mas é conveniente lembrar que existem muitos tipos de romano. Assim, embora as generalizações possam trazer elementos muito positivos, é preciso ter cuidado com elas, pois não é todo brasileiro que gosta de samba, carnaval e futebol. Roger Fisher, conhecido *expert* em negociação, recomenda que se considere cada caso em particular.

Assim, não resta a menor dúvida de que a preparação de uma negociação deve começar pela identificação dos cenários e pela consequente rede de influências a que os negociadores estão sujeitos.

Uma vez caracterizados os personagens e outros fatores relevantes, deve-se prosseguir com a definição dos limites e a identificação dos inter-relacionamentos entre os três cenários. Neste sentido, a primeira questão

NEGOCIAÇÃO TOTAL

a ser levantada é o nível de autoridade dos negociadores, ou seja, até que ponto quem está à mesa de negociação é um decisor e tem autoridade para decidir e a partir de que ponto ele terá de buscar o aval de outras pessoas. Não é incomum o uso de táticas relacionadas à falta de autoridade ou do sócio exigente, em que, real ou ficticiamente, quem tem autoridade para decidir não está presente.

Por um lado, essas táticas são utilizadas com o propósito de desgastar o outro negociador, obter informações e concessões e não dar nada em troca. Por outro, como autoproteção ou para valorizar as concessões feitas. Isto acontece com certa frequência com vendedores, que simulam consultas a seus chefes para obter supostas concessões que, na realidade, estavam perfeitamente dentro de seu nível de autoridade.

Portanto, saber a autoridade do outro negociador e das pessoas às quais terá de recorrer se a decisão ultrapassar seu limite de competência faz parte da demarcação dos cenários e constitui informação de capital importância.

Um grupo de atores que não podemos desprezar são as "portas ou passagens", ou seja, todas as pessoas pelas quais devemos passar até chegar a um decisor. Elas nem sempre ajudam muito, mas, em compensação, podem atrapalhar bastante.

O conhecimento dos conflitos, tensões, emoções e contradições que às vezes existem entre os personagens dos dois primeiros cenários pode ser de grande valia.

Todo negociador tem seus temores, e aqueles relacionados a aspectos ou personagens do segundo cenário, o eleitorado dos negociadores, costumam ser os mais intensos. Assim, a versão dos fatos, ou seja, a forma como as pessoas importantes do segundo cenário interpretam o transcurso e os resultados da negociação, deve ser bastante considerada. Contribuir para que um negociador se apresente bem no seu segundo cenário, ou pelo menos livrá-lo de constrangimentos, pode render bons dividendos. É o chamado "livrar a cara".

Numa negociação internacional, a representação brasileira descobriu que o principal negociador do outro lado vivia, periodicamente, uma situação bastante desconfortável. Ele tinha de prestar contas ao *board of directors* do seu grupo sobre o andamento das negociações. Sabendo disso, uma das preocupações do grupo brasileiro passou a ser fornecer subsídios para que esse negociador pudesse apresentar ao *board* informações sobre o andamento da negociação, sem lhe criar constrangimentos. Dessa maneira, foi possível levar a bom termo uma negociação bastante complexa que envolvia muitos milhões de dólares, na qual estava em jogo a atribuição de responsabilidades entre as empresas compradora, projetista, fabricante e intermediadora de uma transação que envolvia a produção de um bem de capital que não se adequava convenientemente às necessidades do usuário.

Portanto, é evidente que identificação, definição e especificação dos cenários de uma negociação e dos relacionamentos entre eles é um aspecto muito relevante que pode ser de extrema utilidade na condução de uma negociação. Deve ser um dos primeiros focos de atenção a ser considerado na preparação de uma negociação, bem como um dos referenciais em que esta precisa se desenvolver.

De qualquer forma, antes de uma negociação externa, é necessária uma negociação interna, ou seja, entre os integrantes do primeiro e do segundo cenários. Se ela não for bem efetuada, as possibilidades de êxito ficam muito limitadas.

O QUE É CONHECER O ASSUNTO OU O SEU NEGÓCIO?

Só quem conhece o seu negócio, isto é, o assunto da negociação, sabe a diferença entre um bom e um mau acordo. Desconhecer o negócio é o mesmo que andar de táxi numa cidade desconhecida. E isso, em negociação, significa não saber atuar com propriedade e ter muita dificuldade para avaliar corretamente os resultados obtidos. Conhecer o assunto é fundamental para identificar interesses, formular objetivos, descobrir os objetivos do outro lado, construir alternativas ou meios para atingi-los e ter critérios que permitam escolher, entre um conjunto de alternativas, a mais apropriada para atender aos interesses em jogo. Conhecer o assunto ou o negócio é encontrar soluções e benefícios que atendam aos interesses das partes. Para o negociador que atua dentro de uma perspectiva de consultor ou como solucionador de problemas, isso é imprescindível.

Conhecer o assunto ou o negócio implica uma gama muito ampla de conhecimentos e pode envolver aspectos de natureza tecnológica, econômica, financeira, social, jurídica e ecológica, entre outros.

O Que É Conhecer o Assunto ou o Seu Negócio?

O que se denomina Quadrilátero Estratégico mostra, no caso das negociações comerciais, quais são os pontos a considerar: o produto ou o serviço que está sendo negociado, sua clientela, a organização com que se está negociando e os concorrentes, nossos e da outra parte.

Quando se trata da organização com a qual se está negociando é importante conhecer, entre outras coisas, a sua estrutura de decisão, quem fará parte do primeiro e do segundo cenários, o tipo de relacionamento entre os dois cenários e o estoque de competências existentes. De qualquer forma, por mais poderosa que seja considerada a organização, devemos ter consciência de que estamos negociando com pessoas e não com a organização e que ambas não constituem um todo homogêneo. Com certeza existe uma série de conflitos e contradições.

Conhecer a concorrência das partes envolvidas pode auxiliar bastante na identificação dos pontos fortes e fracos e mostrar as áreas que representam vulnerabilidades, isto é, ameaças, e que, por isso mesmo, exigem maior proteção, e aquelas que representam as oportunidades, que devem ser bem exploradas.

E os clientes? Quais são suas necessidades, expectativas, seus desejos e temores?

É necessário que os componentes do Quadrilátero Estratégico sejam considerados sob a sua ótica e a da outra parte, levando em conta todas as dimensões pertinentes. Cada negociação tem as suas particularidades. Em negociações dentro de uma mesma empresa ou entre empresas, além dos aspectos de natureza técnica, econômica, financeira, jurídica, administrativa e social, deve-se considerar também o conhecimento da missão da organização, da sua estrutura, de seus sistemas de informação e do processo decisório. Em negociações internacionais, conhecer o negócio implica também conhecimento de direito internacional e dos tratados que regulam as transações entre nações.

Vamos dar um exemplo sobre o que significa conhecer o negócio. Na compra de um automóvel, conhecer o assunto ou o negócio significa conhecer a parte mecânica e a elétrica, o desempenho e a qualidade dos componentes. Significa, igualmente, conhecer o vendedor e a sua reputação, o atendimento pós-venda, o mercado, se comprador ou vendedor, o nível de estoque de automóveis, o lançamento de novos modelos e a descontinuação de modelos antigos, bem como conhecer matemática financeira, a fim de poder avaliar os vários planos de pagamento, identificando o mais conveniente. Implica, também, o conhecimento de aspectos jurídicos que se refiram à transferência de propriedade. Conhecer o negócio, portanto, envolve todas as dimensões

NEGOCIAÇÃO TOTAL

do Quadrilátero Estratégico sob os enfoques técnico, econômico, financeiro e jurídico, pela ótica das partes envolvidas.

Esses conhecimentos não são importantes em si mesmos, mas é através deles que se pode chegar àquilo que realmente interessa, isto é, soluções e benefícios para as partes. Só há negociação porque as partes envolvidas acreditam ou têm esperança de que este é o procedimento mais adequado para resolver problemas e conflitos e satisfazer seus próprios interesses, ou seja, obter benefícios. Mas para isso é preciso saber a relação entre as características dos produtos e serviços e os seus benefícios.

Quando se trata do conhecimento do produto/serviço, convém salientar que existem dois aspectos: primeiro, as suas características; segundo, as soluções e os benefícios inerentes a ele.

As características referem-se aos aspectos do produto/serviço, como forma e dimensões. Soluções e benefícios dizem respeito à utilidade dos produtos e serviços. Mas o que importa, na realidade, não são as soluções e os benefícios em si, mas sim a personalização ou adequação de cada um deles a expectativas, desejos e necessidades de pessoas ou organizações. Portanto, devemos considerar que existem dois tipos de benefício: o genérico, inerente ao produto ou serviço e decorrente de suas características, e o específico, a adaptação, tradução ou consequência dos benefícios genéricos para cada pessoa ou organização em particular. Assim, só poderemos descobrir os benefícios específicos se durante a negociação fizermos uma sondagem ou exploração.

Vejamos algumas situações. Para um *notebook,* por exemplo, podemos considerar características o peso, as dimensões, a memória RAM e a capacidade do disco rígido, entre outras. Pesar 2,5 quilos é uma característica que o torna leve, um benefício genérico. Ter 28 centímetros de comprimento, 18 de largura e 4 de altura são características. Ser pequeno e fácil de transportar é decorrência disso e, portanto, benefícios genéricos para quem viaja. Poder levar o *notebook* também é um benefício genérico. Só poderemos saber o benefício específico do *notebook* se descobrirmos, através de uma sondagem, qual é a sua utilidade para a pessoa que está viajando. Para alguns, será a possibilidade de distração com *games.* Para outros, poder conectar-se à Internet e acompanhar o movimento da sua empresa, mantendo assim o controle do que se passa.

Agora, suponhamos que uma empresa instale um novo equipamento de segurança que permita que o trabalho de verificação seja feito mais rapidamente, poupando tempo. Fazer o serviço mais depressa é um benefício genérico do equipamento de segurança. O que as pessoas farão com o tempo poupado será o benefício específico para cada uma. Para uns, será ficar mais tempo sem fazer nada ou poder ir mais cedo para casa. Para outros, será colocar o trabalho em dia ou fazer tarefas que consideram importantes, mas que, por falta de tempo, eram deixadas de lado. Da mesma forma acontece com a implantação de um sistema de informação numa empresa: um dos benefícios genéricos é melhorar o gerenciamento. Já os benefícios específicos referem-se aos problemas concretos daquela empresa que serão resolvidos com esta melhora do gerenciamento, como a diminuição do número de peças com defeito ou dos atrasos nas entregas.

No caso da negociação do automóvel, a aquisição deste resolve o problema de transporte pessoal, ou seja, de locomoção. Para uns, os benefícios específicos de um automóvel podem ser demonstração de *status* ou ostentação; para outros, uma forma de investimento ou conforto, comodidade e autonomia.

Devemos ter em vista, portanto, a sequência:

características>benefícios genéricos>benefícios específicos.

E como desenvolver esta sequência? Através da pergunta "para quê?" Fazendo essa pergunta às características, obtêm-se os benefícios genéricos. E perguntando "para que benefícios genéricos" entende-se a utilidade dos bens e serviços para cada pessoa ou organização, isto é, os benefícios específicos. Vejamos o caso do *notebook*. Para que as dimensões e o peso reduzidos? Para permitir que seja transportado com facilidade. Para que ser transportado? Para permitir jogar *games* ou acompanhar o movimento da empresa e manter o controle do que acontece. E o mesmo para os outros exemplos mencionados anteriormente.

As expressões a seguir ajudam a ampliar a compreensão da questão.

NÃO ME OFEREÇAM COISAS

Não me ofereçam roupas. Ofereçam-me uma aparência bonita e atraente.

Não me ofereçam sapatos. Ofereçam-me comodidade para meus pés e prazer de caminhar.

Não me ofereçam casa. Ofereçam-me segurança, comodidade e um lugar que prime pela limpeza e felicidade.

Não me ofereçam livros. Ofereçam-me horas de prazer e o benefício do conhecimento.

Não me ofereçam discos. Ofereçam-me lazer e a sonoridade da música.

→

NEGOCIAÇÃO TOTAL

> *Não me ofereçam ferramentas. Ofereçam-me o benefício e o prazer de fazer coisas bonitas.*
>
> *Não me ofereçam móveis. Ofereçam-me o conforto e a tranquilidade de um ambiente aconchegante.*
>
> *Não me ofereçam coisas. Ofereçam-me ideias, emoções, ambiência, sentimentos e benefícios.*
>
> *Por favor, não me ofereçam coisas!*

Em cada uma dessas frases existe um bem ou produto e um ou dois benefícios genéricos inerentes a eles. Na primeira delas, o bem é uma roupa. Suponhamos que essa roupa seja uma camisa. As características seriam o tamanho, a cor e o tipo de colarinho. Com a pergunta "para quê?" chegamos ao benefício genérico, que é uma aparência bonita e atraente. Novamente com a pergunta "para quê?", mas agora para o usuário da roupa, chegaremos ao benefício específico, isto é, a quais pessoas se quer agradar ou impressionar com uma aparência bonita e atraente.

Só quem conhece o assunto ou o seu negócio dentro dessa perspectiva mais ampla pode, através de uma sondagem na negociação, transformar as características e os benefícios genéricos de produtos e serviços em benefícios específicos para cada pessoa, empresa e instituição e assim resolver problemas, satisfazer necessidades, expectativas e desejos e aprofundar relacionamentos. É isso o que, em última instância, realmente conta.

A MARGEM DE NEGOCIAÇÃO

A QUESTÃO DA ZONA DE ACORDO

A margem de negociação consiste na faixa de valores que vai do melhor resultado possível, aquele que é desejável, ao menor aceitável, o mínimo necessário ou limite, que se não for obtido faz com que seja preferível abandonar a negociação.

A análise das margens de negociação pode revelar uma série de aspectos bastante importantes ao processo de negociação.

Imaginemos uma situação de compra e venda. Existem quatro situações possíveis:

Situação 1

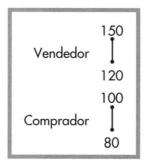

É a situação típica de impasse. O vendedor não aceita vender por menos de 120 e o comprador não aceita comprar por mais de 100. Não há valores comuns, portanto, não há negociação possível. Entre as razões que levam a essa situação estão as seguintes: os negociadores dispõem de outras alternativas que podem satisfazer seus interesses mínimos; os limites mínimos foram estabelecidos de forma arbitrária, sem base na realidade. Isso costuma acontecer quando não se procura definir qual é a nossa MADI, a Melhor Alternativa Disponível caso a negociação que estamos realizando chegue ao Impasse. Existem casos em que se abandona uma negociação e então se constata que a alternativa que nos restou era pior do que aquela que tínhamos; os limites foram estabelecidos de forma rígida, sem considerar as diversas possibilidades de obter o mesmo valor, por exemplo, através de condições de pagamento variadas ou outras alternativas para satisfazer as necessidades e os interesses envolvidos.

Uma importante habilidade de negociação consiste na capacidade de obter a alteração desses limites ou na de dispor de diversos modos de atendê-los, com o estabelecimento de novos enfoques ou a inclusão de outros fatores no processo de negociação.

É oportuno salientar que muitas vezes um negociador pode estar agindo dessa forma apenas por motivos táticos, para estabelecer uma situação de impasse com o único objetivo de testar a determinação e a força do outro negociador.

Situação 2

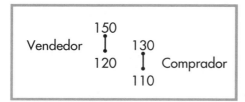

É aquela que não apresenta nenhuma distorção, isto é, o valor desejável do vendedor (150) está acima do limite ou valor máximo que o comprador admite pagar (130), assim como o valor desejável do comprador (110) está abaixo do limite do vendedor (120).

Nessa situação, o objetivo de cada um dos negociadores será buscar um valor mais próximo do desejável, o que significa descobrir qual é o limite do outro. A negociação será um processo de descobertas através das variáveis poder, tempo e informação. Essas descobertas podem ser feitas por meio de muitas formas de procedimentos e sondagens, podendo-se, inclusive, utilizar o lance inicial com esse propósito.

Assim, um lance pode ocorrer após uma boa fase de exploração/ sondagem ou ser o momento inicial do processo. Nesse caso, é importante que o lance inicial do vendedor seja alto o suficiente para ser superior ao limite do comprador e o lance do comprador suficientemente baixo de modo a ficar aquém do limite do vendedor. E tudo isso dentro de valores realistas, de forma a não agredir o outro lado.

Existe outro procedimento que utiliza um lance não como forma de sondagem, mas fazendo dele o próprio centro do processo de negociação. Esta é a forma de agir que denominamos anteriormente barganha de proposta e que tem alta probabilidade de redundar em negociações com desfechos do tipo ganha/perde. Nesses casos, as negociações caracterizam-se por falta de flexibilidade e por tentativas de vencer a qualquer preço. O importante passa a ser a firmeza e a determinação com que as propostas são defendidas. Isso faz com que, em certo momento do processo, os negociadores estejam tão aferrados às suas propostas que muitas vezes se esquecem até do "para que" estão negociando. Frequentemente, surgem problemas de relacionamento entre eles.

Situação 3

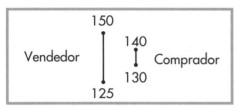

Caracteriza-se pelo fato de o valor limite do vendedor (125) ser inferior ao valor desejável do comprador (130). Isto significa que o comprador perderá a oportunidade de descobrir o valor mínimo do vendedor. Em alguns casos, o lance inicial do comprador chega a ser tão elevado que atende às expectativas mais otimistas do vendedor.

É evidente que a situação 3 proporciona tranquilidade e segurança ao vendedor. Em certas situações, saber provocar alguma tensão no outro lado pode ser uma boa forma de conduta, pois costuma proporcionar uma série de informações manifestas através da linguagem não-verbal e daquilo que Freud chamava ato falho — pensar uma coisa e falar outra — e que costuma revelar as verdadeiras intenções e os posicionamentos. De qualquer forma, é preciso cuidado para manter o nível de tensão dentro de certos limites, pois, se estes forem excedidos, podem provocar conflitos contraprodutivos.

Situação 4

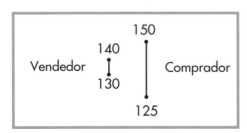

É aquela situação em que a margem de negociação do vendedor está mal formulada porque o seu valor desejável (140) está abaixo do limite, ou valor máximo, que o comprador está disposto a pagar (150).

NEGOCIAÇÃO TOTAL

Um exemplo clássico dessa situação ocorreu no início deste século, durante a venda das usinas siderúrgicas do grupo Andrew Carnegie para o de J.P. Morgan. A transação foi efetuada em cima do lance inicial de Carnegie, 400 milhões de dólares. Algum tempo depois, num encontro com Morgan, Carnegie ficou sabendo que este estava disposto a pagar 500 milhões de dólares, ou seja, mais 100 milhões.

É preciso, portanto, cuidado com a possibilidade de estabelecer margens de negociação com configuração semelhante à das situações 3 e 4.

Uma das formas de enfrentar isso em situação de venda é fazer o lance inicial suficientemente alto e, em situação de compra, suficientemente baixo. E, a partir daí, proceder as necessárias concessões de modo que os interesses de ambas as partes sejam atendidos.

Ao estabelecer as margens de negociação, usamos apenas valores monetários. Entretanto, devemos considerar outros fatores que nem sempre são de fácil mensuração, cujo valor é profundamente pessoal. Por exemplo, pode-se vender a preço de custo para manter o cliente. Pode-se comprar mais caro uma matéria-prima para permitir que a linha de produção continue funcionando. Portanto, dinheiro nem sempre é a única moeda, e um bem ou serviço também estão associados a outros fatores, como prestígio, *status* e reconhecimento.

RELACIONAMENTO INTERPESSOAL

12
HABILIDADES DE RELACIONAMENTO.
JANELA DE JOHARI E *RAPPORT*

13
COMUNICAÇÃO E METAMODELO. ENTENDENDO E
SE FAZENDO ENTENDER COM PRECISÃO

14
O CLIMA E A CONFIANÇA NA NEGOCIAÇÃO:
DOIS FATORES INDISPENSÁVEIS

15
ESTILOS COMPORTAMENTAIS

16
COMPORTAMENTO DOS NEGOCIADORES
E FLEXIBILIDADE

12

HABILIDADES DE RELACIONAMENTO. JANELA DE JOHARI E *RAPPORT*

*N*egociação significa relacionamento, isto é, não há negociação sem que as duas partes estejam se relacionando. A Janela de Johari foi criada por Joseph Luft e Harry Ingham e representa as maneiras como uma pessoa se relaciona com outra. A figura abaixo mostra a Janela de Johari.

JANELA DE JOHARI			
O U T R O		A PESSOA CONSIDERADA	
		Conhecido	Desconhecido
	Conhecido	Aberta	Cega
	Desconhecido	Fachada	Desconhecida

Ela é formada assim: uma pessoa, suponhamos você, quando se relaciona com outras pessoas, tem uma parte, sua ou da situação, que conhece e outra que desconhece. Da mesma forma, para o outro, em relação a você e à situação, também há uma parte conhecida e uma desconhecida. Da combinação destas possibilidades resultam quatro áreas. A primeira é a área aberta, ou do conhecimento compartilhado, conhecida tanto por você quanto pelo outro. A segunda é a sua área cega, aquela parte sua ou da situação que lhe interessa, que você desconhece, mas que o outro conhece.

A terceira é a sua fachada, aquela parte sua e da situação que você conhece e o outro desconhece. E, finalmente, a quarta área, que é desconhecida pelos dois lados.

Em qualquer relacionamento essas quatro áreas estão sempre presentes e cada negociador tem a sua própria Janela. As áreas variam de tamanho durante o relacionamento. No início, a área aberta, do conhecimento compartilhado, é menor. Na medida em que uma fachada é descoberta, aumenta a área aberta. A mesma coisa acontece com a área cega. Descobrir a nossa área cega e a fachada do outro negociador é básico numa negociação. Caso contrário, o acordo a que chegaremos poderá não conter os benefícios que acreditamos ou apresentar custos não previstos. Assim, é preciso estar consciente da existência dessas áreas e da necessidade de buscar informações. E isto é mais bem realizado se estivermos dentro de um nível adequado de *rapport*.

O *rapport* está ligado à sintonia e harmonia entre as partes e define o tipo e a qualidade de relacionamento entre os negociadores. A figura abaixo mostra os níveis de *rapport*.

Existem três grupos de *rapport*. O primeiro, Sedução e Muito quente, implica um alto envolvimento emocional, que pode resultar em perda de discernimento e incapacidade de analisar objetivamente uma situação e tomar decisões. Os do grupo intermediário — Entusiasmo, Identificação/cooperação, Compreensão e Indiferença/neutralidade — permitem analisar situações e tomar decisões com propriedade. O terceiro grupo, Frieza e

Hostilidade, também pode comprometer a capacidade de analisar situações, decidir e agir.

Em termos de negociação, ao menos para uma negociação que procure atender os interesses legítimos das partes, os tipos de *rapport* do primeiro grupo não são indicados. Podem ser indicados para muitas coisas, menos para uma negociação, porque quem procura esse tipo de *rapport* numa negociação está querendo manipular. Os tipos de *rapport* do segundo grupo são os melhores para uma negociação. Proporcionam o clima necessário para refletir, identificar caminhos e decidir entre eles. Assumir um estado de neutralidade é aconselhável no momento de tomar uma decisão, de forma a não ser influenciado pelas emoções. Já Frieza e Hostilidade são utilizados por negociadores que visam intimidar o outro lado. Há negociadores que sistematicamente adotam estes procedimentos.

Outro instrumento que ajuda a compreender o relacionamento entre as partes é a Matriz de Relacionamento, baseada numa formulação de Kleber Nascimento:

MATRIZ DE RELACIONAMENTO

A F O R M A		Mentira (M)	Verdade (V)
	Respeito (R)	R/M (3)	R/V (4)
	Desrespeito (D)	D/M (1)	D/V (2)

O CONTEÚDO

Quando estamos nos relacionando e comunicando com alguém, devemos considerar dois aspectos: o conteúdo e a forma. O conteúdo do que se diz pode ser verdade ou mentira. A forma como se diz pode mostrar respeito e consideração pelo outro ou ser desrespeitosa. Assim, temos quatro possibilidades. A primeira é dizer uma mentira com desrespeito. A segunda, uma verdade com desrespeito. A terceira, uma mentira com respeito. Finalmente, uma verdade com respeito. A área 1, Desrespeito/Mentira, é a pior de todas e com certeza traz danos irreparáveis a um relacionamento. É típica das negociações ganha/perde. A área 2, Desrespeito/Verdade, e a 3, Respeito/Mentira, também são áreas que podem comprometer. A primeira, porque uma verdade é dita para atingir e diminuir a outra pessoa. A segunda, porque, para não machucar alguém, conta-se uma mentira. Mas com isso tira-se também a possibilidade de a pessoa trabalhar com eficiência a situação. Finalmente, a área 4 permite o relacionamento construtivo. Em todo caso, numa negociação é preciso não confundir mentira com a não revelação completa de uma situação ou informação. Esta, desde que não comprometa a natureza de um acordo, pode ser praticada numa negociação.

Existem duas formas básicas de reagir à mentira, ao desrespeito, aos conflitos e aos impasses. Uma é usar algum destes mecanismos psicológicos:

> *Agressão:* ficar com raiva do outro e dirigir a atenção não para a solução dos problemas, mas sim para ferir e atingir o ego da outra pessoa.

> *Fixação:* existem pessoas que martelam uma mesma tecla e não conseguem ver alternativas. Quanto mais tensa é a situação, mais permanecem com a mesma proposta. Se o que estamos fazendo não está dando o resultado que queremos, é importante mudar, pois do contrário continuaremos obtendo o mesmo resultado.

> *Regressão:* existem pessoas que entram em processo de infantilização. Ficam amuadas, "de mal", como na infância.

> *Resignação:* é não enfrentar a situação e abdicar. Isso faz com que muitos negociadores, em vez de tentar alcançar o seu objetivo desejável, acabem facilmente se conformando com o mínimo necessário.

> *Racionalização:* é uma desculpa ou justificativa para não ver a essência de alguma coisa. A história da raposa e das uvas é um bom exemplo. Depois de muito tentar alcançar as uvas da parreira, sem conseguir, a raposa desistiu com a seguinte racionalização: "Eu não queria mesmo as uvas, pois elas estão verdes". É muito comum que pessoas que não têm um bom desempenho numa negociação não admitam o fato pura e simplesmente. Em vez disso, perdem-se numa longa e interminável série de justificativas.

> *Compensação:* é fazer uma coisa por outra. Uma pessoa frustrada com os resultados de negociações e relacionamentos procura, fora do local do trabalho, outra atividade que lhe agrade. Numa nego-

ciação, esse mecanismo pode ser perigoso, na medida em que uma pessoa abdique de alguma coisa essencial e passe a valorizar uma pequena concessão obtida, dando a ela um valor desproporcional e semelhante à concessão que fez.

Essas formas de resposta impedem focar o objeto da negociação e não permitem enfrentar a questão com clareza, o que pode agravar a situação, os conflitos e os impasses, tornando as negociações mais demoradas e penosas, ou levar os negociadores a desistir ou fazer concessões indevidas.

A outra forma é responder na base do Respeito/Verdade, sem perder o foco no objeto da negociação. É possível falar a verdade sem ser grosseiro ou agressivo, entendendo que esta é uma situação-problema e como tal deve ser enfrentada. Uma situação-problema tem de ser diagnosticada e seus conflitos, identificados. Os problemas tanto podem estar na forma como os negociadores são tratados (com desrespeito) quanto na maneira como o conteúdo, ou seja, o objeto da negociação, é desenvolvido (de forma mentirosa e enganosa). O MIN — Modelo Integrado de Negociação fornece uma boa base para identificar problemas. Verifique se eles estão na área do conhecimento do negócio, do relacionamento interpessoal, no processo de negociação ou nos cenários. Mas para isso é fundamental:

> ▶ Separar a pessoa do outro negociador dos problemas, distinção de extrema relevância. Não se pode confundir ideias, posições e interesses divergentes com a pessoa do outro negociador. Os outros não devem ser tratados como desafetos ou inimigos, apesar de estarem defendendo interesses opostos ou diferentes dos nossos. Fazer essa distinção nem sempre é fácil, muito menos negociar levando-a na devida conta. Mas vale o esforço.

> ▶ Procurar primeiro compreender e depois se fazer compreender. Entenda interesses, alternativas, necessidades e posições do outro. Isso gera boa vontade e uma disposição de cooperação. Uma pessoa que negociava com clientes inadimplentes, numa situação de extrema tensão, adotou esta conduta e pôde verificar que o clima de suas negociações mudou radicalmente para melhor.

COMUNICAÇÃO E METAMODELO. ENTENDENDO E SE FAZENDO ENTENDER COM PRECISÃO

Toda negociação é relacionamento, e uma das bases do relacionamento é a comunicação. Comunicação é o processo pelo qual uma ideia é transmitida de uma fonte para um receptor. Parece simples, mas não é. Afinal, quando Deus quis castigar os homens por estarem construindo a Torre de Babel, o castigo aconteceu justamente na comunicação. As pessoas começaram a falar várias línguas e o entendimento tornou-se impossível. Ao que parece, o castigo da Torre de Babel, que agora é sinônimo de confusão e desentendimento em comunicação, continua até hoje, falemos idiomas diferentes ou o mesmo idioma. O processo de comunicação tem a forma da figura abaixo:

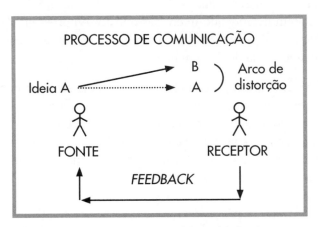

Uma pessoa, fonte, quer transmitir a ideia A para um receptor. O mais provável é que o receptor não capte justamente o que quer dizer A, mas capte outra ideia, B. À diferença entre A, ou seja, o que se queria que o outro entendesse, e B, o que o outro entendeu, dá-se o nome de Arco de Distorção. Assim, quando duas pessoas estiverem se comunicando, é mais provável que aquilo que uma queira transmitir não seja entendido exatamente pela outra. Daí a conhecida expressão: "Sei que você acredita que entendeu o que pensa que eu disse, mas não estou certo de que percebeu que aquilo que você escutou não significa o que eu quis dizer".

Para evitar que isso ocorra, é importante procurar saber o que o receptor captou da mensagem, obtendo *feedback*. Uma das razões pelas quais há o Arco de Distorção está no significado das palavras — as pessoas podem dar significados diferentes às mesmas palavras. *O triângulo linguístico* mostra um ponto bastante relevante no processo de comunicação. Sempre que nos comunicamos, temos um objeto da comunicação, alguma coisa que queremos transmitir. Para isso precisamos encontrar símbolos ou palavras que ajudem a expressar estas ideias. E estes símbolos ou palavras estão associados a significados.

A primeira grande questão que se coloca é saber se o significado é inerente às palavras ou se são as pessoas que dão significados a elas, ou seja, se o significado está na mente do receptor. E a resposta para esta questão é: o significado está na mente das pessoas; de acordo com idade, educação, valores, crenças e expectativas, elas percebem e dão significados distintos às palavras. Entretanto, o que acontece muito comumente é que se age como se o significado fosse inerente às palavras, isto é, pau é pau, pedra é pedra, dois mais dois são quatro e neve é neve. Mas um esquimó tem aproximadamente vinte palavras para designar neve. Há uma neve na qual o esquimó afunda, outra onde ele pode fazer os cães correrem, outra com a qual ele pode construir um iglu e assim por diante. Portanto, para o esquimó, neve

NEGOCIAÇÃO TOTAL

não é neve. Neve são muitas coisas. Assim, o que se deve considerar é que as palavras podem ter vários significados. A palavra quadrado tanto pode ser uma figura geométrica quanto uma pessoa retrógrada. Às vezes, uma palavra pode ter significados diametralmente opostos. Elementar tanto pode significar essencial ou básico quanto rudimentar. Além disso, as palavras adquirem novos significados de geração em geração. Azarar, que significava dar azar, má sorte, hoje em dia tem um novo significado, que é paquerar, arrumar namoro ou aventura amorosa. Qual será o significado que o receptor dará a estas palavras? Depende, portanto, da sua idade, formação, cultura e outras influências.

Além da relação entre símbolo e significado, há o fato de que nem sempre conseguimos formular as nossas ideias corretamente, somando-se a isso desatenção, expectativas e pressupostos equivocados sobre o que seja a mensagem. Há na comunicação um fato bastante comum chamado "duólogo". E o que é um "duólogo"? São duas pessoas monologando, convictas de que estão dialogando. É um fenômeno muito comum em reuniões. As pessoas discutem durante horas e finalmente chegam à conclusão de que estavam falando a mesma coisa.

Nesse sentido, cabe lembrar a questão do mapa e do território. O território é a realidade objetiva. O mapa é a representação mental do território com os seus significados. E, como já vimos anteriormente, as pessoas agem em função do mapa e não do território. Assim, um mesmo evento — reunião, filme ou partida de futebol — será percebido de várias formas, conforme a experiência pessoal de cada um.

Outra coisa é que existem três mecanismos que contribuem para o entendimento da mensagem: distorções, omissões e generalizações. Algumas mensagens são distorcidas em função de nossos estados mentais, expectativas ou das óticas das nossas especializações. Como ouvintes, algumas vezes projetamos nossas próprias ideias na mensagem de outra pessoa, ouvindo apenas aquilo que desejamos ouvir, o que também pode ser condicionado pela nossa formação. Assim, numa empresa, as pessoas de cada departamento, como vendas, produção e finanças, tendem a perceber a realidade pela ótica das suas funções.

O estado mental em que estamos é outro ponto que pode provocar distorções. Muitas propagandas são feitas com base nisso. Mostra-se alguma coisa ou situação que provoca o estado mental que se deseja, como satisfação ou realização; em seguida, mostra-se um produto, que passa a ser percebido como se tivesse os atributos de satisfação ou realização. Existem muitas formas de distorção, inclusive aquelas que em hipnose recebem o nome de alucinações. Por outro lado, há ocasiões em que omitimos algumas coisas, sobretudo as desagradáveis. Há outro fenômeno em hipnose conhecido por alucinação negativa. Nesse caso, a pessoa não consegue ver o que está à sua frente. E, finalmente, às vezes generalizamos e, a partir de uma ou duas informações, tiramos uma conclusão geral válida para todas as situações. Assim, se alguma pessoa cometeu um erro, ela passa a ser errada. Se alguém de determinada crença ou raça fez qualquer coisa que nos desagradou, passamos a considerar que todas as pessoas daquela raça ou crença têm o mesmo comportamento.

Além disso tudo, há as armadilhas das palavras propriamente ditas, que podem tornar a comunicação imprecisa. Existem duas formas de apresentar ideias: com generalizações ou especificações. Quando se quer influenciar, o mais comum é a generalização. Assim, os políticos dizem: "Para o bem de todos e felicidade geral, faremos deste país uma grande nação". Esta mesma linguagem é utilizada pelos hipnotizadores: "Você sentirá uma sensação agradável e de conforto. Em algum momento, uma profunda sensação de bem-estar tomará conta de você". É esta linguagem que provoca o transe hipnótico. Numa negociação, ser induzido a um transe pode resultar em perda de discernimento e em acordos com aspectos negativos, como custos não identificados, benefícios inexistentes, garantias inadequadas, que não são percebidos. Além disso, as generalizações estão cheias de pressuposições não identificadas e testadas. Para fugir destas armadilhas, é preciso especificar. Certa vez, uma pessoa contou sobre a habilidade que estava adquirindo num curso de leitura dinâmica. Disse que havia lido *Guerra e Paz,* de Tolstói, em trinta minutos. Quem não especificou ficou encantado com tamanha proeza e logo quis se inscrever neste curso. Mas quem especificou pediu: "Fale-me sobre esse livro de Tolstói". "Ah, o livro é sobre a Rússia", foi a resposta. A pessoa demorou trinta minutos para descobrir que o livro era sobre a Rússia.

Uma das formas de especificação é o processo chamado metamodelagem, composto por categorias linguísticas e desafios a serem feitos. Embora existam várias categorias, na área de negociação, existem cinco particularmente úteis, conforme o quadro a seguir:

CATEGORIAS LINGUÍSTICAS	EXEMPLOS	DESAFIOS (PERGUNTAS DE ESPECIFICAÇÃO)
Nomes (substantivos)	Aqueles negociadores são palpiteiros. Isto é um problema de comunicação.	Perguntas com que ou quem. Quem ou que negociadores, especificamente, são palpiteiros? Que problema de comunicação, especificamente?
Verbos	Vou falar sobre o seu desempenho na negociação.	Como você vai falar?
Obrigatórios/limitativos (tem de, deve, não deve, não pode etc.)	Você tem de assinar este contrato. Você não vai conseguir.	O que aconteceria se não assinasse? Qual a consequência de não assinar? O que o impede de conseguir?
Universais (todos, sempre, ninguém, nunca)	Ninguém merece confiança. Sempre honramos nossos compromissos.	Buscam-se exceções. Ninguém merece confiança? Sempre honraram seus compromissos?
Comparações sem padrão, como melhor, pior	Temos o melhor produto do mundo.	Comparado com quê? Ou em relação a quê? De acordo com o quê?

Assim, para evitar que você acredite na versão e não nos fatos, para não permitir que você compre o melhor produto do mundo de pessoas que sempre honraram seus compromissos e quando você reclamar de alguma coisa ficar sabendo que foi um problema de comunicação, utilize a metamodelagem. Encontre a forma apropriada para fazê-lo. Se o seu chefe disser que você não deve fazer isso ou aquilo, e você achar que é apenas uma compreensão limitada da questão, não pergunte a ele o que aconteceria se você fizesse ou o que o impede. Encontre a forma apropriada que leve ao ponto que você pretende.

Algumas sugestões para que o processo de comunicação seja uma solução, e não um problema a mais:

▷ Fale com um objetivo. Defina com clareza o propósito da sua comunicação.

▷ Considere que a efetividade da comunicação está na resposta que ela provoca e não na sua intenção. Se você quis elogiar uma pessoa e ela se sentiu ofendida, não importa qual era a sua intenção, você ofendeu a pessoa. Fique atento aos impactos da sua mensagem no receptor.

▷ O emissor, e não o receptor, é responsável pelo entendimento da mensagem. Portanto, não culpe o receptor pelo não entendimento da sua mensagem. Pergunte-se: "Quando uma ideia é clara para mim, também é clara para os outros, ou seja, eu me fiz entender?"

▷ O significado está nas pessoas e não nos símbolos. Cada pessoa pode ter uma compreensão diferente da mesma palavra.

▷ Procure analisar se compreendeu bem o que a outra pessoa quis dizer, sem julgar nem avaliar, antes de analisar a mensagem sob seu ponto de vista e responder. Procure realmente ouvir o ponto de vista do emissor. Não é possível ser ao mesmo tempo plenamente receptivo e emissivo.

▷ Respeite os sentimentos dos outros quando são diferentes dos seus. Crie um clima que facilite a comunicação.

▷ Esforce-se conscientemente para construir possibilidades de retroalimentação (*feedback*) nas comunicações ineficientes.

▷ Escute ativamente e registre o que está sendo dito.

▷ Aceite a possibilidade do Arco de Distorção. Os mecanismos da distorção, omissão e generalização contribuem para isso. Tome cautelas para diminuir essa possibilidade. Use os metamodelos e os mecanismos de *feedback*.

▷ Utilize todos os sentidos para fazer entender a sua mensagem. Além de falar, utilize recursos visuais ou quaisquer elementos que considerar convincentes ou necessários.

▷ Metamodele para não ser surpreendido por generalizações, imprecisões e falsos pressupostos.

▷ Utilize o Mecanismo Básico para Obtenção de Resultados. Se a resposta que você está obtendo não é a que queria, mude. Arranje outras formas de se fazer entender. Não fique repetindo uma coisa que não está dando certo.

O CLIMA E A CONFIANÇA NA NEGOCIAÇÃO: DOIS FATORES INDISPENSÁVEIS

O desenvolvimento de uma negociação está bastante condicionado por duas variáveis extremamente importantes: o clima e a confiança. O clima reflete as emoções e os sentimentos que fluem entre os negociadores no cenário da negociação. Está ligado à atmosfera do aqui e agora. Os negociadores podem estar se sentindo bem, tranquilos, seguros, mal, tensos, ameaçados, desconfiados.

O negociador deve estar atento às manifestações do clima, da mesma forma que um motorista aos sinais do trânsito. Existem dois tipos de clima: construtivo e defensivo. O construtivo gera boa vontade. Com ele é mais fácil superar divergências e antagonismos. Já o clima defensivo provoca barreiras entre os negociadores, compromete o relacionamento e todo o processo de comunicação, além de acirrar conflitos. Saber criar um clima construtivo é uma habilidade extremamente útil, sobretudo quando se quer negociar com base na solução de problemas. Alguns comportamentos que geram climas construtivos e defensivos estão relacionados na página seguinte:

O negociador deve estar atento às manifestações do clima defensivo, isto é, quando o sinal de trânsito está amarelo ou vermelho, e buscar responder a duas questões. A primeira: o que evitar diante do clima defensivo? O principal ponto a evitar é ficar defensivo também, tornando o clima ainda pior, entrando em conflitos que tanto podem ser de personalidade — em que o ego de um tenta prevalecer sobre o do outro, independentemente da racionalidade da posição assumida, ou até mesmo contra ela — quanto de intransigência com relação às propostas. Com isso pode-se transformar a negociação num

COMPORTAMENTOS QUE GERAM CLIMAS CONSTRUTIVOS E DEFENSIVOS NAS NEGOCIAÇÕES	
Clima construtivo	Clima defensivo
Empatia: poder ver a realidade com os olhos da outra pessoa.	**Frieza e hostilidade**: agredir, manter-se à distância, ver somente o seu ponto de vista.
Objetividade: descrever, mostrar e buscar fatos. Discernir o que é relevante do irrelevante. Ter referenciais e padrões para julgar e avaliar.	**Subjetividade**: instabilidade, imprevisibilidade, mudanças de posição sem consistência ou justificativa plausível. Inexistência de referenciais, padrões e critérios.
Afirmações provisórias: tudo pode ser modificado, desde que haja consistência para isto.	**Certeza**: dogmatismo, inflexibilidade.
Orientação para problemas: buscar compreender e apresentar soluções.	**Rigidez ou barganha**: defender a sua proposta sem considerar os interesses do outro.
Igualdade: respeito, consideração e reciprocidade.	**Superioridade**: avaliar, julgar, criticar, menosprezar, desprezar.
Abertura: falar as coisas que são relevantes, saber se expor, tendo em vista que ser honesto não significa, obrigatoriamente, revelar tudo o que se sabe.	**Fachada**: enganar, distorcer, esconder fatos relevantes.

concurso de oratória ou num exercício de ataque e defesa. Portanto, ao perceber o clima defensivo, evite qualquer coisa que possa acirrá-lo.

A segunda pergunta é: o que fazer para superar o clima defensivo? Deve-se procurar compreender a situação, diagnosticando o que está acontecendo. Se as dificuldades são decorrentes de interesses opostos, da maneira como as divergências são tratadas, do grau de confiança entre os negociadores ou de quaisquer outros fatores. E, uma vez feito o diagnóstico, encontrar soluções. Assim, nada de saídas mecânicas, que em última instância revelam comodismo ou pouca compreensão do que está acontecendo.

Confiança, aqui, não se refere à autoconfiança, mas sim à heteroconfiança, ou seja, à confiança que temos no outro negociador e à confiança que ele tem em nós. Confiança, em certo sentido, é um ato de fé.

Está ligada à credibilidade, a pressupostos e a previsões com relação aos negociadores do outro lado. E isto pode ser tanto em relação ao passado quanto ao presente e ao futuro. Confiança refere-se a algo que não pode ser comprovado. Eu confio que as promessas feitas serão cumpridas. Eu confio que as informações que me foram dadas estão corretas. Quando aquilo que foi objeto da confiança puder ser comprovado, saberemos se a confiança foi devida ou indevida. Confiamos em quem devíamos ou em quem não devíamos? Por exemplo: eu acreditei que as provas que me foram apresentadas eram verdadeiras, e não eram. A necessidade da confiança vem da incerteza. Quando há certeza, por haver ou poder haver comprovação efetiva, não há necessidade de confiança. Confiança é sempre um pulo no escuro.

Com desconfiança, as negociações serão lentas e cautelosas, necessitando comprovações e garantias. Às vezes, perde-se mais tempo buscando mecanismos para não ser enganado do que com o negócio propriamente dito. Quando existe confiança na intenção sincera do outro, a certeza de que não seremos enganados e as informações dadas não serão usadas contra nós, as negociações são mais rápidas, pois a revelação adequada das informações relevantes facilita identificar oportunidades e soluções e encontrar os termos para definir um acordo.

Confiança é muito relevante numa negociação. É difícil de ser construída e muito fácil de ser destruída. Se, por um lado, quando existe confiança as negociações fluem com mais rapidez, por outro, quando confiamos ficamos mais vulneráveis e expostos. E uma das piores coisas que existem é ver a confiança traída. Às vezes, pode ser fatal. No filme italiano *Pai Patrão,* dos irmãos Tavianni, há uma cena em que dois irmãos que estavam em conflito com um vizinho propuseram fazer as pazes. Para tanto, idealizaram uma espécie de ato simbólico, que consistia na cravação de uma estaca. Primeiro, um dos irmãos se abaixaria, segurando a estaca, enquanto o vizinho, com uma marreta, daria algumas batidas na estaca, a fim de cravá-la no chão. Quando houve a troca de papéis, e o vizinho se abaixou para segurar a estaca, o irmão que estava com a marreta, em vez da estaca, atingiu a cabeça do vizinho.

Numa negociação, a relação de confiança costuma andar entre um ponto que vai da confiança absoluta à desconfiança total. Isto é, nem confiança absoluta, nem desconfiança total. A confiança costuma estar relacionada a dois parâmetros: a conduta e a competência, conforme a figura a seguir.

O Clima e a Confiança na Negociação: Dois Fatores Indispensáveis

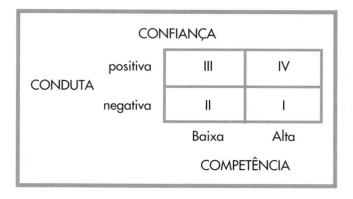

A conduta de uma pessoa pode ser positiva ou negativa e tem vários níveis, que vão do mau caráter, passando pela irresponsabilidade e outras possibilidades, até chegar à integridade. Da mesma forma, em relação à competência existem vários níveis, que podem ir da incompetência à alta competência. As áreas I, II e III são de baixa confiança ou mesmo confiança nula. A situação mais perigosa é a da área I, sobretudo quando se está diante de um "mau caráter" extremamente competente, caso em que é preferível não negociar, pois os riscos envolvidos são muito elevados. Por outro lado, pode-se desconfiar de uma pessoa não porque ela seja mau-caráter ou tenha conduta inadequada, mas sim porque ela é incompetente. Neste sentido, é conveniente lembrar que todos nós temos as nossas áreas de incompetência. A situação mais favorável é a da área IV — conduta positiva e alta competência —, ideal quando se pretende relacionamentos duradouros.

De qualquer forma, a questão da confiança é extremamente delicada. Existe um golpe chamado "pato da arara". Um cliente novo negocia um pedido bastante bom, em condições que nos parecem favoráveis. Verificamos o CGC e as empresas com que ele opera. Conferimos as referências e constatamos que não há títulos protestados. Só há pontos positivos. Melhor, impossível. Entretanto, na hora de receber o pagamento, quando a fatura vence, nada acontece. A empresa sumiu. Para dar esse golpe, uma quadrilha compra uma empresa inativa com folha limpa na praça e aluga um escritório e um galpão para servir de fachada. A partir daí, faz muitas encomendas. As araras costumam bater asas trinta a 45 dias depois. Em geral, esse golpe atinge quem não faz uma análise aprofundada das informações nem toma os cuidados necessários para atender novos clientes, sobretudo aqueles que fazem pedidos muito generosos.

Essa é uma das muitas maneiras de gerar confiança para dar um golpe. Mas nem todas as empresas são assim, e é preciso ter cuidado para não cair no lado oposto, que é a desconfiança total, o que pode provocar a perda de negócios, além de gerar uma situação de profundo desconforto para as pessoas. Além disso, a complexidade dos negócios está fazendo com que empresas concorrentes numa área sejam aliadas em outra. Assim, a questão da confiança é uma corda bamba na qual temos de andar. Não há segurança total no relacionamento. Nunca se sabe o que se passa na cabeça de cada pessoa. Sempre haverá um duplo risco: confiar na pessoa indevida ou desconfiar e gerar animosidade com pessoas dignas de crédito. Pense em como se sente uma pessoa confiável sendo, a toda hora, posta à prova.

O que fazer, então, na situação de desconfiança?

Quando se trata de confiança, devemos considerar não apenas o que as pessoas são, mas também como são percebidas. É conhecida a expressão: "À mulher de César não basta ser honesta. É preciso parecer honesta". Assim, de muito pouco adianta ser honesto e não ser percebido como tal. Como estamos tratando de um relacionamento na negociação, precisamos considerar os dois lados da equação, ou seja, como vemos o outro lado e como o outro lado nos vê. É bastante fácil prestar atenção somente no outro e não fazer o mesmo conosco. Condenar as outras pessoas por coisas que nós já fizemos ou continuamos fazendo. É como o motorista que "fecha" todo o mundo no trânsito e fica indignado quando lhe fazem o mesmo.

Portanto, antes de tratar dos outros, devemos pensar no que fazemos para gerar confiança na negociação. Cabem algumas perguntas. Como agimos na negociação? O nosso comportamento gera um clima construtivo ou defensivo? Se fôssemos um observador neutro, que juízo faríamos de nós mesmos? E com relação às promessas feitas? Cumprimos o que foi prometido? Fazemos promessas que de antemão sabemos que não poderão ser cumpridas? E quando prometemos alguma coisa convictos de que podemos cumpri-la, mas, em função de acontecimentos imprevistos, não poderemos efetivá-la, o que fazemos? Escondemos, deixando para avisar o outro na última hora, ou assim que percebemos a situação nos antecipamos e tomamos a iniciativa de avisá-lo? Somos coerentes? O outro pode nos perceber como confiáveis e dignos de crédito?

Com relação ao outro, devemos inicialmente analisar cada situação. João Saldanha contava a história de um goleiro muito competente, mas que, certo dia, foi subornado pelo time adversário e entregou o jogo. Como consequência, foi afastado da equipe. Acontece que o goleiro que entrou no seu lugar deixava passar muitos "frangos". Depois de alguns jogos, farta da situação, a torcida começou a gritar: "Queremos o vendido, queremos o corrupto". Bem, esta é apenas uma história sobre uma situação não muito confortável. Equivale ao "rouba, mas faz". Não resta a menor dúvida de que a situação mais favorável é quando os negociadores se situam na área da alta competência e conduta positiva. Mas não é sempre o que acontece. Vejamos o caso do cantor Tim Maia, que era muito competente, mas com muita frequência faltava aos seus *shows,* o que causava problemas e atritos com os promotores dos espetáculos. Um conhecido empresário da noite contratou Tim Maia para uma temporada. E o que fez para que o cantor não faltasse aos compromissos? Mandava dois seguranças, verdadeiros "armários", buscar o cantor. É nesta linha de raciocínio que há quem diga que é melhor entrar no barco salva-vidas com alguém de quem desconfiamos do que afundar com o navio.

As razões para desconfiar dos outros são muitas, mas antes de julgar é preciso procurar o que está causando desconfiança e impedindo que se instale um nível desejável de confiança. Para tanto, é necessário adotarmos mais uma vez a conduta dos solucionadores de problemas, examinando fatores objetivos e subjetivos, os riscos de confiar no outro, bem como as oportunidades existentes. O que não se pode ter é uma atitude ingênua ou moralista. Assim, devemos inicialmente diagnosticar a situação tendo em vista os dois parâmetros da confiança: a conduta e a competência. Depois, identificar o que fazer.

Às vezes, a razão da desconfiança não está no outro, e sim na nossa percepção distorcida da situação ou na intransigência de nossos julgamentos. Outras vezes, podem ser ruídos no processo de comunicação. Mas há pecados veniais do tipo "Liguei, mas o telefone estava ocupado", "A ligação não foi completada", "O correio falhou" ou "Houve uma pane no computador". E há também deslizes mais graves. Você tem, pelos menos, duas alternativas: negar-se a continuar a negociação ou encontrar um modo adequado de fazê-lo.

De qualquer forma, dê espaço para que o outro possa se retratar, sem que ele tenha de se rebaixar ou humilhar. Não o acuse. Encontre uma forma apropriada para falar. Assim, por exemplo, no caso de ter sido agredido verbalmente, é melhor não dizer: "Você está me agredindo", e sim "Eu estou me sentindo agredido". Se perceber uma manobra desonesta, não diga: "Você é desonesto" ou coisa parecida. Diga: "Eu posso estar enganado, mas tenho a impressão de que não estou recebendo informações com clareza".

Procure considerar que o que importa não é o que se faz, mas sim a resposta que se obtém pelo que se faz. Utilize o Mecanismo Básico do Sucesso, ao qual já nos referimos anteriormente, e procure verificar alguns procedimentos adequados para dar *feedback* a alguém:

DAR FEEDBACK: UMA HABILIDADE INTERPESSOAL NA NEGOCIAÇÃO	
Procedimentos adequados	Procedimentos inadequados
Descritivo: comenta um comportamento sem julgamento de valor: "Quando você bate com os pés na minha cadeira, eu perco a concentração". Procure relatar os impactos sofridos por você ou os seus sentimentos sobre a situação.	**Avaliativo**: faz julgamento sobre o comportamento de outra pessoa: "Não seja tão grosseiro, batendo com o pé na minha cadeira".
Específico: indica ações específicas: "Você está falando muito depressa. Está sendo difícil entender o que você quer dizer".	**Geral**: não indica comportamentos específicos: "Você está tenso hoje. Eu não consigo entender nada".
Imediato: dá feedback "aqui e agora". Quanto mais próximo do fato, melhor.	**Adiado**: "Eu fiquei irritado quando negociamos há seis meses e você ironizou minha proposta".
Direto: dá feedback à pessoa diretamente.	**Indireto**: dá feedback a outros negociadores ou a pessoas conhecidas do "ator" principal.
Exemplifica: dá exemplos diretamente observáveis: "Durante a reunião de hoje, todas as vezes em que eu tentei falar algo, você cortou, quase gritando, sem ligar para o que eu tinha a dizer".	**Sem exemplos**: "Puxa, como você tem andado nervoso e agitado!"

Portanto, clima e confiança são dois aspectos decisivos numa negociação. Pense inicialmente em você e na sua contribuição, no que pode fazer para gerar um clima construtivo e de confiança. Procure identificar o que é ser uma pessoa confiável e adote uma postura que não seja condescendente e descuidada nem rígida, na base do "ajoelhou, tem de rezar". Assuma atitudes construtivas e cumpra suas promessas.

Com relação à conduta dos outros, lembre-se de que uma pessoa é confiável, sobretudo, pelos seus comportamentos. Assim, verifique a consistência entre o discurso e a prática. A confiança deve ter base e fundamentação. Os problemas de confiança devem ser resolvidos com base na solução de problemas, avaliando-se os benefícios, os custos e os riscos envolvidos. Também esteja atento às táticas ganha/perde, que serão apresentadas no Capítulo 20.

15

ESTILOS COMPORTAMENTAIS*

*E*ntender comportamentos para poder negociar conforme o estilo do outro negociador faz uma boa diferença. No capítulo 6 tratamos da realidade interna das pessoas, ou seja, a parte invisível do *iceberg* comportamental. Agora vamos tratar dos comportamentos, a parte visível do *iceberg,* e fazer algumas correlações entre eles, no que diz respeito a necessidades e a metaprogramas.

COMPORTAMENTO

Percepção
Expectativas
Emoções/sentimentos/desejos
Metaprogramas
Crenças/valores
Necessidades

As pessoas podem ser agrupadas em quatro estilos básicos, definidos a partir de pares de características. O primeiro par é o dominante-condescendente e o segundo, o formal-informal. Assim, algumas pessoas podem ser:

---

* Uma das referências deste capítulo é a Teoria dos Estilos, do livro *Negociação: Tecnologia e Comportamento,* de Luiz Augusto Costacurta Junqueira.

▶ Dominantes, assertivas, incisivas, rápidas, diretas, dispostas a correr mais riscos e se expor mais.

▶ Condescendentes, ponderadas, indiretas, mais lentas e dispostas a correr menos riscos.

Também podem ser:

▶ Formais, lógicas, racionais e mais centradas em si mesmas.

▶ Informais, emocionais, mais voltadas para fora, para as outras pessoas.

Da combinação desses dois pares de características resultam os quatro estilos comportamentais:

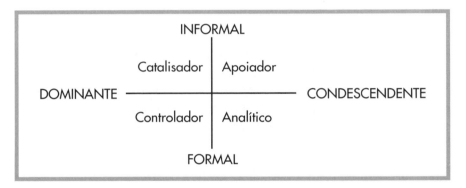

▶ Catalisador, também chamado de influenciador, expressivo, indutor e sociável.

▶ Apoiador, também conhecido por cordial, afável e estável.

▶ Analítico, também denominado metódico, complacente e escrupuloso.

▶ Controlador, também designado por dirigente, diretivo e realizador.

Antes de entrar na descrição dos estilos propriamente ditos, convém fazer alguns esclarecimentos. O ser humano age para satisfazer ou evitar a privação de suas necessidades. A teoria dos estilos trata de quatro dessas necessidades, que são reconhecimento, realização, associação e segurança. Reconhecimento é a necessidade de ser considerado pelos outros, de ser uma pessoa importante para outras pessoas. Realização é a necessidade de atingir metas e obter resultados. Associação é a necessidade social de pertencer a um grupo. Segurança é a necessidade de ter certeza, de dominar o que se está fazendo, de não se expor, de se proteger. Todos nós temos estas quatro necessidades. O que varia de estilo para estilo é como elas estão hierarquizadas, ou seja, o grau de importância que elas têm para cada estilo. Além disso, há uma forma positiva e uma negativa de desenvolver o estilo. E cada pessoa estará num ponto dessas possibilidades. O que define a forma como o estilo será desenvolvido, positiva ou negativamente, está associado a fatores como sucessos e fracassos de cada pessoa, o modo como dificuldades e problemas foram superados, capacidade intelectual, maturidade emocional, crenças e valores e até que ponto há satisfação ou frustração da necessidade de autorrealização. Tudo isso faz com que em cada pessoa prevaleça a parte boa ou má do estilo e quanto de cada uma ela tem. Assim, tanto entre ascetas e pessoas íntegras quanto entre trambiqueiros e mafiosos, existem pessoas dos quatro estilos. De qualquer forma, ninguém tem cem por cento de parte boa ou parte má. Estamos entre os dois extremos.

Outro ponto são os metaprogramas de cada estilo e os das características dominante-condescendente e formal-informal. Metaprogramas, como já vimos, são os programas interiores que usamos para decidir em que devemos prestar atenção e estabelecer a forma como organizamos e processamos informações. São uma espécie de *software* mental.

NECESSIDADES (N) E METAPROGRAMAS (M) DOS ESTILOS

(M) aproximação	DOMINANTE	(M) externo INFORMAL		CONDESCENDENTE	(M) afastamento
		Catalisador (N) reconhecimento (M) associador	Apoiador (N) associação (M) extrovertido		
		Controlador (N) realização (M) Introvertido	Analítico (N) segurança (M) dissociador		
		FORMAL (M) interno			

Os estilos correspondem a características estáveis das pessoas. Mudar de estilo é profundamente difícil e duvidoso. Não existe estilo melhor ou pior. Os estilos são tendências e formas que as pessoas encontram para

NEGOCIAÇÃO TOTAL

atingir objetivos e superar barreiras. Além disso, uma virtude, quando excessiva ou fora de hora, pode transformar-se em defeito, como ser criativo quando o momento é de julgar e avaliar. Um desejo forte e efetivo, o impulso pessoal, a intensidade dos interesses, bem como a flexibilidade para enfrentar cada situação, podem ajudar a superar dificuldades e a alcançar os objetivos pretendidos.

O **estilo catalisador** é dominante-informal. O metaprograma relativo ao eixo dominante é a aproximação, a tendência a se mover em busca de alguma coisa e em determinada direção. O metaprograma relativo ao eixo informal é o externo, mais voltado e atento para as outras pessoas e suas opiniões ou impactos que causam. Quando desenvolvido pelo lado positivo, o catalisador é otimista, entusiasta, autoestimulante, persuasivo, emotivo e confiante, voltado para ideias e pessoas. Tem personalidade animada e costuma ser agradável e interessante, sabendo atrair as pessoas. É criativo, empreendedor, espontâneo, entusiasta e persuasivo.

Quando desenvolvido pelo lado negativo, o catalisador é superficial, exclusivista, impulsivo, difícil de crer e inconstante. Tende a exagerar as coisas em suas afirmações, não cumprir o que promete, traçar metas irrealizáveis e vender a si mesmo em demasia. Sob tensão, fala alto, se agita e explode.

A principal necessidade desse estilo é o reconhecimento, as intermediárias são a realização e a associação e a necessidade com menor importância relativa é a segurança. O metaprograma é o associador, ou seja, vê semelhanças e está mais voltado para o global.

Exemplo de catalisador é aquela pessoa convocada para uma reunião sobre um assunto que não conhece bem. Um pouco antes da reunião ela pede informações a pessoas que dominam o assunto, e durante a reunião fala como se fosse profunda conhecedora. Certa vez, em um seminário sobre negociação, um catalisador disse: "Agora eu estou compreendendo por que dizem que sou a pessoa que mais entende daquilo que ninguém conhece". E outro revelou que sabia que estava exagerando nas virtudes de determinada promoção, mas como percebia que estava causando boa impressão no presidente da empresa não conseguia parar de exagerar, por mais que quisesse.

O **apoiador** é informal-condescendente. O metaprograma relativo ao eixo informal é o externo, e o relativo ao eixo condescendente é o de afastamento. Afastamento é a tendência a agir para evitar alguma coisa. Quando desenvolvido positivamente, o apoiador é cordial, ponderado e paciente, agradável e moderado. Gosta de dar apoio às outras pessoas, é leal e de confiança. Não gosta de ferir nem magoar os outros. Sabe ouvir e tem bom relacionamento com quase todo mundo.

Quando desenvolvido pelo lado negativo, o apoiador é dissimulado, perde tempo, evita conflitos, agrada em demasia, o que diz muitas vezes não é o que realmente pensa, tem dificuldade de dizer não, é passivo e "levado" na conversa, por excesso de credulidade. Sob tensão, concorda, mas depois não cumpre. Pode apresentar resistência passiva ou não se manifestar.

A principal necessidade deste estilo é a associação, pertencer e fazer parte do grupo. As necessidades intermediárias são o reconhecimento e a segurança e a de menor importância relativa é a realização. O metaprograma é o extrovertido, pessoas que estão voltadas para os outros, para os relacionamentos. Em casos extremos o apoiador é tão voltado para o bem dos outros que se torna mártir.

Como exemplo do comportamento desse estilo há uma história que aconteceu na China, há muito tempo. Um jovem estava sendo treinado por um mestre para ser imperador. Todo dia, o preceptor ensinava-lhe algumas coisas e ao final do dia tomava-lhe as lições. Certa vez, ensinou-lhe sobre animais, e no momento das lições perguntou-lhe algo relativo a determinado animal. O jovem príncipe respondeu com muita presteza que o animal era a ovelha. O mestre parabenizou o jovem pela resposta, mas fez uma ressalva: aquela era uma espécie muito especial de ovelha e atendia pelo nome de porco.

O **analítico** é formal-condescendente. O metaprograma do eixo formal é o interno, que toma suas decisões com os elementos que tem dentro de si, sem buscar apoio em outras pessoas. O metaprograma do eixo condescendente é o afastamento. Quando desenvolvidos pelo lado positivo, os analíticos são precisos, caprichosos, organizados, sérios, cuidadosos, com elevados padrões e alta capacidade crítica. Têm habilidade para avaliar pessoas e situações. Buscam a perfeição. Quando desenvolvem o lado negativo, são detalhistas, teimosos, maçantes, evasivos, escondem o jogo e não revelam as informações relevantes que possuem, são indecisos e procrastinadores. Adiam na esperança de fazer melhor. Sob tensão, calam-se e se retiram. Pelo aspecto negativo, pode-se aplicar a eles a expressão: "Quem vê pulga não vê elefante". Sua principal necessidade é a segurança. Por isso, se expõem menos e estão voltados para procedimentos. As necessidades intermediárias são a realização e a associação e a de menor importância relativa, o reconhecimento. O metaprograma principal do estilo é o dissociador. Os dissociadores são pessoas que notam as diferenças e estão mais voltadas para os detalhes.

Típico desse estilo é o técnico de futebol que pensa que em primeiro lugar deve vir a defesa, em segundo, também, e em terceiro, também. São organizados, sérios, cuidadosos e cautelosos.

O estilo **controlador** é dominante-formal. O metaprograma do eixo dominante é a aproximação e o do eixo formal é o interno. Quando desenvolvido positivamente, o estilo controlador é direto, objetivo, rápido, enérgico, autoconfiante, exigente, eficiente, decidido e responsável. Assume riscos calculados, dá mais importância aos resultados e ao controle do que aos relacionamentos.

Desenvolvido pelo lado negativo, é intolerante, arrogante, prepotente, impaciente, insensível, adepto do "doa a quem doer". Tem baixa competência interpessoal e não está nem um pouco preocupado com as pessoas, que são apenas recursos para realizar as tarefas. Sente dificuldade em aceitar e conviver com as diferenças individuais e faz prejulgamentos. É curto e grosso. Sob tensão, torna-se tirânico e faz ameaças.

Sua necessidade principal é a realização. As necessidades intermediárias são o reconhecimento e a segurança e a última, em termos de importância relativa, é a associação. O metaprograma principal é o introvertido, pessoas voltadas basicamente para seus interesses, preocupadas em vencer. Em caso extremo e negativo, pode redundar em completo egoísmo. Primeiro eu, segundo eu e terceiro eu. Algumas vezes, o controlador é conhecido como trator.

O quadro abaixo apresenta uma série de características relevantes de cada estilo.

CARACTERÍSTICAS E COMPORTAMENTOS DOS QUATRO ESTILOS				
Dimensões	Catalisador	Apoiador	Analítico	Controlador
Necessidade dominante	Reconhecimento	Associação	Segurança	Realização
Metaprograma principal	Associador	Extrovertido	Dissociador	Introvertido
Gosta e valoriza (aproximação)	Ser notado, admirado e cumprimentos que recebe	Atenção que recebe, ser aceito pelas pessoas, sentir-se querido	Segurança, perfeição, correção e maior garantia	Resultados, cumprimento de metas, eficiência e controle →

ESTILOS COMPORTAMENTAIS

Dimensões	Catalisador	Apoiador	Analítico	Controlador
Não gosta (afastamento)	Rotina e detalhes	Intolerância, impaciência e falta de harmonia	Imprevisto e risco	Falta de objetividade e ineficiência
Temores (afastamento)	Desprestígio	Confrontos e conflitos	Surpresas e embaraços	Perda de domínio da situação
Para obter apoio (convencer alguém)	Persuade, usa habilidades sociais e novas ideias	Busca relacionamentos, faz amizades e trabalha para o grupo	Procura aprofundar o conhecimento do assunto e especializa-se	Confia na ação e na eficiência
Para desenvolver os aspectos positivos do estilo, precisa aprender	Autodisciplina e moderação	Autodeterminação e fixar metas	Ser mais rápido nas decisões e correr mais riscos	Escutar os outros e ter mais humildade

RECONHECENDO O PRÓPRIO ESTILO (E O DOS OUTROS)

Para reconhecer seu estilo, responda o questionário a seguir. Procure ser o mais isento possível. Não force uma resposta. Responda o que se aplica a você, e não o que você acha certo ou gostaria de ser. Proceda como se fosse um observador neutro respondendo sobre você. Caso encontre dificuldades, delegue a função a duas ou três pessoas que o conheçam suficientemente bem. Não há respostas certas ou erradas. Para responder, adote o procedimento a seguir, baseado no primeiro par de características, rápido/paciente. Se você acredita que é totalmente rápido e nada paciente, marque 1 para rápido e 0 para paciente. Se você acha que é rápido, mas também tem certa paciência, pode marcar 0,8 para rápido e 0,2 para paciente. A soma de cada linha deve ser 1. Para cada par de características você pode escolher qualquer valor de 0 a 1, desde que a soma da linha seja 1. Só não pode escolher um duplo 0,5. Some somente os valores da coluna Condescendente.

NEGOCIAÇÃO TOTAL

CARACTERÍSTICAS DO COMPORTAMENTO DOMINANTE		CARACTERÍSTICAS DO COMPORTAMENTO CONDESCENDENTE	
Rápido		Paciente	
Competitivo		Não competitivo	
Ostensivo		Reservado	
Toma iniciativa		Espera ser solicitado	
Busca		Evita	
Ativo		Reativo	
Dominante		Complacente	
Forte		Suave	
Categórico		Ponderado	
Age		Reflete	
		TOTAL	

Some os valores da coluna Condescendente. Caso você tenha dado o questionário a outras pessoas, o valor a ser adotado para cada característica é o da respectiva média aritmética.

Agora preencha o Quadro formal/informal:

CARACTERÍSTICAS DO COMPORTAMENTO FORMAL		CARACTERÍSTICAS DO COMPORTAMENTO INFORMAL	
Metódico		Impulsivo	
Retraído		Descontraído	
Autocontrolado		Espontâneo	
Distante		Acessível	
Realista		Sonhador	
Difícil de conhecer		Fácil de conhecer	
Voltado para si		Voltado para fora	
Oculta sentimentos		Expressa sentimentos	
Frio		Caloroso	
Racional		Emocional	
		TOTAL	

Some os valores da coluna informal. Uma vez respondidos os dois questionários, passe os resultados para o quadro a seguir. O total das características do condescendente vai para o eixo horizontal. Suponhamos que alguém tenha 1. O total das características do informal vai para o eixo vertical. Suponhamos que alguém tenha 9. A partir destes valores, tiram-se perpendiculares a estes eixos e define-se o quadrante relativo ao estilo. No caso do exemplo, o estilo é catalisador. Nos casos mais extremos, ou seja, nos vértices, podemos ter os seguintes valores como respostas: 0; 10, caso do catalisador de nível mais extremado; 10; 10, apoiador de maior nível; 10; 0, caso do analítico mais extremado; e 0; 0, controlador de máximo nível. À medida que caminha para o centro — 5; 5 —, a pessoa perde as características do estilo e ganha características dos outros estilos, até chegar às proximidades do ponto central, em que a pessoa tem, de forma moderada, características dos quatro estilos. Nesse caso, as necessidades de reconhecimento, associação, segurança e realização apresentam aproximadamente a mesma ordem de prioridade. É como se a pessoa tivesse 25% de cada estilo. De qualquer forma, é conveniente ressaltar que como qualquer pessoa possui as quatro necessidades, não importa o estilo e o nível em que tenha o estilo, ela exibe, mesmo em grau reduzido, alguma coisa dos demais estilos.

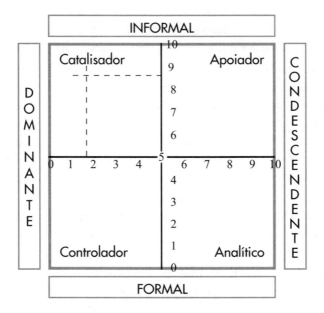

COMO NEGOCIAR COM CADA ESTILO

A primeira coisa a fazer é identificar o estilo da pessoa com quem estamos negociando. Para facilitar esse reconhecimento é conveniente fazer um exercício. Procure pessoas de seu relacionamento que tenham as características precisas de cada estilo e escolha duas ou três que possam ser seu modelo representativo de cada estilo. Esse exercício é importante porque dá vida à teoria dos estilos comportamentais.

Além desses modelos, e tendo em vista as características de cada estilo, leve em conta os eixos dominante-condescendente e formal-informal. Considere igualmente as necessidades dos estilos e os metaprogramas. Mas, se mesmo assim você não conseguir identificar o estilo do outro negociador, trate-o como se ele estivesse na posição central, ou seja 5; 5. E por tentativa e erro vá descobrindo o estilo do outro. Às vezes, ele pode estar realmente na posição 5; 5. Além disso, lembre-se das outras dimensões do *iceberg* comportamental: percepção, expectativas, emoções, sentimentos, desejos, valores e crenças. E também do Mecanismo Básico do Sucesso, para alcançar objetivos.

Como exemplo, vamos apresentar o caso da venda de uma casa. Na realidade poderia ser qualquer coisa: um projeto, uma ideia. Todos nós, frequentemente, temos de vender alguma coisa. Até os compradores profissionais precisam vender a seus chefes o valor e a importância de seu desempenho. De nada adianta ser um ótimo comprador se isso não for vendido, ou seja, se o chefe não comprar seu desempenho como ótimo.

Depois de fazer a exploração e a sondagem de necessidades, expectativas e desejos, busca-se transformar características em soluções e benefícios. Na venda da casa, as características relacionam-se, entre outras coisas, ao bairro onde fica o imóvel, ao número de aposentos, ao acabamento, às condições de pagamento. Os benefícios estão ligados ao significado ou à utilidade das características para cada pessoa, como conforto, tranquilidade ou manifestação de *status*.

Para negociar com o **catalisador** tenha em mente, além dos atributos do estilo, sobretudo a necessidade de reconhecimento e aspectos como novidade, liderança, rapidez e facilidade. O catalisador gosta de ser considerado uma pessoa única e singular.

Poderão ser desenvolvidos argumentos associados ao bairro onde a casa está situada. Bairro nobre, *design* exclusivo. O arquiteto é famoso e pessoas importantes já moram no bairro. Essa é uma linha a ser desenvolvida. Quem quer ser reconhecido quer ser reconhecido por alguém.

ESTILOS COMPORTAMENTAIS

E, quanto mais importantes forem as pessoas que o reconhecem ou a companhia em quem andam, melhor. Mas é preciso ter algumas cautelas. Certa vez, ao tratar de negócios com um empresário, uma pessoa elogiou sua semelhança com outro empresário, autor de um livro que esteve por algum tempo na lista dos mais vendidos. Como o empresário em questão, em virtude de algumas divergências, não gostava do empresário-escritor, o elogio causou mal-estar, em vez de marcar pontos positivos. Assim, antes de apresentar seus argumentos, faça uma sondagem e exploração. A regra é: primeiro compreenda a situação, faça perguntas. Os bons negociadores perguntam bastante.

Para negociar com o **apoiador** tenha em vista, além dos atributos do estilo, a necessidade de associação/aceitação. Para o apoiador é importante se sentir querido, fazer parte e pertencer. Considere aspectos como harmonia, ausência de conflitos, bons sentimentos e relações humanas, satisfação garantida, assistência e *follow up*. Nesse caso, pode-se falar coisas como: "Sua família vai se sentir bem", "Os amigos vão gostar de frequentar sua casa", "A vizinhança é amigável".

Convém ressaltar que o que importa não são as características de alguma coisa, mas sim como elas são transformadas em benefício. Assim, o benefício de um grande salão, para um apoiador, poderá ser o bem-estar das pessoas, o aconchego e a intimidade que pode proporcionar. Para o catalisador poderá ser a boa, ou, melhor ainda, a ótima impressão que causará nos outros.

Para negociar com o **analítico**, tenha em vista, além dos atributos do estilo, a necessidade de segurança, de correr poucos riscos, não se expor e tomar decisões seguras. Nesse sentido, é importante ter muitos dados e alternativas para análise. Mas também é necessário mostrar a vantagem de decidir e não adiar. Caso contrário, pode-se ficar preso a aspectos irrelevantes para a tomada de decisão. Devem também ser ressaltados os aspectos relativos à segurança no pagamento das prestações e do investimento, comparando-se a outros que oferecem grandes riscos e perdas. Convém falar da idoneidade da construtora e da legalidade da documentação de propriedade.

Para negociar com o **controlador**, considere, além dos atributos do estilo, a necessidade de realização, o alcance de metas, os resultados, o ganho de tempo e dinheiro, a ação independente e vencer. É importante mostrar para o controlador que ele está fazendo um bom negócio. Enquanto para o apoiador a amistosidade da vizinhança contava pontos, neste caso o que conta mais é a privacidade. Pode-se tentar associar a casa a algum projeto que ele tenha e mostrar como conseguiu realizar esse projeto e vencer.

NEGOCIAÇÃO TOTAL

Qualquer pessoa de qualquer estilo pode negociar bem com qualquer pessoa de qualquer estilo. Certa vez, um apoiador teve de negociar um contrato de locação com um controlador. Preparou-se com dados de forma objetiva, selecionando vários anúncios de outros imóveis na mesma área, bem mais baratos. Na hora da negociação foi direto e objetivo. Mostrou os dados e evitou qualquer tipo de confrontação, pois confrontar um controlador pode não ser uma boa ideia. O controlador quis um dia para pensar e, no dia seguinte, fez uma redução de trinta por cento no valor do aluguel. Para negociar com o controlador convém organizar os dados de forma objetiva para que ele mesmo tire as conclusões que se deseja.

Pode-se dizer que, em certo sentido, os argumentos que foram apresentados para cada estilo servem para os outros também. O que faz a diferença é a motivação e o interesse que despertam. Assim, quando se compra um imóvel, por um lado todos querem uma vizinhança amistosa, ou pelo menos não hostil, mas por outro querem também privacidade. A questão é o peso que cada um dá a esses pontos. E esse peso é determinado pelo estilo de cada pessoa.

De tudo isso pode-se verificar que um procedimento que dá certo quando aplicado a um estilo talvez seja equivocado em outro. Assim, reconhecer um catalisador e fazer uma boa massagem em seu ego pode ser bastante útil. Entretanto, aplicado a um analítico, esse procedimento costuma provocar desconfiança. O analítico precisa de reconhecimento, mas menos do que um catalisador. Reconhecimento é a necessidade que tem menor importância relativa para ele.

RECOMENDAÇÕES FINAIS

Cabem algumas considerações sobre a teoria dos estilos. Toda e qualquer teoria é uma simplificação da realidade. Se for uma boa teoria, é prática e útil, ajuda a compreender e interpretar a realidade e mostrar alternativas de ação. A teoria deve ser usada para aumentar, e não para diminuir, nossa flexibilidade. Assim, cuidado com os rótulos. Não rotule os outros e lembre-se de que pior do que rotular os outros é rotular a si mesmo e se "engessar". Assim, pense em termos de tendência e probabilidade, e não de certeza absoluta. Sempre há espaço para o imprevisto. Quando tratar de estilo, tenha cuidado com as formulações simplistas do tipo "ler uma pessoa como um livro", em que existem expressões com significado direto. Por

Estilos Comportamentais

exemplo, se a pessoa estiver com os braços cruzados significa que ela está se defendendo, e se estiver inclinada para a frente, está mostrando interesse. Já vimos em comunicação que não existe uma relação biunívoca entre o símbolo e o significado, isto é, para um símbolo só há um significado e vice-versa. A relação é plurívoca, isto é, para cada símbolo existem muitos significados, e para cada significado, muitos símbolos. Portanto, descubra os significados dos gestos de cada pessoa, o que nem sempre é fácil. Às vezes, você pode estar diante de um grande artista e manipulador. Preste atenção a coisas que estão fora do controle consciente, como um piscar de olhos e a dilatação de uma narina. Não faça um julgamento nem uma identificação precipitada do estilo das pessoas com quem você estiver negociando. Esteja atento às respostas que sua ação provoca.

Embora existam princípios gerais estabelecidos pela teoria, a manifestação concreta desses princípios é específica para cada pessoa, que tem uma forma própria de ser catalisador, apoiador, analítico e controlador. Além disso, sempre existe um estilo com quem preferimos negociar. É importante descobrir nossas preferências e aversões, para que isso não dificulte a obtenção de nossos objetivos, o atendimento de nossos interesses e a identificação de oportunidades. Lembrar que o estilo é uma ferramenta que auxilia a área do conhecimento do negócio à medida que ajuda a transformar características em soluções e benefícios e a obter aceitação.

Embora alguns estilos tenham o metaprograma de afastamento entre seus principais, comece pela aproximação, na direção do que atrai, e não do que a pessoa quer evitar. De qualquer forma é necessário agir com elegância e sutileza. Cuidado com a rigidez e com as caricaturas que podem levar ao grotesco ou à sensação de manipulação e perda de credibilidade e confiança.

Tenha em mente o "Não me ofereçam coisas. Não me ofereça uma casa. Ofereçam-me segurança, comodidade e um lugar que prime pela limpeza e felicidade. Ofereçam-me ideias, emoções, ambiência, sentimentos e benefícios. Por favor, não me ofereçam coisas!"

Finalmente, em vez do ditado "Faça aos outros o que gostaria que fizessem a você", use este: "Faça aos outros aquilo que gostariam que fizessem a eles". Caso contrário, você pode estar negociando com seu espelho.

16

COMPORTAMENTO DOS NEGOCIADORES E FLEXIBILIDADE

Um bom grau de flexibilidade é extremamente importante, um dos principais atributos de um bom negociador. É imprescindível para aqueles que buscam desfechos ganha/ganha. Assim, é surpreendente o que a prática tem revelado: a maioria das pessoas é bem menos flexível do que se poderia supor e, o que é pior, do que elas próprias imaginam.

Ser flexível, na realidade, não é tão fácil e simples como parece à primeira vista. Uma pesquisa efetuada num universo de dez mil executivos e gerentes confirma isso. Nela foram considerados quatro níveis de flexibilidade, sendo I o mais baixo e IV o mais elevado. Pelo menos 75% das pessoas encontram-se nos níveis de baixa flexibilidade (I e II). Existem mesmo organizações em que se ultrapassa a casa dos 90%.

O conceito de flexibilidade é frequentemente mal-entendido, por isso suas enormes implicações positivas são ignoradas. Não é raro ser confundido com jogo de cintura e "jeitinho", com fazer concessões em excesso ou com falta de firmeza.

Para compreender o conceito de flexibilidade de forma produtiva, devemos nos referir a uma situação de busca de objetivos e, nesse sentido, o Mecanismo Básico do Sucesso é extremamente útil.

Existem dois aspectos a ser considerados: estratégico e tático. O primeiro

COMPORTAMENTO DOS NEGOCIADORES E FLEXIBILIDADE

refere-se ao objetivo propriamente dito, o segundo, a comportamentos e ações praticados para alcançar o objetivo desejado.

Assim, uma vez que tenhamos escolhido determinado objetivo, o aspecto estratégico consiste, no caso de surgirem novas informações, em sua manutenção, alteração ou desistência.

Vamos supor que um executivo tenha por objetivo ampliar a capacidade produtiva de sua empresa e já alocou recursos visando a essa ampliação. Repentinamente, acontecem fatos novos, que podem ser um plano econômico, um produto substitutivo ou a liberação de importações. O que fazer? Prosseguir com a ampliação da capacidade produtiva no mesmo volume previsto anteriormente ou fazer modificações, aumentando ou diminuindo aquele valor? Ou suspender o projeto de ampliação? Essa decisão diz respeito ao aspecto estratégico da flexibilidade. É fundamental saber discernir para diagnosticar corretamente, propor e analisar efetivamente as alternativas de solução e escolher a mais adequada, o que também é conhecido como lucidez, bom senso ou mesmo sabedoria.

Muito raramente, quando se pensa em flexibilidade, considera-se o aspecto estratégico. Em geral, considera-se apenas o aspecto tático, que consiste nos comportamentos e procedimentos que adotamos para alcançar o objetivo estabelecido. Há flexibilidade (tática) quando esses comportamentos são adequados à situação e, para isso, é necessário repertório comportamental. O que se observa é que as pessoas têm determinados comportamentos padrão e os utilizam mesmo quando a situação demanda outros procedimentos.

Imaginemos uma cena em que um gerente e seu subordinado estejam negociando a definição de funções e expectativas de desempenho e recompensas. O gerente tentou explicar seu ponto de vista e o subordinado não conseguiu compreendê-lo. O que você pensa que o gerente fará a seguir? Tentará encontrar outros meios para fazer com que o subordinado entenda seu ponto de vista ou explicará tudo outra vez, exatamente da mesma forma que a anterior? Se você respondeu que provavelmente o gerente usará novamente a mesma argumentação, acertou. E, o que é pior, em alguns casos ele começará a dar claros sinais de irritação, aumentando o tom e a rispidez de sua voz, tornando as coisas ainda mais difíceis.

Ora, se nosso objetivo é fazer com que alguém entenda nosso ponto de vista e a primeira tentativa foi infrutífera, continuar com o mesmo comportamento dará o mesmo resultado. É preciso mudar, usar auxílios visuais, como gráficos, ou construir analogias, exemplificar. Verificar se o outro não está entendendo porque está tenso e assumiu uma atitude defensiva. Alguns

NEGOCIAÇÃO TOTAL

pontos são básicos em flexibilidade: é preciso saber que mais importante é a resposta obtida por aquilo que se faz, e não o que se faz propriamente dito. Assim, é preciso comportar-se de modo a obter respostas que levem à realização de nossos objetivos, e não aquelas que nos afastam deles. Para isso, mais do que qualquer outra coisa, é necessária a capacidade de entrar em contato e compreender o mundo dos outros, perceber e se colocar no lugar das outras pessoas, estar receptivo às informações, sobretudo as que se referem aos impactos que nossos comportamentos provocam nos outros, e assumir responsabilidade por isso. Portanto, o gerente que não está se fazendo entender pelo subordinado não deve concluir que isso acontece por culpa do subordinado, mas sim porque ele não está encontrando o caminho certo para explicar o que deseja. O outro ponto é o repertório comportamental. Flexibilidade implica também um repertório comportamental, isto é, não permanecer amarrado a um comportamento padrão. Adotar comportamentos diferentes para situações diferentes. Assim, se numa negociação você não está obtendo as respostas que deseja, assuma a responsabilidade e mude.

A flexibilidade, portanto, está relacionada a objetivos (aspecto estratégico) e a meios e procedimentos para alcançá-los (aspecto tático). Flexibilidade em nível estratégico é a capacidade de alterar ou escolher outro objetivo se o definido se tornar inadequado. Em nível tático é a capacidade de escolher caminhos para atingir objetivos. Ter flexibilidade significa ter comportamentos adequados quanto a esses dois aspectos. Numa negociação, quem sempre cede é tão pouco flexível quanto quem nunca cede, e a crença de que flexibilidade quer dizer jogo de cintura ou "jeitinho" é equivocada. Em alguns casos pode ser efetivamente flexibilidade, se esse for o procedimento mais adequado para a situação. Em outros, pode ser sinônimo de preguiça, irresponsabilidade e imprevidência. Procure verificar o que realmente significa jogo de cintura e "jeitinho" quando se visa alcançar um objetivo que está efetivamente equivocado.

Flexibilidade é, portanto, situacional e diz respeito a comportamentos adequados a cada caso e contexto. Vejamos uma situação em que é necessário dizer não, não conceder. Imaginemos duas pessoas nessa situação. Uma é inflexível, não cede e sempre diz não. A outra é flexível. O inflexível dirá não sem se preocupar com o impacto que provocará no outro e com a continuidade do relacionamento. Nesse caso, a pessoa flexível também dirá não. Mas com uma diferença. Ela se preocupará com a continuidade do relacionamento e encontrará uma forma apropriada de dizer não sem ferir nem magoar, mas sendo firme em suas argumentações. Flexibilidade envolve também considerar dois fatores: relacionamentos e tarefas. Algumas pessoas são pouco flexíveis porque se preocupam somente com as tarefas. Outras, porque estão tão preocupadas com as pessoas que se esquecem das tarefas.

Para saber seu grau de flexibilidade, responda o questionário abaixo. Procure ser o mais isento possível. Não force uma resposta. Responda o que se refere a você, e não o que você acha certo ou gostaria de ser. Proceda como se fosse um observador neutro. Caso encontre dificuldades, delegue a função a duas ou três pessoas que o conheçam suficientemente bem. Não há respostas certas ou erradas. Dê grau 4 se seu comportamento for consistentemente de acordo com a característica e grau 1 se for consistentemente contrário à característica; 3 e 2 são graus intermediários.

QUESTIONÁRIO	
Voltado para oportunidades e não para ameaças. Consegue ver e aproveitar as oportunidades existentes nas diversas situações.	
Consegue transformar climas e comportamentos defensivos em construtivos e faz isso sempre que necessário.	
Enfrenta e tira proveito das situações de ambiguidade, incerteza e insegurança.	
Reconhece o momento certo e a forma de ser firme ou de conceder.	
Consegue ver a situação pela sua ótica e pela da outra pessoa.	
Encontra várias formas de atingir seus objetivos.	
Muda de objetivo quando verifica que não é mais apropriado.	
Procura encontrar para cada situação e ambiente um comportamento adequado.	
Sabe se fazer entender, observando se está sendo entendido.	
Procura compreender antes de responder.	
	TOTAL

Para encontrar seu grau de flexibilidade, some os valores e verifique a seguinte correspondência: de 10 a 25, flexibilidade 1; de 26 a 31, flexibilidade 2; de 32 a 36, flexibilidade 3; e de 37 a 40, flexibilidade 4.

Caso mais de uma pessoa tenha respondido sobre você, considere as médias aritméticas das respostas de cada item.

A descrição dos níveis de flexibilidade é a seguinte:

FLEXIBILIDADE 1

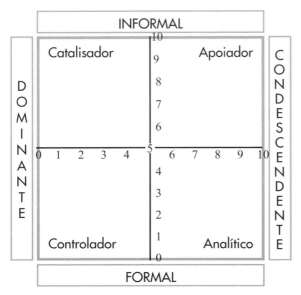

A pessoa de flexibilidade 1 tem um padrão comportamental bem definido e sente dificuldade de se afastar dele. Se a situação demandar comportamentos diferentes do padrão, será baixa a probabilidade de ela dar uma resposta adequada. Tem dificuldade de mudar ou não percebe quando a situação demanda outro comportamento. Em termos de estilo comportamental, considerando-se os eixos formal/informal e dominante/condescendente, tem dificuldade de caminhar pelos eixos. Vamos supor que uma pessoa seja dominante/informal e que numa determinada situação ela tenha de ser condescendente/formal. A probabilidade de que isso venha a acontecer é muito baixa. Assim, ela terá um comportamento inadequado diante da situação.

Em vez de intervir e mudar a situação, frequentemente está mais voltada para se lamentar e arrumar culpados do que para encontrar soluções, mais voltada para o passado do que para o futuro. É como se quisesse que o que aconteceu não tivesse acontecido. O passado não é visto como sendo apenas mais um dado do problema. Ela tem comportamentos defensivos e diante de uma situação defensiva tende a se tornar defensiva também. Não cede nunca ou cede muito mais do que o necessário. Com relação à tolerância com as diferenças individuais, dependendo de seu estilo comportamental, ou não tolera nada, ou tolera muito mais do que seria admissível. Vê situações, mudanças e problemas mais como ameaças do que como oportunidades. Insiste num procedimento que não está dando certo, dá murros em ponta de faca ou desiste quando devia insistir: assim, não trata de forma adequada o como e quando conceder. Seu processo de comunicação deixa muito a desejar. Para se sair bem deverá tratar com situações que sejam muito familiares.

FLEXIBILIDADE 2

A pessoa de flexibilidade 2 tem entre baixa e média probabilidade de dar uma resposta adequada. Consegue fazê-lo em um número maior de situações, um avanço em relação ao nível anterior. Porém, ainda tem um bom caminho pela frente. Deve procurar ser um maior solucionador de problemas e tentar compreender e diagnosticar melhor as situações, visando desenvolver várias alternativas para encontrar soluções. Precisa considerar tudo o que faz como uma alternativa e que existem outras formas e procedimentos de fazer as coisas. Assim, deve procurar entender até que ponto sua baixa flexibilidade é consequência de questões ligadas aos relacionamentos ou ao desenvolvimento das tarefas. As pessoas desse nível têm pequena capacidade de resistência às frustrações e preferem fazer as coisas da forma mais tradicional. Em geral se saem melhor quando se relacionam com pessoas do mesmo estilo comportamental ou nas situações em que padrões, regras e regulamentos estejam bem definidos, isto é, quando não se apresentem rupturas nem mudanças de paradigmas.

FLEXIBILIDADE 3

A pessoa desse grau de flexibilidade tem boa probabilidade de dar uma resposta adequada em grande parte das situações. Está num ponto em que pode integrar as várias polaridades, como firmeza e tolerância, falar e ouvir, conceder e exigir. Quanto aos pares de características dos estilos, consegue mover-se melhor entre eles. Assim, mesmo que seja uma pessoa condescendente, se a situação demandar um comportamento dominante ela poderá tê-lo, dentro de certos limites. No caso de uma pessoa formal, poderá ter um comportamento informal. Desse modo, não importa qual seja o estilo e as facilidades e capacidades daí decorrentes, ela poderá ter comportamentos que permitam um desempenho adequado numa boa parte das situações. Ela pode comunicar-se melhor, lidar com as situações de tensão e *stress* e tratar das questões do clima e da confiança sem perder de vista seus objetivos.

FLEXIBILIDADE 4

A pessoa de flexibilidade 4 tem grande probabilidade de dar uma resposta adequada na maioria das situações e sabe agir e manejar situações de ambiguidade, incerteza e insegurança. Mantém-se na busca de seus objetivos quando estes são adequados e encontra formas apropriadas para alcançá-los. Quando percebe que os objetivos não são mais apropriados, muda, encontrando outros melhores. Vê os compromissos de modo construtivo, e não como um obstáculo. Está atenta aos sinais e percebe as oportunidades, como no caso de dois vendedores que foram pesquisar o mercado de calçados num país onde ninguém usava calçados. Um deles disse: "Este mercado é ruim. Aqui ninguém usa calçados". O flexível disse: "É um mercado promissor porque aqui ninguém ainda usa calçados".

Também procura fazer as coisas de diferentes maneiras. Sabe resistir ou ceder de acordo com a situação. Vê a situação pela sua ótica e pela da outra pessoa e consegue identificar interesses comuns e complementares. Considera a satisfação de necessidades mútuas e encontra soluções que atendam aos interesses das partes.

Sabe quando e como ser dominante ou condescendente e formal ou informal. Dá atenção às tarefas e às pessoas adequadamente. Compreende antes de responder e manifesta suas expressões emocionais apropriadamente. Sabe se comunicar e é tolerante, mas firme.

CONSIDERAÇÕES FINAIS

Flexibilidade, ao contrário de estilo, é mutável. É uma questão de exercício. A pessoa flexível age como um sistema aberto, está em interação com o meio ambiente, sabe identificar situações e dar respostas adequadas. É criativa ou metódica quando tem de ser. A pessoa de baixa flexibilidade está fechada, seja por suas crenças, seja por seus comportamentos. Não há correlação entre estilo e flexibilidade. As pessoas de um estilo podem ser inflexíveis porque não cedem nunca e as de outro estilo porque cedem sempre ou quase sempre. Algumas são sempre brincalhonas, mesmo que isso seja impróprio no contexto. Quanto maior o grau de flexibilidade, melhor, pois isso significa maior capacidade para usar seu potencial e para alcançar seus objetivos.

Para melhorar sua flexibilidade, aqui vão algumas sugestões:

▷ Veja cada situação pela sua ótica e pela da outra pessoa.

▷ Aumente seu repertório comportamental, isto é, descubra outras formas de fazer as coisas. Lembre-se de que tudo o que você faz é apenas uma das alternativas possíveis.

COMPORTAMENTO DOS NEGOCIADORES E FLEXIBILIDADE

▷ Procure entender e praticar o processo de comunicação. Para se comunicar bem é preciso ter boa flexibilidade.

▷ No processo de comunicação o que importa não é o que se faz, mas sim a resposta que se obtém pelo que se faz.

▷ Procure praticar o princípio de primeiro compreender, depois, se faça compreender.

▷ Procure desenvolver seu lado criativo e seu lado crítico.

▷ Esteja atento às polaridades e saiba manejá-las. A vida está repleta delas: dia-noite; homem-mulher; contração-expansão; alegria-tristeza; dominante-condescendente; formal-informal.

Lembre-se: flexibilidade é um exercício. Se você não se exercitar, sua flexibilidade diminui.

O PROCESSO DE NEGOCIAÇÃO

17
OS MOMENTOS E AS ETAPAS DO
PROCESSO DE NEGOCIAÇÃO

18
MAIS SOBRE ETAPAS

19
ESTRATÉGIAS E TÁTICAS DE INFORMAÇÃO, TEMPO E PODER

20
AS TÁTICAS GANHA/PERDE

21
SOLUÇÃO DE CONFLITOS NA NEGOCIAÇÃO.
A SUPERAÇÃO DE IMPASSES

22
COMO FAZER E OBTER CONCESSÕES.
A MATRIZ DE CONCESSÕES

OS MOMENTOS E AS ETAPAS DO PROCESSO DE NEGOCIAÇÃO

Devemos considerar que numa negociação tudo é processo e o processo constituído por etapas. O processo é o caminho que percorremos do início até o final da negociação. E a maneira como procedemos determinará o êxito ou o fracasso. Todas as etapas têm sua razão de ser e contribuem para um desfecho positivo.

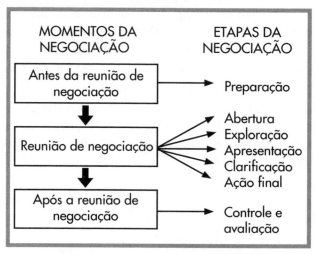

Uma empresa brasileira detectou uma ótima oportunidade de negócios no Oriente Médio e enviou para lá seus representantes. As negociações corriam de forma extremamente favorável e nada indicava a menor probabilidade de fracasso. Acidentalmente, um dos representantes brasileiros cruzou as pernas e a sola de seu sapato ficou apontada na direção do principal negociador árabe. A reação deste foi surpreendente: levantou-se e deu a negociação por encerrada. E assim uma ótima oportunidade foi perdida. Qual foi a razão da atitude do ne-

NEGOCIAÇÃO TOTAL

gociador árabe? É que naquela região mostrar a sola do sapato é sinal de profundo desrespeito.

Assim como esta, muitas oportunidades são perdidas em virtude de uma má preparação da negociação, isto é, ter pulado ou não se ter feito adequadamente uma etapa da negociação. O processo de negociação constitui-se de três momentos distintos: antes da reunião de negociação, reunião de negociação e após a reunião de negociação. É usual considerar ou agir como se a negociação fosse tão somente a reunião com a outra parte. Nada mais equivocado, pois isso significa ignorar a enorme importância de uma boa preparação e desconhecer que a negociação só estará efetivamente concluída quando o acordo firmado for implementado, ou seja, cumprido. Antes disso, não se considera a negociação encerrada. Abordar a questão sob outro prisma pode nos tornar vítimas daqueles que utilizam as táticas do fato consumado, em que o acordo é uma coisa e o efetivamente praticado é outra, que pode, em muitos casos, ser substancialmente diferente. Existem muitas variantes da tática do fato consumado, e uma das mais efetivas consiste na criação de um vínculo muito forte, ou mesmo dependência, cuja saída seja bastante onerosa ou frustrante para o outro negociador. Assim, a negociação verdadeira só começa após o estabelecimento desse vínculo, que pode ser real ou subjetivo e ocorre, na prática, de muitas formas, como, por exemplo, a solicitação de sinais ou pagamentos adiantados, que uma vez efetuados alteram a relação de poder na negociação. A partir daí, tudo passa a ser diferente do combinado. Ou o prazo de entrega é extremamente dilatado ou as especificações não são obedecidas, ou então não há a mercadoria, como aconteceu durante o congelamento de preços do Plano Cruzado, em 1986. Outra variante acontece no comércio de automóveis, quando o carro não vem conforme o combinado, mas sim com muitos acessórios.

Os momentos da negociação são constituídos por etapas, que são o caminho que devemos seguir desde o início até o término da negociação. Antes da reunião de negociação há a etapa da preparação. A maneira como é feita influencia o restante da negociação.

ANTES DA REUNIÃO DE NEGOCIAÇÃO: A PREPARAÇÃO

Preparar uma negociação significa fazer o dever de casa, e nada apresenta tantos benefícios quanto uma preparação bem-feita. Ela consiste em identificar todos os fatores necessários e suficientes para obter êxito e em criar

Os Momentos e as Etapas do Processo de Negociação

condições prévias para que tais fatores possam ocorrer, efetivamente, no curso do processo de negociação.

Alguns pontos devem ser observados:

▷ Antes de iniciar a preparação propriamente dita, devemos fazer um anteprojeto de preparação, encontrando respostas para as seguintes perguntas: "Qual é a importância desta negociação?" "Quais serão as consequências se ela for malsucedida?" "Quanto se deve investir nela em termos de tempo e recursos humanos e materiais?" Muitos milhões podem ser perdidos se não se tratar adequadamente esses pontos. O dimensionamento dos recursos necessários para o êxito é de capital importância.

▷ A preparação deve considerar os três momentos da negociação, do momento atual até o cumprimento integral do que ficou acordado.

▷ É preciso ver a situação por três óticas distintas: a nossa, a do outro lado e a de um observador neutro; portanto, desempenhar três papéis diferentes.

▷ Procurar entender a situação do outro negociador melhor do que ele próprio é uma boa norma a ser obedecida.

▷ Criatividade e imaginação. Lembrar a frase de Einstein: "A imaginação é mais importante do que o conhecimento". Portanto, devemos construir e simular vários cenários de negociação.

▷ A preparação tem duas fases: orientação e desenvolvimento. A fase de orientação consiste na interpretação da situação, na formulação do problema. A fase de desenvolvimento é constituída pelos desdobramentos que devemos efetuar após o entendimento da situação.

Um pequeno exercício exemplifica melhor essas fases:

Imagine quatro livros, lado a lado, na estante de uma biblioteca. Um cupim comeu da primeira página do livro 1, que está à esquerda, até a última página do livro 4. Considerando que a direção em que o cupim comeu os livros é perpendicular às capas e que cada livro tem duas capas de 0,4 centímetro cada uma e um miolo de 5,8 centímetros, quantos centímetros o cupim comeu? (Tente resolver e só então veja a resposta no final do capítulo.)

Alguém que não fez uma boa fase de preparação porque não fez corretamente a fase de orientação dificilmente admitirá: "Eu fui

NEGOCIAÇÃO TOTAL

precipitado e leviano na minha conclusão". O que mais ouvimos são desculpas esfarrapadas que não ajudam em nada e nos fazem perder mais tempo e retardar a solução da questão.

Há também quem alegue que faz as coisas baseado na intuição, confundindo intuição com precipitação.

Há algum tempo, um estudo sobre executivos brasileiros constatou que quando eles não têm informação são mais arrojados e quando têm ficam mais retraídos.

▶ Três palavras-chave para uma boa preparação: oportunidade, velocidade e qualidade. Na preparação deve-se procurar descobrir as oportunidades, portanto, não se pode fazê-la mecanicamente. Porém, mais do que nunca, velocidade é importante. Há quem considere que só vão existir duas espécies de empresa: as velozes e as que quebraram. Velocidade, entretanto, não é fruto do acaso, mas sim de muita preparação e competência. Entretanto, não adianta velocidade sem qualidade.

▶ Evitar alguns erros que são cometidos na preparação: 1. "engessar", em vez de dar liberdade. A função da preparação é abrir caminhos, não é uma trilha única. Por isso, são necessários planos contingenciais para lidar com as diversas situações; 2. só ver a situação pelo próprio lado. Isso significa ver metade da questão; 3. não se preparar para toda a negociação é fazer uma preparação deficiente e incompleta.

▶ O banco de dados. O ponto de partida para uma boa preparação é ter muitas informações. Nesse sentido, um bom banco de dados é fundamental. Ele comporta todas as informações relevantes, técnicas, mercadológicas, jurídicas ou pessoais, bem como o histórico das negociações anteriores.

Certa vez, um vendedor de seguros efetuou uma venda. Pouco tempo depois o cliente telefonou, suspendendo a transação. O vendedor soube que o comprador tinha uma oferta melhor, que ele não poderia cobrir. Conformado, dedicou-se a outras transações. Qual não foi sua surpresa quando, no dia seguinte, pela manhã, o cliente telefonou para fechar a compra. Depois de efetuar o negócio, o vendedor quis saber qual era a razão da reconsideração. O cliente explicou que de acordo com seu horóscopo ele não poderia mais desfazer um negócio.

Os Momentos e as Etapas do Processo de Negociação

Bem, esta é uma informação para ser incluída no banco de dados. A pior coisa que o vendedor poderia fazer, caso não acreditasse em horóscopo, seria dar um sorriso de mofa. E isso acontece quando não se aceita que as outras pessoas tenham crenças diferentes das nossas. Conhecer essas informações pode ser extremamente relevante e elas já abriram muitas portas que pareciam completamente fechadas.

De qualquer maneira, é bom saber que o hábito de consultar astrólogos, numerólogos, videntes, pais e mães-de-santo é cultivado por pessoas de todos os níveis. Empresários e políticos bastante conceituados utilizam esses meios. Um bom banco de dados ajuda não só a preparar melhor, mas também a alcançar mais velocidade com qualidade.

▷ Na preparação temos de levar em conta as cinco áreas do MIN — Modelo Integrado de Negociação e os elementos que constituem cada uma dessas áreas.

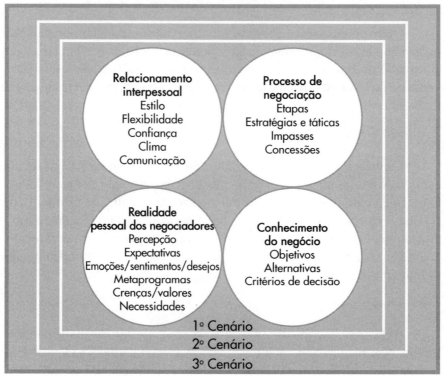

NEGOCIAÇÃO TOTAL

Os principais passos da preparação são:

1. Identificação dos cenários

A identificação dos três cenários e da rede de influências é o ponto de partida. Quem é a pessoa, ou as pessoas, com quem se vai negociar? É a pessoa certa? Qual é seu estilo comportamental? Catalisador, apoiador, analítico ou controlador? Qual é seu nível de autoridade? Quem é o eleitorado e as pessoas que, de uma forma ou de outra, têm algum tipo de influência? Quem são os decisores? Qual é a estrutura de decisão? Nesse momento, o que se quer é saber quais são os personagens e o contexto, ter uma visão global da situação. Em suma, levar em conta todos os pontos identificados no Capítulo 9, "Os Cenários de uma Negociação".

Mas também é fundamental considerar os cenários que nos dizem respeito diretamente, identificando os setores necessários ao sucesso da negociação. Vendedores, por exemplo, muitas vezes não podem cumprir o combinado com clientes por falhas internas, informações deturpadas etc. As negociações internas são extremamente importantes, pois nelas busca-se definir a autoridade de quem vai negociar e as condições necessárias ao sucesso da negociação.

Outro ponto que sempre deve ser observado é a escolha e preparação do local onde ocorrerá a negociação. Qual será o território? O nosso, o do outro lado ou um neutro? Às vezes, para evitar pressões, são escolhidos locais de fachada. As verdadeiras negociações ocorrem fora desses lugares.

2. O conhecimento do negócio

Conhecer o negócio para definir objetivos e encontrar formas de satisfação de nossos interesses. Para tanto, além da utilização do Quadrilátero Estratégico e de outros pontos já tratados anteriormente, no Capítulo 10, "O que É Conhecer o Assunto ou o seu Negócio?", vamos utilizar outros procedimentos. Assim, temos o Quadro de Interesses, um instrumento muito útil para definir objetivos, vendo a situação pela nossa ótica e pela da outra parte.

Quadro de Interesses

As pessoas negociam porque têm interesses a serem satisfeitos. Assim, identificar esses interesses é um dos pontos mais importantes de uma boa preparação. O Quadro de Interesses é formado por três colunas: de interesses comuns e complementares, interesses opostos e outros interesses.

Os Momentos e as Etapas do Processo de Negociação

QUADRO DE INTERESSES		
Interesses comuns e complementares	Interesses opostos	Outros interesses

Os interesses comuns e complementares geram um sentimento de identificação, "nós estamos juntos". Esses pontos comuns se referem não apenas a aspectos de ambas as propostas mas igualmente a outros assuntos, como a história passada de sucessos compartilhados, metas comuns etc.

Os interesses opostos geram sentimentos de separação, divisão, nós/ eles, polarização, antagonismos e conflitos.

Os outros interesses são interesses para um dos lados e neutros para o outro. Por exemplo, a cor de determinado objeto pode ser muito importante para quem compra e não ter importância nenhuma para quem vende. Esses interesses, por serem neutros para um dos lados, podem tornar-se oportunidades e contribuir para o desfecho da negociação.

Como identificar interesses

Os interesses estão relacionados a alguns elementos do *iceberg* comportamental, ao qual já nos referimos no Capítulo 6, e que fazem parte da Área Realidade Pessoal dos Negociadores do MIN — Modelo Integrado de Negociação. Devemos considerar, nesse caso, os seguintes elementos: necessidades, expectativas, valores, crenças, desejos e emoções, em termos do negócio e das pessoas envolvidas. Nesse sentido, um ponto que sempre deve ser observado com relação às emoções é o dos temores. Todo negociador tem uma série de temores, como o de não efetuar uma boa negociação e ser desconsiderado pelos demais. Muitas vezes as pessoas agem mais em função de seus temores do que de outros fatores. Um dos temores que merecem consideração é o temor do eleitorado. Todo negociador tem um eleitorado, isto é, pessoas que de alguma forma são importantes para ele, como chefes, colegas ou mesmo subordinados. Quem é esse eleitorado e qual é sua relação com ele? Permitir uma saída honrosa ou auxiliar o outro a se sair bem diante de seu eleitorado pode trazer resultados muito positivos.

Numa negociação entre um grupo brasileiro e um italiano, a pauta era extremamente longa. A negociação do primeiro item, justamente o que parecia mais fácil, estava sendo profundamente penosa. O clima por parte

NEGOCIAÇÃO TOTAL

dos italianos era extremamente agressivo. Tudo indicava que a negociação demoraria muito tempo. Um ponto, entretanto, fez com que tudo se alterasse. A equipe brasileira descobriu que a proposta italiana continha um equívoco, um erro conceitual de termodinâmica. Esperou o momento certo, um intervalo da negociação, para, então, só na presença do principal negociador italiano, revelá-lo. Essa consideração fez com que o clima da negociação se modificasse substancialmente, e aquilo que se estava delineando como uma longa batalha campal transformou-se numa negociação cooperativa.

Relacionando tudo o que será negociado

Relacione tudo o que será negociado; por exemplo, se você estiver comprando um equipamento: qualidade desejada, quantidade, desempenho esperado, garantia, condições de pagamento, formas de verificação e controle, multas, fórum para o caso de desentendimentos. No caso de um emprego ou aumento de salário, poderiam constar dessa relação: salário e número de salários, tempo de contrato, seguro-saúde e outros benefícios, esquema de férias e indenização, se houver rompimento do contrato.

Às vezes, a pauta ou agenda da negociação, o local da reunião e o tipo de mesa a ser utilizado são as primeiras coisas a serem tratadas.

Definindo a importância e os valores do que será negociado

Após relacionar tudo o que será negociado, defina a importância de cada item. Existem coisas que são absolutamente essenciais e outras sem muita importância. Portanto, classifique o que será negociado em três grupos: alta, média ou baixa importância/prioridade.

Procure quantificar. Assim, para saber o valor da qualidade, examine o custo de não ter qualidade ou a consequência do atraso na entrega. Em suma, quantifique tudo o que puder. Na prática, todos os itens de uma negociação comercial podem ser traduzidos em valores monetários.

Definindo objetivos: a margem de negociação

Vamos supor que você queira vender um apartamento. Você acha que determinado valor seria um ótimo negócio. Esse é o seu objetivo desejável. Mas há um valor mínimo abaixo do qual você preferirá não vender seu apartamento. Esse é seu objetivo mínimo ou necessário. Esses objetivos, desejável e mínimo ou necessário, devem ser identificados para todos os itens do que será negociado e fazer parte do acordo final.

Definindo as formas de troca: aspectos tangíveis e intangíveis

Negociação é troca e nela devemos considerar os aspectos tangíveis e intangíveis. Os aspectos tangíveis referem-se a valores monetários, produtos e serviços. Os intangíveis estão ligados a satisfação, reconhecimento, prestígio, sentimentos estéticos, emoções positivas, *status,* segurança, sentimento de realização, novas oportunidades, isto é, criação de novas expectativas, e outras coisas na mesma linha. É em função desses aspectos intangíveis que um quadro de Picasso custa muitos milhões de dólares. Portanto, ao definir seus objetivos e as formas de troca, leve em conta esses dois aspectos. Entretanto, lembre-se sempre de que os aspectos intangíveis são profundamente pessoais e só agregam valor à transação quando forem identificados para cada um dos negociadores.

A justificativa para os objetivos desejáveis

É necessário ter justificativas bastante consistentes para cada um dos objetivos desejáveis. Um objetivo desejável sem uma base racional de sustentação não se mantém. Procure encontrar várias justificativas e analise qual lhe convém. Se você estiver comprando alguma coisa para investir, seu lance, ou seu objetivo de compra, pode estar baseado no preço de mercado ou numa taxa interna de retorno que você acha justa, avaliando outros tipos de investimento. Procure também imaginar quais são os objetivos do outro lado e qual é sua base de sustentação e consistência.

As alternativas e a MADI: Melhor Alternativa Disponível em caso de Impasse

No caso da venda do apartamento, é possível receber o dinheiro de diversas formas: à vista, parte à vista e o resto a prazo, uma parte em dinheiro e outra em troca por um apartamento menor ou mesmo outros objetos. Essas várias formas são as alternativas que você tem para atingir seu objetivo, que é vender seu apartamento por um determinado valor. Pensar em termos de objetivos e alternativas aumenta a flexibilidade, sem impor limites rígidos. Com isso melhora a possibilidade de efetuar a negociação. No caso de uma única alternativa, vender o apartamento à vista, por exemplo, as probabilidades de negócio ficam bem mais reduzidas e muitas vezes, inviáveis.

Quando se trata de alternativas, deve-se notar que existem duas naturezas: uma refere-se às alternativas para a negociação que se está efetuando.

NEGOCIAÇÃO TOTAL

Por exemplo: vender o apartamento numa das diversas condições existentes para a pessoa com quem estamos negociando.

A outra natureza de alternativa é uma resposta à seguinte pergunta: "Para quem mais posso vender o apartamento, e em quais condições, caso a presente negociação chegue a um impasse?" A melhor dessas alternativas chama-se MADI, ou Melhor Alternativa Disponível em caso de Impasse.

O conhecimento da MADI é muito importante para evitar a intransigência e um impasse numa negociação. Mais tarde, ao analisar a questão, podemos verificar que nossa intransigência nos fez perder uma ótima oportunidade.

Certa vez, ao efetuar a compra de seu apartamento, um ótimo vendedor de enciclopédias mostrou-se intransigente em suas condições de pagamento e acabou chegando a um impasse. Decidiu procurar outros imóveis, e só então concluiu que havia perdido um excelente negócio.

A MADI também pode ser um escudo protetor para não efetuarmos uma negociação nem fazermos uma concessão de última hora. A nossa MADI nos mostra se é melhor efetuar a negociação ou enfrentar um impasse.

Quanto melhor a MADI de um negociador, mais forte ele se sentirá à mesa de negociação. Portanto, construir uma boa MADI é parte básica da preparação.

Os critérios de escolha

Toda decisão é baseada em algum tipo de critério. Por isso, é muito proveitoso descobrir e avaliar com precisão os critérios utilizados para a escolha que fazemos, o que pode aumentar nossa flexibilidade. Uma forma de identificar os critérios usados é responder às seguintes perguntas: "Como ter certeza de que fiz um bom acordo?", "Quais são os parâmetros, ou indicadores, de um bom acordo?"

Mas também é igualmente proveitoso descobrir os critérios de decisão das pessoas com quem estamos negociando. Quando conhecemos os critérios de decisão das pessoas com quem negociamos, podemos aumentar nossa influência.

Os pressupostos a respeito do futuro

Registre todos os seus pressupostos a respeito do futuro. Sempre que fazemos escolhas pressupomos alguma coisa em relação ao futuro. Quem compra um carro novo pressupõe que não terá problemas mecânicos.

Mas não é isso o que sempre acontece. Haja vista o caso do cidadão que, desesperado com os problemas de seu carro novo, o queimou em via pública. As empresas fazem investimentos em novas fábricas supondo que haverá uma certa demanda. E assim por diante.

3. Identificando a realidade pessoal dos negociadores. Os interesses pessoais

Os interesses dos negociadores podem ser de natureza estritamente pessoal, como terminar a negociação antes do tempo previsto para sair de férias. As passagens para Cancún ou Paris estão compradas e já se deu um sinal para as reservas de hospedagem. Às vezes, os interesses pessoais dos negociadores podem ser até contrários aos da organização que representam. É o caso de um vendedor que tem apenas três dias para cobrir sua cota anual de vendas e dá descontos significativos, mesmo que a fábrica já esteja operando com capacidade total e abarrotada de pedidos.

A utilização do modelo do *iceberg* comportamental (Capítulo 6) é muito útil para ajudar a descobrir os elementos que devem ser considerados: expectativas, desejos, emoções, sentimentos, valores, crenças, metaprogramas e necessidades.

A identificação dos padrões comportamentais dos outros negociadores também pode ser bastante útil. É o caso de um negociador que quando chegava ao seu limite de concessões batia na mesa e dizia: "Daqui não concedo mais". Ora, uma vez descoberto esse padrão de concessão, era só pedir até o ponto em que ele batesse na mesa. Outro negociador, quando provocado, irritava-se profundamente e tinha acessos de fúria, porém, passados esses acessos, ele se sentia constrangido e fazia grandes concessões.

4. Habilidades de relacionamento

A habilidade de relacionamento diz respeito aos comportamentos que se deve incentivar ou evitar, e, nesse sentido, saber separar pessoas dos problemas constitui uma das principais habilidades de um negociador. Saber separar as pessoas dos problemas significa que as questões de relacionamento não serão confundidas com as relativas aos temas que estão sendo negociados. Em situações de pouca tensão, impasses e conflitos, é muito fácil separar pessoas de problemas. Entretanto, quando surgem essas condições a tendência usual é misturar as coisas, perdendo a objetividade

NEGOCIAÇÃO TOTAL

e o rumo da negociação. Assim, lembre-se dos mecanismos que costumam ocorrer em situações de tensão ou impasse: agressão, fixação, regressão, resignação, racionalização e compensação.

Outros aspectos da habilidade de relacionamento são estilos comportamentais, flexibilidade, clima, confiança e comunicação.

5. O processo de negociação

O processo de negociação trata da busca e da forma como se devem utilizar as informações sobre cenários, conhecimento do negócio, habilidade de relacionamento e realidade pessoal dos negociadores. Além das etapas, tema deste capítulo, o processo de negociação compreende estratégias e táticas (Capítulos 19 e 20), impasses e superação de conflitos (Capítulo 21) e concessões (Capítulo 22).

Com relação a esses pontos, a serem tratados nos capítulos futuros, devemos considerar o seguinte:

Estratégias e táticas

Devem ser pensadas em termos ativos e defensivos, isto é, aquelas que utilizaremos para atingir nossos objetivos e aquelas contra as quais precisamos preparar defesas, se forem usadas pelos negociadores do outro lado.

Impasses

Impasses fazem parte da negociação. Podem ter muitas origens, como diferenças de percepção da realidade, erros de comunicação, diferenças de crenças, valores e interesses. O quadro de interesses ajuda a identificar os interesses contrários e, com isso, pode-se prever e planejar as formas de superar esses impasses.

Nenhum negociador deve ter receio de impasses. Negociador que teme impasses acaba fazendo concessões que não devia.

Concessões

As concessões ocorrem entre o objetivo desejável e o mínimo necessário. Com relação às concessões, dois pontos devem ser observados. O primeiro é que fazer concessões muitas vezes se assemelha à habilidade de presentear alguém. Nem sempre o presente mais caro é o que causa maior impacto. O segundo é que concessão é o preço que se paga para obter determinado benefício. Quem concede mal é como quem paga mal, isto é, paga duas vezes, ou seja, concede muito mais do que o necessário.

Planejar as concessões é fazer a escada de concessões, na qual são definidos os vários degraus e as justificativas para passarmos dos objetivos desejáveis até os mínimos necessários.

A matriz de pontos fortes e pontos fracos

Na Matriz consideramos quatro áreas, conforme a figura abaixo. A área 1 corresponde a aspectos em que os dois lados são fracos; a área 2, a aspectos em que somos fortes e o outro lado é fraco, como dispormos de muito tempo para decidir, enquanto o outro lado precisa tomar uma decisão rápida. A área 3 refere-se a aspectos em que o outro lado é forte e nós somos fracos, como quando o outro tem muitas alternativas e nós só temos uma; a área 4, a aspectos em que ambos os lados são fortes, como terem um profundo conhecimento do que está sendo negociado.

O procedimento prático para a elaboração da Matriz é o seguinte: primeiro, identificamos e listamos tudo aquilo que consideramos nossos pontos fortes, depois, nossos pontos fracos. Fazemos a mesma coisa em relação ao outro lado. A identificação de pontos fortes e fracos é feita com base no Quadrilátero Estratégico, ou seja, a concorrência, a própria organização, a clientela e os produtos e serviços e as fontes de poder e disponibilidade de tempo. Uma vez feito este levantamento, passamos a correlacionar nossos pontos fortes e fracos com os pontos fortes e fracos do outro lado e colocamos as informações na Matriz.

Depois de se preparar para o antes da reunião de negociação, deve-se pensar nos momentos seguintes, a reunião de negociação, a agenda a ser seguida, e o pós-reunião de negociação. Entretanto, é preciso compreender o que se pretende em cada um desses momentos.

De qualquer forma, para fechar a

MATRIZ DE PONTOS FORTES E FRACOS

		Pontos fracos	Pontos fortes
Outro lado	Pontos fortes	3	4
	Pontos fracos	1	2

Meu lado

NEGOCIAÇÃO TOTAL

preparação é sempre conveniente simular uma negociação, visando ao melhor desempenho; no caso de negociar em equipe, deve-se preparar e formar a equipe de negociação e, inclusive, estabelecer papéis e códigos de comunicação entre os membros.

A REUNIÃO DE NEGOCIAÇÃO

Uma reunião de negociação tem cinco etapas: abertura, exploração, apresentação, clarificação e ação final. Cada uma delas tem sua razão de ser, seus objetivos próprios.

Abertura

Numa negociação sempre temos de levar em conta dois aspectos: coração e mente. Antes da mente vem o coração. A abertura refere-se ao coração, às emoções e ao relacionamento, e isso significa gerar confiança e criar um clima construtivo, e não defensivo, tornando as pessoas receptivas, prontas para ouvir e prestar informações relevantes ao desenvolvimento da negociação. Também visa prosseguir a negociação de forma cooperativa.

A abertura tem certa semelhança com o preparo da terra pelo agricultor antes do plantio. Para que a colheita seja boa, o agricultor precisa preparar a terra, não adianta nada lançar sementes em terreno árido.

O tipo de relacionamento entre os negociadores, como já vimos anteriormente, é definido pelo *rapport*. Existem três grupos de *rapport*. Os do grupo intermediário — entusiasmo, identificação/cooperação, compreensão e indiferença/neutralidade — são os melhores tipos de *rapport* para uma negociação, já que proporcionam o clima necessário para analisar situações e identificar caminhos. Já o *rapport* de sedução e muito quente, numa negociação, é utilizado por manipuladores, e frieza e hostilidade, por quem quer intimidar. Portanto, observar o tipo de *rapport* que o outro negociador está procurando manter conosco é uma informação significativa, que pode orientar o tipo de negociação que se vai enfrentar.

A agenda, ou maneira como vamos trabalhar, é a parte final da abertura. Em muitas negociações é bastante simples, pode até mesmo ser dispensada. Em outras, pode constituir um item da própria negociação.

A solicitação de um lance inicial, mesmo que seja feita como abertura, não corresponde à etapa de abertura. É um movimento de antecipação da apresentação. O objetivo da abertura é tratar do coração, gerar o clima e a confiança adequados à negociação.

Exploração

O objetivo da exploração é coletar informações, visando completar a compreensão da situação de forma que as etapas posteriores possam se desenvolver da maneira mais efetiva possível. É preciso ser como um bom repórter. Carl Bernstein, um dos repórteres do *Washington Post* que desvendou o caso Watergate, disse: "O principal problema da maioria dos repórteres é a audição. Os repórteres não escutam. Chegam com uma série de perguntas, cujas respostas eles imaginam que já sabem, e no minuto em que ouvem o que querem ouvir, saem. Uma boa reportagem se faz com intuição, mas também com checagem de cada informação. Ele tem de olhar o que o cerca, já que a verdade nunca está enterrada muito profundamente, quase sempre está logo abaixo da superfície. Reportagem não é quebrar pedras, mas também não significa preguiça". Tudo isso se aplica à negociação.

Na exploração procura-se saber ou confirmar os problemas reais do outro negociador, as soluções e os possíveis benefícios que ele procura alcançar. Em suma, os interesses comuns, complementares, opostos e neutros. Na preparação esses aspectos foram considerados em termos de fatos e pressupostos. Assim, é importante saber o que são fatos e o que são pressupostos para poder transformar pressupostos em fatos.

Para nossa orientação, devemos considerar a seguinte sequência: PRESSUPOSTOS > FATOS > TEMAS OU ASSUNTOS A SEREM NEGOCIADOS > POSIÇÕES OU PROPOSTAS OU ALTERNATIVAS > DECISÕES OU ESCOLHAS.

Certa vez um vendedor de equipamentos de grande porte fez uma demonstração brilhante de seu principal produto a um cliente em potencial. Gastou bastante tempo com a apresentação e considerava o pedido como certo, quando ouviu o seguinte: "Muito bem. Gostei muito da sua demonstração. Existe, porém, um pequeno detalhe que passou despercebido. Para comprar o equipamento que me foi proposto terei de vender minha empresa, pois ela não tem porte para tanto. O equipamento de que eu preciso deve ter preço e dimensões bem mais modestos".

Existem três tipos de informação que se devem procurar:

> ▶ *Informações sobre fatos desconhecidos*. Por melhor que seja a preparação, não é possível saber tudo. As informações relevantes que não se obteve na preparação devem ser obtidas na exploração.

NEGOCIAÇÃO TOTAL

▶ *Informações sobre fatos conhecidos*. É conveniente fazer perguntas sobre aquilo que já conhecemos. Com isso, descobre-se o padrão de resposta do outro negociador e, se por acaso as respostas estiverem incorretas e distorcidas, deveremos ser mais cautelosos e buscar mais comprovações para as respostas aos fatos que desconhecemos.

▶ *Pressupostos*. Queiramos ou não, quando não temos fatos costumamos fazer algum tipo de pressuposição. Uma pressuposição bastante comum é que a primeira impressão revela, de fato, quem uma pessoa realmente é. Não há problema algum em ter pressuposições. O importante é não assumi-las como fatos. Cabe, portanto, a indagação: "Estamos diante de um fato ou de uma pressuposição?"

Uma das melhores formas de obter informações é com perguntas. Há pesquisas que indicam que os bons negociadores perguntam mais do que o dobro dos negociadores comuns. Embora seja um importante instrumento da exploração, as perguntas podem ser usadas em qualquer etapa da negociação. Da abertura: "Como vai você?" Até o fechamento: "Há desconto para pagamento à vista?"

Para formular bem as perguntas, precisamos considerar três pontos: o que queremos saber, como perguntar e como aplicar a informação recebida. Assim, devemos ter uma relação das informações que desejamos saber ou confirmar, como interesses, alternativas, soluções, benefícios, critérios de decisão, prazos e urgência. O segundo passo é identificar a forma como devemos fazer as perguntas. Existem dois tipos de pergunta: abertas e fechadas. As perguntas abertas permitem que a outra pessoa fale sobre um tema. Exemplo: "Qual é a sua opinião sobre o desenvolvimento da informática?" As perguntas fechadas demandam respostas do tipo sim ou não. "Você tem computador?" As respostas às perguntas fechadas são como aquelas que damos quando preenchemos a ficha de entrada num hotel — nome, endereço, idade etc. —, que podem provocar na outra pessoa a sensação de interrogatório.

Outros tipos de pergunta fechada podem ser acusações ou pressuposição: "Você ainda bate na sua mulher?" Há também aquelas que provocam respostas provavelmente mentirosas, por se referir a aspectos que o outro quer esconder: "Você tem problemas bancários?"

Assim, devemos começar com perguntas abertas e só passar para as fechadas nos casos de necessidades específicas. De qualquer modo, sempre considerar que existem várias formas de formular uma pergunta para

Os Momentos e as Etapas do Processo de Negociação

obter uma informação. Para saber qual é a urgência de uma pessoa, pode-se perguntar: "Você tem pressa?" ou "Posso entregar a mercadoria em trinta dias?" São duas formas diferenciadas que produzem reações diferentes em quem ouve as perguntas.

Para fazer bem a exploração, além de saber perguntar, é preciso estar atento às respostas. Uma pesquisa revelou que no processo de comunicação as palavras são responsáveis por 8% do significado da mensagem, a tonalidade e a entonação de voz por 37% e, finalmente, o comportamento e as expressões faciais e manifestações corporais por 55%. Isso quer dizer que as palavras contribuem pouco no processo de comunicação, pois é possível dizer a mesma frase com significados diferentes de acordo com a maneira como é dita. Assim, as mesmas palavras podem transmitir significados diferentes, como sinceridade, ironia ou raiva, por exemplo. A forma como se diz "bom-dia!" pode denotar uma saudação ou até uma repreensão. Igualmente deve ser observado que, sempre que nos comunicamos, precisamos estar atentos às respostas que provocamos. Há uma resposta consciente por parte do outro negociador e uma resposta inconsciente, que ele não sabe que está dando. São expressões faciais, como as narinas que se dilatam, um piscar de olhos, mexer com a boca ou a respiração alterada. Essas respostas são bastante fortes e revelam coisas que as palavras muitas vezes procuram esconder.

Certa vez, uma pessoa que jogava pôquer muito bem, sempre com o mesmo grupo, começou a perder e afastou-se do grupo. Algum tempo depois, ao encontrar um ex-companheiro de baralho, ouviu dele: "Já que você não joga mais conosco, vou contar nosso segredo. Nós descobrimos que quando você blefava uma veia na sua têmpora inchava. Assim, nós podíamos pagar para ver. Quando a veia não inchava, sabíamos que você tinha jogo". Todos os negociadores têm sua veiazinha sob as mais variadas formas. Alguns casamentos se desgastaram em função desses aspectos. Uma mulher descobriu que seu marido ficava ligeiramente vesgo quando mentia. Outra percebeu que seu marido tremia levemente o lábio inferior quando não dizia a verdade.

De maneira geral, a preocupação com a exploração é muito restrita. A ênfase maior costuma ser na apresentação. Pular a exploração ou não fazê-la bem pode provocar problemas nas demais etapas.

Tenha sempre como princípio: "Primeiro compreenda, depois se faça compreender".

É conveniente, ao final da exploração, fazer uma recapitulação ou um resumo das descobertas e concordâncias para verificar se aquilo que entendemos foi realmente o que a outra pessoa quis dizer.

Apresentação

É nesta etapa que mostramos ao outro nossa proposta. Ela deve não só atender aos interesses do outro lado como também fazê-lo de forma impactante. De nada adianta ter uma proposta que atenda aos interesses do outro lado se ela não for percebida como tal.

Assim, para apresentar a proposta de forma o mais impactante possível, devemos considerar cinco fatores:

1. Linguagem

A maneira como falamos é o primeiro ponto. Se pudermos fazer a apresentação usando as palavras, o ritmo, a tonalidade e a forma de falar da outra pessoa, produziremos uma impressão muito positiva. Quando alguém fala de forma similar à nossa temos uma sensação de familiaridade. Mas, quando alguém diz palavras desconhecidas ou que de uma forma ou outra nos causam impressões negativas, possivelmente nem perceberemos o valor do que está sendo apresentado. O uso de metáforas, parábolas e analogias também é bastante positivo. A mensagem de Jesus Cristo, extremamente impactante, baseia-se em parábolas.

2. Canais sensoriais

Todos nós captamos informações pelos sentidos. As pessoas podem ser classificadas em três categorias, de acordo com sua forma de perceber: visual, auditiva e cinestésica. A visual percebe melhor pela visão. Assim, alguém pode estar gastando um tempo enorme para mostrar alguma coisa para outra pessoa sem causar o menor impacto. Mas ao mostrar um gráfico ou uma figura as coisas mudam, e é comum a expressão: "Por que você não mostrou isso antes?" Já as pessoas auditivas notam melhor os sons e as palavras, e as cinestésicas respondem ao tato, às sensações e às emoções. As preferências sensoriais manifestam-se inclusive pelas palavras que empregamos. Assim, quando quiser referir-se a uma boa ideia, um visual dirá que ela é brilhante; um auditivo, que é do barulho; e um cinestésico, que é emocionante. É bom lembrar a história da martelada, contada anteriormente no Capítulo 3. Assim, saber onde martelar é essencial. De qualquer forma, é sempre oportuno transmitir nossa mensagem procurando atingir os três canais sensoriais.

3. Coerência/racionalidade

A mensagem deve ter uma estrutura consistente, uma lógica interna, um princípio, meio e fim bem concatenados. Causa uma impressão muito negativa uma mensagem sem estrutura lógica consistente e, o que é pior, contraditória. Pessoas que se desdizem, que num momento afirmam uma coisa e mais tarde outra, perdem a credibilidade.

4. *Iceberg* comportamental

Quando se quer transmitir mensagens que influenciam, deve-se baseá-las nos elementos do *iceberg* comportamental (Capítulo 6). Portanto, devemos levar em conta percepção, expectativas, emoções, sentimentos, desejos, metaprogramas, crenças, valores e necessidades.

5. Soluções e benefícios

O que se pretende é que os interesses sejam atendidos por meio de soluções e benefícios.

Ao fazer sua proposta:

▷ Considere: características, soluções e benefícios. Características são os dados objetivos, como a velocidade e a cor de um carro, a memória de um computador, o número de quartos de um imóvel. Mas não são as características que importam, e sim as soluções e os benefícios que proporcionam. É com base nos elementos do *iceberg* comportamental, entre eles, expectativas, desejos e necessidades, que se transformam as características em soluções e benefícios. É o que tratamos no Capítulo 10, quando apresentamos o "Não me ofereçam coisas. Não me ofereçam roupas, ofereçam-me uma aparência bonita e atraente".

▷ Procure ser firme, mas lembre-se: firmeza não é sinônimo de grosseria.

▷ Evite frases perigosas do tipo:
- Para começo de conversa estou disposto a pagar "z".
- Minha oferta inicial é "x".
- Eu acho que "y" é um bom preço.

Estas frases mostram ao outro negociador que existe espaço para concessões. Em vez de "Eu acho que 'y' é um bom preço", use, por exemplo, "'Y' é um preço justo".

▶ Faça uma proposta de acordo com seu desejável, e não com o mínimo ou necessário. Não tenha receio de pedir alto, de correr riscos e de receber um *não*.

Após ter feito sua proposta, não peça a opinião do outro. Simplesmente faça silêncio e espere. Deixe que ele se manifeste.

Com relação às ofertas do outro, nunca aceite a primeira. Pense que ele sempre tem espaço para concessões.

Clarificação

É o momento da compreensão e da resposta à proposta que apresentamos. Essa resposta pode vir sob a forma de concordância e aceitação ou de dúvida, ceticismo, objeção, impasse e uma contraproposta. É o momento das argumentações e contra-argumentações. É a etapa dos ajustes, de superar objeções e impasses e fazer concessões. Impasses e soluções de conflitos serão tratados no Capítulo 21, concessões no Capítulo 22.

Em princípio, os impasses são consequência dos interesses opostos existentes em toda e qualquer negociação. É importante que nesta etapa todos os pontos sejam de entendimento compartilhado, procurando-se evitar que as divergências decorram de falhas de comunicação, e não de questões substantivas. Assim, é necessário evitar falhas de interpretação e comunicação ou desenvolvimento de fatores que possam comprometer ou inviabilizar o acordo.

Ação final

A ação final é o momento da obtenção do acordo. Um bom acordo é aquele em que os interesses legítimos das partes sejam atendidos e que resulta num comprometimento formal e psicológico de cumpri-lo.

Devemos considerar que a efetividade de um acordo (EA) é produto de sua qualidade (Q) por sua aceitação (A), ou seja, $EA = Q \times A$. Assim, de nada adianta qualidade se não houver aceitação e de nada adianta aceitação se não houver qualidade.

Alguns pontos sobre a ação final:

▶ Esteja atento aos sinais de aceitação. Eles mostram que o outro lado está ficando satisfeito com os termos da proposta.

▶ Às vezes, a técnica do fechamento presuntivo é bastante positiva. Neste caso, fala-se e age-se como se o outro já tivesse concordado com o fechamento.

▶ É necessário propor o fechamento do negócio; em várias oportunidades isso não acontece porque o fechamento não é solicitado.

▶ No acordo final devem constar todos os itens da negociação e seus objetivos mínimos ou necessários devem ser atendidos.

▶ A negociação não acaba na ação final, e sim quando o acordo é implementado.

PÓS-REUNIÃO DE NEGOCIAÇÃO: CONTROLE E AVALIAÇÃO

Acordado x realizado

É nesta etapa que o acordo é concretizado. Ela merece uma atenção especial, pois nem sempre o que é combinado é de fato cumprido.

Certa vez, uma empresa fez uma pesquisa de preços para comprar um produto com 24 mil horas de vida útil. Um fornecedor que só tinha produtos com 12 mil horas ganhou a concorrência. Ao ser questionado sobre o fato de ter omitido a verdade, o fornecedor respondeu não estar nem um pouco preocupado, pois o comprador não tinha nenhum controle. Além do mais, quem comprava não era quem utilizava o produto e não havia comunicação interna entre os setores da empresa.

Caso semelhante aconteceu com um pequeno produtor de fusíveis tipo cartucho cujo negócio ia de vento em popa. Seus produtos, embora não fossem de qualidade excelente, eram perfeitamente adequados ao uso e por um preço bastante inferior ao dos concorrentes. Certo dia, ele foi procurado por um representante dos demais produtores para participar de uma reunião, num local extremamente luxuoso. As palavras empregadas eram rebuscadas, não se falava em acordo de cavalheiros, mas sim em *gentlemen agreement*.

Ficou combinado que eles aumentariam os preços, já que havia mercado para todos, mas a diferença relativa existente entre eles seria mantida. Assim, sem sombra de dúvida, os lucros seriam maiores. Entretanto, o negócio do pequeno produtor começou a declinar e ele imaginou tratar-se de uma crise conjuntural. Quando finalmente abriu os olhos, já era tarde. Ele constatou que, embora os preços nominais dos demais produtores tivessem sido efetivamente majorados, eles concediam grandes descontos por fora. Com isso, vendiam produtos de melhor qualidade por preços menores.

Portanto, a primeira função do controle e avaliação é verificar se o acordo está sendo cumprido e, caso haja desvios, tomar as providências necessárias, sejam elas de caráter administrativo, sejam de caráter legal, ou até mesmo tentar uma renegociação.

Aprendizado

Outra função extremamente importante do controle/avaliação de uma negociação é a possibilidade de realizar um aprendizado, seja em termos de capacitação organizacional, do conhecimento das pessoas ou organizações com quem negociamos, seja em termos do desenvolvimento de nossas habilidades de negociação.

A prática é uma grande mestra, mas em termos efetivos nem sempre é tão grande assim porque, para aproveitarmos nossas experiências, há necessidade de conhecer o processo que torna isso possível. Caso se desconheça esse processo, o que acontece efetivamente é que as pessoas acabam cometendo sempre os mesmos erros, e cada vez melhor. Esse processo parte de uma experiência concreta, uma determinada negociação, e tem algumas etapas. Coletar informações de forma neutra, sem avaliações nem julgamentos, não é muito fácil de conseguir. Em geral as pessoas não permanecem neutras diante de fatos, tiram logo conclusões precipitadas, imediatamente julgam e tomam uma posição. Isso faz com que, após a conclusão, se distorça a realidade e, a partir daí, se selecionem somente os fatos que estão de acordo com nosso julgamento inicial. Os fatos que não se ajustam são evitados, negados ou rejeitados. Os fatos colhidos de forma neutra devem ser a matéria-prima para a fase seguinte, que é o processamento desses fatos. E, como em qualquer produção, se a matéria-prima estiver com defeito o produto ficará defeituoso.

Esse método de aprendizagem, conhecido como Processo de Aprendizagem Vivencial, tem as seguintes etapas:

Os Momentos e as Etapas do Processo de Negociação

1. Experiência, isto é, a negociação que será analisada e utilizada como fonte de aprendizado.

2. Coleta de todas as informações relevantes sobre a experiência, adotando-se o princípio do julgamento adiado, em contraposição ao princípio do julgamento precipitado.

3. Processamento das informações, isto é, organização, análise e discussão das informações.

4. Conclusões sobre a experiência específica. Os acertos e os desacertos, nossos pontos fortes e fracos.

5. Generalização, que é a resposta à seguinte pergunta: "Será que o que aconteceu nesta negociação também acontece nas outras negociações que efetuo?" "Quais são as conclusões gerais e os princípios a serem observados nas negociações futuras?"

6. Aplicações, a ponte entre as conclusões e as generalizações e o dia a dia. Isso implica responder à pergunta: "Como nosso dia a dia pode ser enriquecido concretamente e nossa habilidade de negociação desenvolvida?"

O Processo de Aprendizagem Vivencial pode ser feito por uma pessoa, individualmente. Entretanto, ele é bem mais rico e produtivo quando efetuado em grupo.

O cupim comeu 14 centímetros. Imagine os livros na prateleira e observe onde está a primeira página do livro 1 e a última página do livro 4. Você concluirá que o cupim comeu seis capas e dois miolos, ou seja, $6 \times 0,4 = 2,4cm + 2 \times 5,8 = 11,6$. Total: 14 cm.

A fase de orientação corresponde à compreensão e à interpretação da situação. Se você interpretou errado, de nada adianta passar para a fase de desenvolvimento, que são os cálculos.

18

MAIS SOBRE ETAPAS

ENTENDENDO AS ETAPAS DE FORMA DINÂMICA

Numa negociação, as etapas não acontecem de forma linear, sequencial. Pode-se pular uma etapa ou voltar à anterior. A situação determina o que fazer. A figura na próxima página mostra o que pode acontecer: concluída a Preparação, vamos para a Abertura. Na Abertura devemos identificar se podemos prosseguir para a Exploração ou se é melhor não prosseguir, em função de a outra parte não estar num dia adequado, sem tempo, ou por qualquer outra razão. Quando achamos que podemos prosseguir, que o clima está adequado, passamos para a Exploração. Suponhamos ter feito uma pergunta à qual a outra parte respondeu com agressividade, ou mesmo perguntou, de forma hostil: "Por que você quer saber isto?" Isso significa que o clima positivo obtido na Abertura não existe mais e precisa ser recuperado. Portanto, temos de voltar para a Abertura. Assim, se estivermos na Apresentação e percebermos que falta uma informação precisamos voltar para a Exploração. Nesse sentido, existem duas formas de relacionarmos a Exploração e a Apresentação: procura-se fazer uma Exploração tão completa quanto possível, e então se faz a Apresentação; ou se descobre uma necessidade da outra parte e se faz a Apresentação relativa àquela necessidade. E assim sucessivamente, até que os benefícios do que estamos apresentando sejam percebidos como superiores aos custos. Por exemplo, o produto ou serviço que estamos oferecendo tem determinado desempenho que atende à necessidade identificada. Depois se descobre outra necessidade, como determinada cor ou prazo de entrega, e se faz a Apresentação relativa a essa necessidade, e assim por diante.

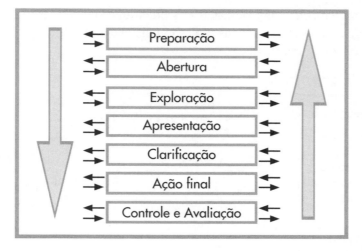

Portanto, devemos entender as etapas não como momentos estáticos, mas como funções, e para isso temos de saber a razão da etapa, por que ela existe e é necessária. Assim, em qualquer etapa que estejamos, se percebermos que uma função anterior precisa ser ativada, voltamos à etapa correspondente. Suponhamos já estar na implementação do acordo, no Controle e Avaliação, e constatar que o acordo não vem sendo cumprido. Nesse caso, precisamos voltar à Preparação para identificar o que fazer e adotar os procedimentos adequados. Entender as etapas é entender suas funções ou sua razão de ser.

MAIS SOBRE A PREPARAÇÃO

A negociação consiste no processo pelo qual se sai de uma situação atual em direção a uma situação futura, caracterizada por dois objetivos. Um é o desejável, o ideal, ou melhor, que acreditamos seja realizável. O outro é o limite, o mínimo que, se não for alcançado, nos fará desistir da negociação. Devemos procurar ver as duas situações, atual e futura, de acordo com três óticas: a nossa, a do outro lado e a de um observador neutro.

Entre os parâmetros essenciais que definem a situação atual devem estar os seguintes: o tempo ou a urgência, os recursos, a situação de poder sob as mais variadas formas, os estilos comportamentais dos negociadores. É necessário também identificar o campo de forças existentes para a passagem da situação atual para a futura. Existem dois tipos de força que precisam ser considerados: as forças impulsionadoras e as restritivas. As forças impulsionadoras levam-nos em direção a nosso objetivo. As restritivas nos impedem. Para cada uma dessas forças precisamos identificar o que fazer, para aproveitar efetivamente as forças impulsionadoras e encontrar formas de neutralizar as restritivas.

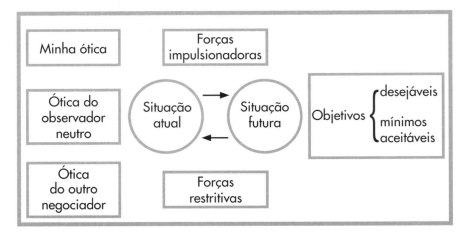

Uma boa forma de verificar a qualidade de uma Preparação é com a ajuda de um Quadro Consolidado de Preparação.

Ele é constituído por três colunas: a primeira refere-se aos momentos da negociação. A segunda trata dos objetivos de cada uma das etapas. A terceira mostra os procedimentos e as alternativas que devemos seguir para atingir os objetivos de cada uma das etapas.

QUADRO CONSOLIDADO DE PREPARAÇÃO		
MOMENTOS DA NEGOCIAÇÃO (1)	OBJETIVOS (2)	PROCEDIMENTOS/ ALTERNATIVAS (3)
Antes da reunião de negociação		
Reunião de negociação — Abertura		
Exploração		
Apresentação		
Clarificação		
Ação final		
Pós-reunião de negociação		

Vejamos como funciona: um dos objetivos da Abertura, por exemplo, é criar um clima propício ao andamento da negociação (coluna 2). A maneira como esse clima será, de fato, criado é do que trata a coluna 3. Isso pode ser feito de muitas maneiras, por meio de determinada piada, conversa sobre futebol, comentários a respeito de uma notícia de jornal — como uma declaração do ministro da Fazenda garantindo que a inflação ou baixa, ou permanece como está ou então vai se elevar —, assuntos familiares e muitos outros. Na Exploração, na coluna 2 anotamos todas as informações que queremos obter. Na coluna 3, os procedimentos que vamos utilizar para obter essas informações.

Para cada uma dessas etapas convém lembrar o Mecanismo Básico do Sucesso, a que já nos referimos no Capítulo 7. É sempre interessante observar que precisamos ter mais de uma forma para alcançar cada um dos objetivos da coluna 2, isto é, ter um grande repertório. Assim, se não conseguirmos de uma maneira, tentamos de outra, até atingir os objetivos de cada uma das etapas.

Outro ponto a observar é se sabemos a diferença entre objetivo e alternativa. Isto permite ter uma visão mais ampla da situação e proporciona mais flexibilidade. Por exemplo, suponhamos que um funcionário de uma empresa negocie com seu superior a necessidade de incluir outro fornecedor. Se nós pensarmos no novo fornecedor como um objetivo (coluna 2), teremos muito menos flexibilidade do que se perguntarmos: "Para que um novo fornecedor?", "Para garantir o suprimento". Assim, o novo fornecedor passa a ser uma das alternativas para garantir o suprimento, e não um objetivo em si mesmo.

SOBRE O DESENVOLVIMENTO DA HABILIDADE DE PREPARAÇÃO

O desenvolvimento da habilidade de preparação da negociação costuma acontecer segundo três fases.

Fase 1

Típica dos negociadores iniciantes, que tiveram algum tipo de treinamento em vendas, sobretudo como superar objeções ou então em argumentação e debate.

Nesta fase o negociador orienta seu esforço de preparação pensando nas maneiras de persuadir a outra parte a aceitar sua posição, sem ter a menor

NEGOCIAÇÃO TOTAL

consideração com ideias, posições e interesses do outro lado. Importa-se só com seus argumentos. O negociador que está nesta fase gostaria de ser um hipnotizador, para fazer com que a outra parte se submetesse inteiramente à sua vontade. Na prática, esse tipo de planejamento leva ao conflito e à conscientização de que numa negociação existe também outro lado, capaz de apresentar não só contra-argumentos mas também propostas surpreendentes, que desconcertam o negociador da Fase 1.

Fase 2

Aqui o negociador está consciente de que a outra parte tem interesses, posições e propostas. Portanto, sua preparação consiste não apenas em desenvolver sua argumentação e as possíveis contra-argumentações à sua proposta como também em antecipar as possíveis propostas da outra parte.

O negociador sabe que é necessário um árduo trabalho para vender sua proposta e, ao mesmo tempo, é preciso estar preparado para proteger-se de qualquer proposta da outra parte. Assim, ele não compreende e rejeita todos os benefícios que a proposta do outro possa lhe trazer. Essa é uma preparação para o conflito. Para a queda-de-braço. Para derrotar a outra parte. É como se fosse luta de mocinho e bandido. O negociador Fase 2 é, claro, o mocinho que pretende dar uma tremenda surra no bandido.

Se na fase anterior o desejo do negociador era ser um grande hipnotizador, agora ele quer ser um grande mocinho. Acontece que o outro negociador também pode achar que é o mocinho.

Em suma, isso é o que se pode chamar de preparação para o conflito máximo. E é muito provável que isso seja realmente obtido. Teremos um jogo de poder. Essa forma de negociar se chama barganha de propostas. A maioria dos negociadores não costuma desenvolver suas habilidades além dessa fase. Apenas uma minoria prossegue em direção à fase seguinte. Os negociadores das fases 1 e 2 têm como princípio levar vantagem em tudo.

Fase 3

Na Fase 3 a orientação muda radicalmente. A preocupação passa a ser com os interesses, sejam eles comuns, complementares, neutros ou opostos, e com a formulação de alternativas que lhes atendam. O objetivo desse enfoque é lembrar que os negociadores não são inimigos, apesar das divergências, mas pessoas trabalhando para resolver um problema comum ou encontrar oportunidades mutuamente atraentes. Nesta fase, o negociador tem consciência dos prováveis conflitos e de suas consequências. Por isso, um bom tempo da preparação é gasto na procura do terreno comum, em encontrar formas de introduzir os diversos aspectos desse terreno na negociação e em como esta poderá ser desenvolvida considerando-se esses aspectos.

Esses pontos comuns se referem não apenas a aspectos de ambas as propostas mas igualmente a outros assuntos, como a história passada de sucessos compartilhados, metas semelhantes etc. O que se quer evitar é a polarização, a separação nós/eles. Quando há polarização, cada uma das partes costuma apegar-se cegamente a suas posições e seus argumentos, resultando em conflitos contraproducentes, que acabam tornando as negociações extremamente penosas.

Negociar dessa forma é mais fácil e satisfatório do que tentar estabelecer um acordo a partir de antagonismos.

A questão é saber se o terreno comum sempre existe. Provavelmente sim, na grande maioria dos casos, embora muitas vezes possa ser bastante difícil encontrá-lo.

Portanto, o negociador Fase 3 prepara-se dentro do seguinte esquema: minha posição/terreno comum/posição da outra parte.

Para isso é fundamental que tenhamos pelo menos duas habilidades.

A primeira é saber determinar com clareza quais são nossos objetivos e não confundi-los com as alternativas ou os meios de que dispomos para alcançá-los.

Isso parece óbvio, mas na prática a distinção nem sempre é muito fácil, porque frequentemente o que representa fim para uns pode ser meio para outros, ou o que é fim para uma etapa é o meio para chegar à etapa seguinte.

A melhor maneira de evitar essa confusão é perguntar constantemente para que estamos negociando e, a cada resposta, perguntar novamente para que, até que a pergunta perca o sentido. Quando chegamos a esse ponto descobrimos nosso verdadeiro objetivo.

A outra habilidade é saber formular alternativas que, a partir do terreno comum, sejam boas para ambas as partes. Para isso é necessário ser bastante criativo e empregar, inclusive, as técnicas do *brainstorming*.

Saber preparar uma negociação é uma habilidade fundamental que se adquire, sobretudo, a partir de um longo aprendizado, no qual inevitavelmente passaremos pelas três fases apresentadas e aquilo que pensamos sobre nós gradativamente coincide com aquilo que efetivamente somos, uma consciência perfeita da fase de desenvolvimento em que realmente nos encontramos.

A ADMINISTRAÇÃO DO TEMPO

Para negociar bem é necessário administrar o tempo com propriedade. E isso é válido sobretudo para a preparação. São bastante comuns dois tipos de desculpa para não fazer bem uma preparação: uma é falta de tempo, a outra é que a negociação foi imprevista e, portanto, inviabilizou a preparação. Quanto à negociação, podemos afirmar que existem dois tipos de preparação: a específica, quando se sabe com antecedência quem é a pessoa e qual é o assunto da negociação, e a não específica, quando não se sabe exatamente com quem se vai negociar. A preparação não específica é semelhante à de um bombeiro. Ele tem de estar pronto para apagar incêndios, não importa onde. Não tem cabimento um incêndio não ser apagado com a alegação de que não foi previsto. Na negociação é a mesma coisa. Há uma série de procedimentos válidos que estão presentes em todas as negociações.

Com relação à falta de tempo, o mais provável é que tenha sido mal administrado. Para administrá-lo com eficiência, é necessário levar em conta dois parâmetros: a urgência e a importância, conforme mostrado na figura abaixo:

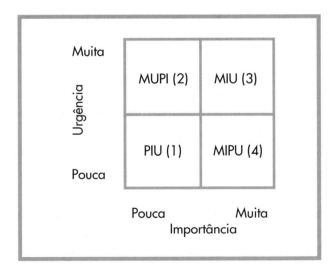

O que fazemos pode ter muita ou pouca urgência e muita ou pouca importância. Assim, nosso tempo é alocado segundo quatro grandes áreas: a área das coisas que fazemos e não são importantes nem urgentes (PIU); depois vem a área do muito urgente e pouco importante (MUPI). Urgência significa a pressão que sofremos para fazer alguma coisa, que tanto pode ser externa, através de outras pessoas, quanto interna, uma necessidade própria de fazer alguma coisa. Muitas vezes somos solicitados a fazer coisas com a máxima urgência que não têm a menor utilidade. Às vezes, nós mesmos somos impulsionados, pressão interna, para coisas que também não ajudam em nada.

A área 3 é da muita importância e urgência (MIU). Se gastamos muito tempo com essa área devemos lembrar que existe algum problema com nosso trabalho. Ou nosso método de trabalho é inadequado, ou não dimensionamos o volume de trabalho. Às vezes, pode ser alguém que joga todo o seu trabalho em nossas costas. De qualquer forma, quem despende grande parte do tempo nessa área está sempre apagando incêndios e sendo reativo. Tem pouco tempo para pensar, o que faz com que sua atuação possa agravar os problemas, em vez de solucioná-los.

Finalmente, a área 4, de muita importância e pouca urgência (MIPU), é a da preparação e do desenvolvimento pessoal. Se não conseguirmos alocar tempo nessa área, sempre teremos a justificativa de que não foi possível preparar nossa negociação. Mas para quem quer ser proativo, antecipar os acontecimentos, resolver os problemas aos primeiros sinais, isto é, apagar o incêndio no começo, e não depois que ele tomou conta de toda a floresta, essa área é de capital importância.

19

ESTRATÉGIAS E TÁTICAS DE INFORMAÇÃO, TEMPO E PODER

*E*stratégia é uma palavra com muitos significados. Assim, sempre que ouvirmos falar em estratégia, convém procurar entender de que maneira a palavra está sendo utilizada. Vamos considerar dois significados para estratégia: estratégia de negócio e estratégia de negociação. A estratégia de negócio faz parte da Área Conhecimento do Negócio do MIN —Modelo Integrado de Negociação, apresentado no Capítulo 3. Portanto, refere-se ao objeto ou assunto da negociação — um negócio, uma relação familiar ou as próximas férias. Define os objetivos pretendidos sob uma perspectiva mais ampla. A estratégia de negociação faz parte da Área Processo de Negociação, a maneira como vamos negociar, uma vez definidos nossos objetivos. Podemos fazer uma analogia com a formação profissional. A estratégia de negócio corresponde à escolha de uma profissão, como Engenharia, Medicina, Psicologia. A estratégia de negociação está relacionada ao que faremos para nos formar, depois de escolher determinada carreira.

Certa vez, dois sócios romperam a sociedade que tinham em duas lojas. O sócio que negociava bem ficou com a melhor loja. Poucos anos depois, com a construção do metrô, a pior loja ficou exatamente numa das saídas da estação, transformando-se num ótimo ponto, e se tornou melhor do que a outra. A estratégia de negócio está ligada à escolha da loja. A estratégia de negociação, aos procedimentos adotados para obter a loja que se quer.

A ESTRATÉGIA DE NEGÓCIO

A estratégia de negócio é, portanto, o ponto de partida. Se for mal elaborada, pode-se fazer uma ótima negociação e um mau negócio, assim como alguém pode cursar com ótimas notas Medicina e só ao final descobrir que gostaria de ter feito Administração ou Informática.

Vários exemplos podem esclarecer melhor essa questão. Uma empresa faz uma compra extremamente boa de produtos, mas não consegue revendê-los e eles acabam ficando encalhados. Outra empresa faz uma ótima compra, mas recebe produtos de qualidade inferior e vida útil menor do que o combinado. Alguém consegue um ótimo desconto numa viagem para Cancún, mas então descobre que gostaria mesmo era de ir a Paris. A mesma coisa acontece a quem vende. De nada adianta fazer uma ótima venda para um cliente que venha a se tornar inadimplente.

É a estratégia de negócio que define se vamos ou não negociar, o que vamos negociar, com quem vamos negociar, se vamos buscar aliados e quais serão esses aliados. Os supermercados, por exemplo, quando vendem, não costumam negociar, os preços já estão estabelecidos. Mas quando compram eles negociam bastante. Seus lucros costumam vir das boas compras.

Portanto, se a estratégia de negócio estiver equivocada de nada adianta negociar bem. Negociação é o processo de alcançar objetivos. Se os objetivos forem equivocados, a capacidade de negociar apenas fará com que se feche com competência um mau negócio.

Quem não conhece seu negócio não sabe o que é uma boa negociação e um dos pontos fundamentais do conhecimento do negócio é a estratégia de negócio. Essa estratégia é baseada no Quadrilátero Estratégico, apresentado anteriormente no Capítulo 10, "O que É Conhecer o Assunto ou o Seu Negócio?". Entre os instrumentos utilizados no planejamento estratégico estão a Matriz de Pontos Fortes e Pontos Fracos, que correspondem ao calcanhar-de-aquiles dos negociadores, e o Quadro de Ameaças e Oportunidades. Esses instrumentos, originários do planejamento estratégico, podem ser muito úteis na negociação, conforme veremos a seguir.

A ESTRATÉGIA DE NEGOCIAÇÃO

A estratégia de negociação deve começar com o entendimento amplo da situação e com a organização das informações. E isso pode ser feito com a utilização da Matriz de Pontos Fortes e Pontos Fracos, a que já nos referimos anteriormente, no Capítulo 17, "Os Momentos e as Etapas do Processo de Negociação".

O próximo passo consiste na construção do Quadro de Ameaças e Oportunidades e dos procedimentos que devemos adotar para enfrentar as ameaças e aproveitar as oportunidades, ou seja, as estratégias e as táticas de negociação propriamente ditas. O Quadro de Ameaças e Oportunidades tem duas colunas. Na primeira estão relacionadas as oportunidades, em ordem de importância. Na segunda, as ameaças.

Existem quatro princípios estratégicos a ser considerados:

▷ As estratégias e as táticas referem-se a informação, tempo e poder. A informação é a matéria-prima básica da negociação. Toda negociação ocorre no tempo e é um jogo de influências, de poder.

▷ Estratégias e táticas estão relacionadas às etapas da negociação. Tudo o que acontece numa negociação faz parte de alguma etapa.

▷ Uma tática percebida a tempo pode ser neutralizada. Existem negociadores que são previsíveis e usam as mesmas táticas constantemente.

> ▶ O bom negociador dispõe de um repertório de táticas. Isso significa mais flexibilidade e maior probabilidade de alcançar objetivos.

A estratégia de informação

Toda negociação implica decisão. Se as informações que temos forem boas, nossa decisão terá grande probabilidade de ser a acertada. A estratégia de informação visa identificar quais informações devemos obter, quais devemos dar e quais devemos negar. Como faremos isso será definido pelas táticas.

Comenta-se que, durante o movimento militar de 1964, em determinada ocasião os assuntos das reuniões do Alto Comando vazavam e eram publicados por um jornalista. Dizem que essa história é verídica e teve o seguinte desdobramento. Em uma dessas reuniões, foi distribuído um documento tratando de um assunto extremamente importante. No dia seguinte, o jornalista publicou uma matéria contando sobre a reunião e o documento. O jornalista foi desmentido, mas continuou escrevendo. Então, argumentou-se que ele não poderia provar o que estava escrevendo. Para provar que não estava mentindo, o jornalista publicou um fac-símile do documento, mas ele não sabia que em cada um dos documentos distribuídos havia uma frase ligeiramente diferente, que indicava a pessoa que o havia recebido. Com isso, contribuiu para identificar quem estava dando as informações.

Em termos de estratégias e táticas, para o Alto Comando, a questão é a seguinte:

Estratégia: qual informação precisamos saber, ou seja, quem está dando as informações?

Tática: como descobrir quem é o responsável pelo vazamento de informações.

Quando se trata de informação, precisamos levar em conta alguns princípios. Entre eles, os seguintes:

> ▶ Deve-se sempre buscar a forma mais adequada de dar a informação. Suponhamos que você vá a uma quitanda comprar um quilo de feijão. O vendedor pode proceder de duas formas ao pesar o feijão. Uma delas consiste em colocar mais de um quilo na balança e ir tirando o excesso aos poucos, até chegar a um quilo. A outra forma consiste em colocar menos de um quilo e ir acrescentando pouco a pouco até chegar a um quilo. Não importa qual seja a forma adotada, teremos no final um quilo de feijão. Mas, com certeza,

você sentirá emoções diferentes. Na primeira, uma sensação de perda. Na segunda, de ganho.

▷ Em toda informação há forma e conteúdo, o presente e a embalagem do presente. Há quem se impressione mais com a embalagem do que com o conteúdo.

▷ As informações relevantes estão relacionadas ao MIN — Modelo Integrado de Negociação, ao tempo e ao poder. De qualquer forma, é necessário entender que nem toda informação é poder. Há muita informação equivocada e contra-informação. Portanto, é preciso separar o joio do trigo.

▷ A informação, para ser entendida, deve ser formulada na linguagem do receptor.

▷ Utilizar instrumentos que impactem todos os canais sensoriais: visual, auditivo e cinestésico.

▷ Informações privilegiadas são extremamente importantes e de conhecimento restrito. Exemplo: conhecer lucros ou prejuízos de uma empresa antes que o balanço tenha sido publicado. Descobrir que um grande investidor está pagando suas operações com cheques sem fundos, antes que isso seja do conhecimento do mercado. Saber, em primeira mão, que o governo fará um grande empreendimento numa região desvalorizada. Conhecer os custos fixos ou a cotação de determinada empresa para determinado cliente. As informações privilegiadas têm de ser utilizadas enquanto são privilegiadas. Quando caem no domínio público, perdem o poder de impacto.

▷ Não se pode ser, simultaneamente, receptivo e emissivo, isto é, não se pode falar e ouvir ao mesmo tempo.

▷ Existem palavras e frases genéricas e específicas. As genéricas são utilizadas por hipnotizadores e políticos. "Você vai sentir uma sensação de bem-estar", "Isso é para o bem de todos e felicidade geral da nação", "O brasileiro gosta de Carnaval". Para fugir da hipnose é preciso especificar. "O que se quer dizer com sensação de bem-estar?", "O que é felicidade geral da nação?", "Que porcentagem de brasileiros gosta de Carnaval?"

ESTRATÉGIAS E TÁTICAS DE INFORMAÇÃO, TEMPO E PODER

▶ Existem palavras e frases descritivas e avaliativas. Palavras descritivas: o carro é amarelo e tem quatro portas. Palavras avaliativas: é um ótimo carro. Caso você tenha trocado o farol de seu carro e ele não esteja funcionando direito, o descritivo será: "O farol alto não está funcionando". E o avaliativo seria: "Esta oficina só tem incompetentes". Ou: "Estão querendo me roubar". As palavras avaliativas podem causar rejeição, defesa e afastamento. Portanto, devem ser usadas com cautela e no momento apropriado. Assim, ao começar sua argumentação, apresente os fatos de forma lógica e racional. Só depois considere avaliações e conclusões.

▶ A não revelação total não corresponde à tática suja, ou ganha/perde. Pode-se omitir, desde que isso não descaracterize a realidade.

▶ As mentiras baseadas na estatística e/ou na matemática são as mais perigosas. Segundo Disraeli, há três espécies de mentira: mentiras, mentiras descaradas e estatísticas. Há algum tempo Darrell Huff publicou um livro com o título *Como Mentir com Estatísticas*.

▶ O bom negociador sabe buscar e solicitar informações e reconhecer quando as respostas estão corretas.

A estratégia de tempo

O tempo é outra variável extremamente importante numa negociação.

Nas Conversações de Paz para pôr fim à Guerra do Vietnã, em 1968, os americanos acreditavam que as negociações seriam rápidas e alugaram apartamentos, por uma semana, num dos melhores hotéis de Paris. Os norte-vietnamitas, ao contrário, alugaram uma casa nos arredores da cidade por dois anos. Só para definir o formato da mesa de negociação foram gastos oito meses. Os americanos e os sul-vietnamitas desejavam um arranjo em que somente dois lados fossem identificados. Eles não queriam reconhecer a Frente Nacional de Libertação como uma parte igual na negociação. Mas os norte-vietnamitas e a Frente Nacional de Libertação exigiam *status* igual para todas as partes, representado por uma mesa retangular. Finalmente, decidiu-se utilizar uma mesa redonda. Eles tinham perspectivas temporais distintas. Os norte-vietnamitas já vinham lutando havia muitas dezenas de anos contra chineses, japoneses e franceses, e um ou dois anos a mais ou a menos não fariam muita diferença. Para os negociadores americanos, havia a pressão interna da opinião pública para o término da guerra; além disso, era

NEGOCIAÇÃO TOTAL

ano de eleição, e o presidente Lyndon Johnson queria uma solução rápida para o problema. Essa diferença de perspectiva temporal foi um enorme trunfo para os norte-vietnamitas.

Os Princípios de Tempo mais importantes são os seguintes:

- ▶ Sempre temos um prazo para fechar uma negociação e o prazo-limite força uma decisão. É importante saber que esse prazo pode ser resultado de uma pressão real ou psicológica.

- ▶ O tempo gasto numa discussão costuma ser inversamente proporcional à sua importância (Lei de Parkinson).

- ▶ Em geral, as pessoas administram mal o tempo e costumam adiar a decisão até o fim do prazo-limite, deixando tudo para a última hora.

- ▶ As principais concessões tendem a ser feitas quando se aproxima o prazo-limite.

- ▶ O prazo-limite pode ser negociado. Portanto, é necessário procurar saber se o prazo-limite é real ou se há alguma pressão psicológica, ou limitação de percepção, que impede sua ampliação. De qualquer forma, é importante lembrar que o bom é inimigo do ótimo, ou seja, é preferível alguma coisa boa no prazo a uma ótima fora do prazo.

- ▶ As pessoas têm um tempo de aceitação. Se queremos apresentar uma nova ideia ou convencer alguém de alguma coisa, devemos levar em conta que as pessoas têm um tempo de elaboração e assimilação, e esse processo não é instantâneo. Muitas vezes a pessoa precisa ser exposta várias vezes a uma mesma ideia para aceitá-la.

- ▶ Negociações rápidas são perigosas. As negociações por telefone são um exemplo disso, sobretudo quando o telefonema nos apanha despreparados.

- ▶ Negociações curtas acontecem quando há grande aceitação e certeza.

- ▶ Negociações longas ocorrem quando há incerteza, insegurança e ambiguidade.

- ▶ O tempo ótimo de negociação é aquele que maximiza a relação benefício/custo, sendo que o custo neste caso é o tempo.

> A negociação só acaba depois de cumpridas duas etapas: a etapa da ação final, ou seja, a formalização do acordo, e a etapa relativa ao controle e avaliação, isto é, ao cumprimento do que foi acordado. Portanto, é preciso ter cuidado para evitar surpresas de última hora.

A estratégia de tempo está vinculada aos Princípios de Tempo, ao momento apropriado e à perspectiva temporal dos dois lados. O momento apropriado diz respeito ao tempo certo das coisas. Há um tempo para plantar e um tempo para colher. Antes do tempo certo para colher a fruta está verde. Depois, estragada. A perspectiva temporal tem relação com os prazos-limite para fechamento. Podemos considerar as possibilidades de fechamento como de curto, médio e longo prazo. A grande questão é: temos mais ou menos tempo do que o outro lado? Nossos prazos-limite podem ou não ser modificados? As táticas referem-se à forma de agir tendo em vista os Princípios de Tempo, o momento apropriado e a perspectiva temporal de cada um dos lados.

A estratégia de poder

Toda negociação implica em influências recíprocas, isto é, num jogo de poder. Identificar o balanço de poder entre as partes e saber usar, da melhor maneira possível, o próprio poder faz a diferença. Assim, conhecer as fontes de poder é o ponto de partida. Como já vimos anteriormente, existem dois tipos de poder: o poder pessoal, ou poder interno, e o poder que temos em função de elementos ou fatores externos. O poder não é fruto do acaso, é decorrente de investimentos que fazemos para mantê-lo e ampliá-lo. Esses investimentos podem ser relativos a aspectos pessoais ou a fatores externos. As fontes de poder são as seguintes:

A) Poder pessoal

Além do que tratamos no Capítulo 4, "O Poder Pessoal", devemos considerar os seguintes elementos:

1. Características pessoais

- Atitude mental. Ter expectativas positivas para lutar pelo objetivo desejável, e não pelo mínimo ou limite.
- Persistência. A persistência inteligente, relacionada à oração da sabedoria: "Senhor, dai-me forças para mudar o que pode ser

mudado, paciência para aceitar o que não pode ser mudado e sabedoria para distinguir uma coisa da outra".

- Flexibilidade. Deve ser associada à persistência e lembrar o que foi abordado no Capítulo 7, "O Mecanismo Básico do Sucesso".

- Capacidade de aceitar e correr riscos de forma adequada e de agir. Negociação significa risco e ação. Quem não quiser correr nenhum tipo de risco dificilmente conseguirá qualquer resultado mais significativo. É o caso de alguém que pretende comprar uma casa, mas não quer correr nenhum risco de perdê-la. Essa pessoa acaba pagando o preço solicitado pelo vendedor. Num outro extremo está a pessoa que corre riscos absurdamente altos, do tipo tudo ou nada. A probabilidade de acabar em nada é muito grande. Correr riscos moderados e desafiantes é o que acontece com os negociadores de sucesso.

- Capacidade de persuasão. Toda persuasão significa transmitir mensagens impactantes que alterem a percepção de quem as recebe. Nesse sentido, é sempre conveniente considerar que a percepção é a chave do comportamento. As pessoas comportam-se de acordo com a realidade percebida, e não de acordo com a realidade chamada objetiva.

- Habilidade para utilizar o binômio recompensa/punição de uma forma ampla, visando a interesses, necessidades, desejos, expectativas, valores, crenças e temores dos demais negociadores. Diversas coisas podem se encaixar nessa categoria, até um simples elogio.

2. Competência em termos de conhecimentos/habilidades do MIN — Modelo Integrado de Negociação

- Conhecer o seu negócio sob as mais distintas óticas: técnicas, jurídicas, econômicas e financeiras.

- Habilidade de relacionamento para manter o *rapport* e obter identificação, isto é, o sentimento de *nós,* e negociar tendo em vista o estilo comportamental do outro negociador.

- Processo de negociação, ou seja, a capacidade de dominar a sequência a ser seguida na negociação.

B) Poder externo

Existem várias formas de poder, entre elas as seguintes:

▷ Legitimidade. É o chamado poder legal, relativo a leis, regulamentos e normas. O poder que alguém tem por ocupar determinado cargo numa organização inclui-se nessa categoria. Podem também ser incluídos nessa categoria as tabelas de preços de uma empresa ou mesmo os preços escritos nas mercadorias de uma loja. São coisas que dão legitimidade à posição do negociador e, consequentemente, permitem sustentá-la.

▷ Alternativas. Quem não tem alternativas fica numa posição de fragilidade ou na total dependência da outra parte. Em 1988, a Wrather Corporation, quando estava negociando a venda de seu Hotel da Disneylândia para a Walt Disney, foi ameaçada de um aumento brusco nas tarifas do monotrilho que liga o hotel ao parque da Disney. Como não dispunha de alternativa de transporte para o parque, ela teve de efetuar a venda por um preço menor do que o esperado. Existem dois tipos de alternativa: um refere-se às alternativas relativas à própria proposta, como preço à vista ou a prazo. Outro refere-se a outras pessoas ou empresas com quem se pode negociar, isto é, aos concorrentes das empresas ou às pessoas com quem estamos negociando. Uma alternativa muito importante é a MADI, Melhor Alternativa Disponível no caso de um Impasse. Quanto melhor a MADI de um negociador, mais forte ele está na mesa de negociação.

▷ Precedente. Refere-se à força do passado. De uma forma ou de outra, as pessoas acabam, mesmo quando não deviam, prendendo-se muito ao passado. Daí a expressão "em time que está ganhando não se mexe". A utilização dessa força de inércia pode trazer bons dividendos. Outra forma é recorrer a atos praticados anteriormente. Exemplo: revelar ao vendedor o preço que deu na negociação com outra empresa.

▷ Relacionamentos e associações. Os relacionamentos e associações, quando bem trabalhados e positivos, são uma força muito útil para o bom desfecho de uma negociação. Caso contrário, podem trazer fragilidade e vulnerabilidade. Esses relacionamentos e associações às vezes implicam outros negociadores, os parceiros que não estão na mesa de negociação e nossa própria equipe. Uma equipe desarticulada pode transformar-se num verdadeiro desastre.

NEGOCIAÇÃO TOTAL

▷ Recursos materiais. Dispor de recursos, como uma boa infra-estrutura, é básico para o êxito de uma negociação, sobretudo as mais complexas.

C) Aspectos ligados ao outro negociador

Quando se fala de poder e influência é sempre conveniente lembrar que o ser humano age com o intuito de buscar alguma coisa ou visando evitar alguma coisa. Essa atitude se assemelha ao princípio do prazer e da dor. Buscar prazer, evitar dor. Ou, em termos da relação benefício/custo, aumentar os benefícios e diminuir os custos. E todo processo de influência, de uma forma ou de outra, tem a ver com isso. Outro ponto que devemos levar em conta está relacionado às dimensões do *iceberg* comportamental, que são percepções, expectativas, desejos, emoções, sentimentos, metaprogramas, valores, crenças e necessidades, cujo conjunto ajuda a identificar os interesses de cada negociador. E o que se visa obter do outro negociador é:

▷ Aceitação de nossas ideias, posições e soluções.

▷ Compromisso com o que ficar acordado.

O estudo das fontes e do balanço de poder de cada um dos lados na negociação constitui a estratégia de poder. O que vamos estabelecer, tendo em vista as conclusões deste estudo, são as táticas.

LIGAÇÃO ENTRE ETAPAS E ESTRATÉGIAS E TÁTICAS

No Quadro Consolidado de Preparação, apresentado no capítulo 18, "Mais sobre Etapas", observamos que é preciso considerar os objetivos de cada etapa e os procedimentos ou alternativas para alcançar esses objetivos. As estratégias devem ser consideradas na segunda coluna, ligadas aos objetivos de cada etapa, e as táticas na terceira coluna, ligadas aos procedimentos/ alternativas. Portanto, as táticas são meios de alcançar os objetivos e estratégias de cada etapa. Assim, as estratégias estão ligadas aos objetivos e devem ser planejadas antes das táticas.

Um comerciante de material escolar estava vendendo um produto recém-lançado em pequenas cidades do interior. No lugar dele, o que você

QUADRO CONSOLIDADO DE PREPARAÇÃO		
MOMENTOS DA NEGOCIAÇÃO (1)	OBJETIVOS (2) E ESTRATÉGIAS	PROCEDIMENTOS/ ALTERNATIVAS (3) E TÁTICAS
Antes da reunião de negociação		
Reunião de negociação — Abertura		
Exploração		
Apresentação		
Clarificação		
Ação final		
Pós-reunião de negociação		

faria para convencer o dono da loja a comprar seu produto? Pense um momento antes de continuar a leitura.

Agora que você já encontrou sua forma, saiba que essa é uma das muitas possibilidades ou alternativas existentes. O vendedor em questão fazia o seguinte: em cada cidade onde chegava contratava dez meninos para ir à loja perguntar pelo material que ele estava vendendo. Depois que o dono da loja dizia dez vezes que não tinha o que os meninos queriam, adivinhe quem aparecia na loja de material escolar? Acertou. O vendedor.

O que deve ser entendido em termos de táticas é que existe um número infindável delas. O limite é o limite da imaginação. Quanto ao Quadro Consolidado de Preparação temos o seguinte: na etapa de preparação da visita, o objetivo do vendedor era despertar o interesse do dono da loja de material escolar. Como fazer isso é a tática de poder ou de influência que ele adotou, que foi mandar os meninos à loja procurar pelo material. Procedimentos ou táticas iguais aos desse vendedor são utilizados das mais diversas maneiras, tanto por vendedores quanto por compradores.

COMO MONTAR TÁTICAS

As pessoas que usam táticas de forma planejada costumam percorrer quatro passos. Primeiro, definem o que querem dentro de determinada etapa. A

NEGOCIAÇÃO TOTAL

seguir, pensam nas possíveis táticas para alcançar aquele objetivo e escolhem a mais adequada. O terceiro passo é imaginar os possíveis impactos da tática no outro lado e as possíveis respostas que receberão. Finalmente, elas pensam no que farão com cada uma das possíveis respostas da outra parte. Se com essa simulação considerarem que podem alcançar o objetivo, significa que a tática escolhida foi a acertada. Se identificarem dificuldades, buscam outra tática.

Vamos exemplificar esse procedimento contando o que aconteceu numa negociação entre um grupo brasileiro e um grupo estrangeiro. Os brasileiros estavam vendendo e os estrangeiros, comprando. Depois de alguns dias de negociação, os estrangeiros quiseram saber se os brasileiros já haviam concedido tudo o que poderiam, isto é, se já haviam chegado ao preço mínimo. Em planejamento de tática, o procedimento é o seguinte:

1. **Objetivo:** saber se os vendedores haviam chegado ao preço mínimo.

2. **Tática:** surpresa final, a forma como isso foi feito. Os estrangeiros deram a entender que o negócio estava fechado e no dia seguinte formalizariam o acordo. Na reunião de formalização, disseram que só poderiam fechar caso os brasileiros dessem um desconto de mais 30%.

3. **Possíveis respostas dos brasileiros:** se ainda pudessem fazer uma concessão, com certeza fariam, ou dariam sinais de que continuariam a negociação. Nesse caso, como já haviam feito todas as concessões possíveis, retiraram-se das negociações de forma irada e intempestiva, dando o negócio por terminado e perdido.

4. **Resposta à reação dos brasileiros:** este quarto passo é extremamente importante, do contrário, o tiro pode sair pela culatra. Era do interesse do grupo estrangeiro que o negócio fosse fechado. Ele já tinha a informação que desejava, isto é, que havia obtido a concessão máxima. Quando os brasileiros chegaram, foram surpreendidos ao ser recebidos pelos diretores, que não entenderam muito bem a reação de seus negociadores. Os estrangeiros, japoneses, telefonaram para os diretores sem compreender a reação intempestiva dos vendedores, talvez devido a um problema de comunicação ou de diferenças culturais. Mas os japoneses, num sinal de boa vontade, iriam formalizar o acordo. O procedimento

japonês foi um entre os muitos possíveis para tentar saber o limite do outro negociador. Foi utilizada a tática da surpresa final, isto é, fazer uma grande exigência no momento em que o outro lado acreditava que a negociação já tinha sido fechada. Mas, com a retirada do grupo brasileiro, ficaram cientes de que haviam chegado ao limite. Do contrário, com certeza teriam ouvido algo do tipo: "A 30% não podemos chegar, mas 5% seria possível se..." Assim, fizeram a negociação sabendo que tinham obtido tudo o que era possível.

Táticas desse tipo são utilizadas várias vezes e é preciso estar preparado para elas. Uma boa forma de preparação é construir uma boa MADI, a Melhor Alternativa Disponível no caso de um Impasse. A tática utilizada na negociação acima, como veremos adiante, é uma tática ganha/perde.

INFORMAÇÃO

Táticas ou procedimentos para obter informação

▷ **Perguntar.** Saber perguntar é um dos principais procedimentos ou táticas de informação. Os bons negociadores perguntam mais do que o dobro do que os negociadores comuns. Para perguntar bem é preciso levar em consideração três coisas: 1. o que se quer saber; 2. como saber; 3. qual é a aplicação ou utilização da informação. As perguntas podem ser feitas em todas as etapas da negociação. Desde a abertura — "Como vai?" — até o fechamento — "Quer cinquenta ou cem unidades?" Existem dois tipos de pergunta: abertas, cujas respostas são mais longas, por exemplo: "Quais são suas impressões sobre o momento atual?" As perguntas fechadas, ao contrário, demandam respostas secas: é, não é, sim, não. Exemplo: "Você acha que a inflação vai continuar estável?" É conveniente começar utilizando perguntas abertas.

▷ **Mudança de perspectivas.** É também uma pergunta com a seguinte formulação: "O que você faria se estivesse em meu lugar?" O objetivo é levar o outro lado a ver a situação por nossa ótica. De qualquer forma, é preciso estar preparado para uma resposta do tipo: "Eu faria justamente o que estou fazendo". Neste caso, você deve responder que acredita que ele não esteja vendo a situação por sua ótica.

NEGOCIAÇÃO TOTAL

▷ **Simulação de cenários** (e se...). Formulam-se vários cenários como preço à vista ou a prazo. A utilização do *e se* é a seguinte: "E se eu comprasse cinquenta unidades, qual seria o preço?" "E se comprasse cem unidades?" "E se comprasse duzentas unidades?", e assim sucessivamente. O objetivo é obter informações que não seriam dadas com uma pergunta direta. Assim, alguém que de fato só está querendo comprar cinquenta unidades obtém o preço unitário de duzentas e, com base nesse preço, procura comprar as cinquenta unidades.

▷ **Balão-de-ensaio.** Também conhecido como "jogar verde para colher maduro" e "se colar colou". Tem várias utilizações, inclusive, na política. Os políticos, quando querem saber a reação a alguma proposição, lançam um balão-de-ensaio para verificar se a proposta terá ou não aceitação. Só a lançam efetivamente se o balão-de-ensaio obtiver resposta positiva. Outros exemplos: "Você tem de fazer melhor do que isso (ou: "Eu sei que você pode fazer melhor do que isso"). Na negociação com a empresa Gama, você fez um preço menor". Isso é dito sem que se saiba qualquer coisa a respeito do preço praticado na outra negociação. Ou: "Estou certo de que você pode me oferecer melhores condições ou me vender mais barato".

▷ **Informação privilegiada.** No exemplo anterior, se o negociador souber efetivamente o preço, a tática deixou de ser balão-de-ensaio para ser informação privilegiada.

▷ **Comparação de alternativas.** Formulam-se várias alternativas e se apontam os pontos positivos e negativos de cada uma delas, ou se pede para que o outro lado o faça. Dessa maneira, pode-se ter várias informações sobre necessidades e desejos, bem como restrições ou mesmo conhecimento do assunto.

▷ **Especificação.** Fazer especificações, como a decomposição de custos (*cost breakdown*), é uma boa orientação para compradores, sejam de bens materiais, sejam de serviços.

Táticas para fornecer informações (ou negar, total ou parcialmente)

▷ **Informações parciais.** Não fornecer todas as informações. A não revelação total de informação pode ser perfeitamente lícita, desde que não comprometa o entendimento do que é essencial na questão da negociação.

▷ **Dissimulação.** São táticas para esconder alguma coisa. O chamado boi de piranha é uma espécie de exemplo do que isso quer dizer. Um boi é sangrado num local, no rio, para que as piranhas se ocupem em devorá-lo enquanto a manada atravessa por outro caminho. Outra forma de dissimulação é dar a entender que se quer uma coisa quando na realidade se quer outra.

▷ **Confusão.** A tática da confusão pode ter vários objetivos, como paralisar o raciocínio da outra pessoa ou ganhar tempo. Uma das formas de confusão é a sobrecarga de informação, que impede o outro lado de processar adequadamente um conjunto de informações, que podem ser dadas sem ordem, relacionamento e prioridade. Algumas pessoas que usam a confusão têm como lema: "Se você não pode convencer, confunda".

▷ **Contraste.** É feito com o objetivo de alterar a percepção de alguém. Quando se estudava Ciências Naturais no ginásio, o professor propunha uma experiência que constava do seguinte: três vasos de água eram colocados sobre a mesa, um com água quente, outro com água fria e o terceiro com água natural. Primeiro colocavam-se a mão esquerda na água quente e a direita na água fria. Depois, as duas mãos eram retiradas e colocadas simultaneamente na água natural. A sensação da mão esquerda era que a água natural era fria e a da mão direita que a água natural era quente. História semelhante é a da vaca, do filósofo chinês Confúcio. Um camponês consultou Confúcio e disse que sua casa era muito pequena para família tão numerosa. Para resolver a situação, Confúcio sugeriu que ele colocasse uma vaca dentro de casa. O camponês estranhou a sugestão, mas, considerando a fama e a autoridade de Confúcio, resolveu aceitar a ideia. Menos de um mês depois, indignado, voltou a falar com Confúcio, pois o conselho piorara em muito a situação. Confúcio então lhe ordenou que tirasse a vaca de dentro de casa, o que o camponês fez imediatamente. Passado algum tempo, o camponês voltou para agradecer a Confúcio a solução de seu problema.

Uma forma de contraste tem a seguinte formulação. Alguém quer pagar 15 por alguma coisa e estabelece os seguintes termos: "Só posso lhe pagar de 10 a 15", com o objetivo de fazer com que o outro se apegue aos 15. Inicialmente fica insistindo nos 10 e vai fazendo pequenas concessões que poderão ou não chegar até os 15. O mesmo acontece com quem quer vender. "Posso lhe vender por 30, no mínimo por 25". O lance real é 25 e é a este lance que o comprador vai se apegar, enquanto o vendedor permanece nos 30 e cede gradativamente.

> **Demanda inicial exagerada.** É um pedido bastante alto quando feito pelo vendedor ou bastante baixo quando feito pelo comprador. Não deixa de ser uma variante das táticas de contraste. Uma forma dessa tática acontece nas negociações trabalhistas, em que os sindicatos dos trabalhadores costumam fazer um pleito contendo uma lista enorme de reivindicações.

> **Mais no segundo tempo.** Consiste em aumentar uma demanda, após a interrupção de uma negociação, para manter o que foi solicitado antes. O preço de determinado produto era, por exemplo, US$ 10.000,00, mas o vendedor, supondo que o comprador virá com uma série de argumentos para baixar o preço, diz que reviu os cálculos e o preço adequado é US$ 12.000,00. Com isso, o comprador ficará muito satisfeito se mantiver os US$ 10.000,00, que era o preço anterior à interrupção. Vendedores de imóveis também utilizam essa tática. Um casal interessa-se por um imóvel e dá um sinal para garantir a preferência. A formalização da compra será no dia seguinte, mas, quando o casal chega para fechar o negócio, é surpreendido pelo vendedor, que diz que se enganou, pois o preço dado era de um apartamento dez andares abaixo e com vista para o outro lado do prédio. Agora, se o casal quiser efetivar o negócio, terá de pagar mais uma determinada quantia.

> **Generalização.** Fornecer informações bastante amplas, sem entrar em detalhes. Os vendedores preferem as generalizações ou preços globalizados, fugindo das decomposições.

> **Minimização.** Consiste em fazer com que o outro lado não perceba o valor total de alguma coisa. Um caso clássico é a suposta história do inventor do jogo de xadrez. Um rei, que ficou encantado com o jogo, resolveu premiar o inventor e lhe solicitou que fizesse um pedido. O inventor do jogo pediu algo muito simples: que o rei, com base no tabuleiro de xadrez, lhe desse um grão de trigo pela primeira casa. Pela segunda, dois, pela terceira, quatro, e assim sucessivamente. O rei achou que isso seria uma modesta gratificação

para o inventor de um jogo de que gostava tanto e prontamente se comprometeu a atender ao pedido. Quando, entretanto, pediu aos matemáticos do reino para calcular o valor total do presente, ficou perplexo e irado, pois todos os celeiros do reino estavam comprometidos. Como o rei não poderia faltar com a palavra, matou o inventor do jogo de xadrez. Uma forma de usar essa tática é quando um vendedor, em vez de dar o preço total, dá o preço unitário. Assim, em vez de dizer que a prestação mensal é de 270 reais, diz que a prestação é de somente 9 reais por dia.

▷ **Metáforas e analogias.** Apresentar ideias e posições através de metáforas e analogias causa um impacto bastante forte. Elas provocam menos resistência e podem ir diretamente ao inconsciente da outra pessoa. É só ver a diferença de impacto que estas duas frases provocam: "A inflação está afetando muito negativamente a economia" e "A inflação é como um veneno injetado no corpo da economia".

▷ **Dar ideias como se fossem do outro.** Apresentar ideias com palavras e argumentos usados pelo outro negociador conduz a envolvimento e compromisso.

TEMPO

Táticas de tempo

▷ **Persistência.** Esta tática tem várias expressões, como "mingau quente se come pela borda", "água mole em pedra dura", "vencer pelo cansaço", "salame" ou "de grão em grão a galinha enche o papo". Consiste em conquistar algo em pequenas fatias, muitas vezes de forma quase imperceptível.

▷ **Ganhar tempo.** É esperar por um momento mais favorável. Muitas vezes, é utilizada para levar o outro negociador até seu prazo-limite, forçando sua decisão, pressionando-o. Algumas vezes, o verdadeiro prazo-limite não passa de uma suposição equivocada e a tática funciona contra quem a está utilizando.

▷ **Retirada.** Esta retirada pode ser definitiva ou provisória, quando se dá a entender que não se quer mais negociar. Neste último caso, a tática recebe o nome de retirada aparente.

NEGOCIAÇÃO TOTAL

▷ **Surpresa.** Consiste em fazer justamente o contrário do que a outra parte está esperando, com uma mudança de abordagem ou alternando o ritmo da negociação.

▷ **Silêncio.** É uma tática para responder a uma agressão, a uma proposta absurda ou para deixar que o outro se expresse.

▷ **Adiar a negociação.** Usa-se esta tática quando se quer refletir sobre alguma coisa antes de tomar uma decisão.

▷ **Pegar ou largar.** Consiste em exigir uma definição imediata da outra parte.

▷ **Fixar o tempo-limite.** Determina-se um prazo para a definição da outra parte, avisando que após este prazo cessa todo e qualquer compromisso.

▷ **Comprar/vender agora e negociar depois.** É uma tática que só deve ser usada quando existe confiança na outra parte e não há tempo para completar a negociação. É o caso da fábrica que precisa comprar imediatamente para não interromper sua linha de produção.

PODER

Táticas de poder

▷ Limites de recursos

Existem três possibilidades táticas:

1. Recursos ilimitados, isto é, não há nenhuma restrição: "Posso pagar ou conceder o que for pedido".

2. Ter um limite: "Gostei muito de seu produto, mas só tenho R$ 30,00 e ele custa R$ 35,00".

3. Não ter nenhum recurso: "Infelizmente não posso pagar o prejuízo que lhe causei. Estou a zero".

Essas táticas tanto podem ser expressões da situação real do outro negociador quanto blefes. Os políticos em véspera de eleição e alguns tipos de conquistadores utilizam a tática dos recursos ilimitados. Antes, prometem tudo, até a lua. Depois, a história muda. Portanto, é preciso muita cautela quando ela for usada contra você, porque os recursos não são ilimitados e muitas vezes os limites não são verdadeiros, isto é, o outro pode ir além do que está alegando. Assim, procure verificar se o que é dito é verdade ou blefe.

▶ Limites de autoridade

Para essa tática também existem três possibilidades:

1. Autoridade total. Quem está negociando não necessita do endosso de nenhuma outra pessoa para a decisão que tomar. Essa tática pode ser perigosa, já que não permite ao negociador recorrer a outra instância.

2. Autoridade parcial. A pessoa tem limites para tomar decisão. Acima desses limites é preciso consultar outras pessoas: "O desconto que você está me pedindo é de cinquenta por cento, mas eu só tenho autoridade para conceder quarenta. Fora disso terei de recorrer a uma autoridade superior".

3. Autoridade nula. Não poder fazer nenhuma concessão.

É sempre importante saber qual é a autoridade da pessoa com quem estamos negociando. Há ocasiões em que os negociadores do outro lado não têm nenhum poder de decisão. Eles negociam somente para obter concessões e informações, desgastar o outro negociador, sem conceder nada. Estão unicamente preparando o terreno para a entrada em cena do verdadeiro negociador. Outras vezes, têm mais autoridade do que dizem ter. De qualquer forma, é sempre interessante observar que negociar com a autoridade total pode ser perigoso, já que o negociador pode se encontrar numa situação sem saída.

▶ Alternativas

Existem algumas possibilidades de táticas de alternativas:

1. Alternativas não presentes. Quando mencionamos a alternativa que temos, por exemplo, uma outra oferta, sem que a pessoa ofertante esteja presente. Quanto melhores forem as alternativas ausentes, mais forte o negociador está na mesa de negociação.

2. Leilão ou confronto de opções. Os concorrentes estão presentes para comprar ou para vender. Nesse caso, a tática chama-se leilão reverso. Convoca-se uma reunião e, quando o vendedor chega ao local da reunião, encontra todos os seus concorrentes. Então, o comprador convoca cada um deles para reuniões privadas, e acaba obtendo concessões e informações que de outra forma não saberia.

NEGOCIAÇÃO TOTAL

3. Afogado. "Salve-me, senão eu vou morrer!" Afogado é aquele que não tem nenhuma alternativa a não ser você, e ele coloca em você toda a responsabilidade de ser seu salva-vidas.

▶ Exigência/pressão

Essas táticas são usadas quando se pode punir alguém ou deixar de recompensá-lo: "Se você não melhorar neste aspecto, arranjarei outro fornecedor".

▶ Conjugação de forças

Tática que consiste em obter alianças para alcançar objetivos comuns ou complementares aos dois lados.

▶ Ligação/separação

Consiste em definir, nas negociações com diversas questões, até que ponto elas serão tratadas em conjunto ou separadamente. É na preparação que se define o procedimento mais adequado.

▶ Preço-limite

Essa tática é utilizada para saber se o vendedor já concedeu tudo o que podia ou se o comprador já pagou o máximo. Os compradores, em geral, a utilizam sob a forma da pergunta: "Qual é seu menor preço?" Não revele nem conceda até seu valor-limite. Desenvolva outra resposta, como: "Acredito que o preço justo seja tanto".

▶ Pechincha

Também conhecida como "mordida". Consiste em querer obter alguma coisa sem dar nada em troca. Geralmente essas coisas não têm grande valor em relação ao tamanho do que está sendo negociado, por exemplo, ao comprar um terno, pedir uma gravata ou um lenço como brinde. A pechincha é uma tática de comprador. A contrapartida do vendedor é o acréscimo. Compra-se algum produto e depois se verifica que no preço devem ser incluídos o frete, a instalação e alguns acessórios.

▶ Barganha

Consiste numa relação de troca, isto por aquilo. Também é conhecida como "se..., então": "Se eu conceder A, então você me concede B".

▶ Dividir a diferença

Em geral, quem faz essa proposição já concedeu até a metade da diferença. Vamos supor que os valores sejam: vendedor R$ 100,00, comprador R$ 80,00. Quem propuser dividir a diferença já passou sua posição para R$ 90,00. O outro pode ou não aceitar; por isso é preciso cautela com a utilização dessa tática.

▶ Situação de fato

Consiste em fazer algo para verificar a reação do outro lado. Exemplos: um comprador pede dez unidades de alguma coisa. O vendedor envia quinze, juntamente com a fatura. Se não houver nenhuma reclamação, a venda foi de quinze. Um banco não credita aos clientes os juros corretos do Fundo de Garantia. Se ninguém reclamar, fica por isso mesmo. Um contrato deve ser assinado, mas vem com cláusulas diferentes daquelas que foram combinadas. Se o outro assinar, ficam valendo as cláusulas do contrato e não as que foram combinadas.

▶ Fingir-se de bobo

Diante do bobo, a tendência natural é baixar a guarda, assumir ares de superioridade e com isso expor as próprias vulnerabilidades. Uma variante dessa linha é a do lobo com pele de cordeiro.

AS NEGOCIAÇÕES POR TELEFONE

As negociações por telefone podem ser perigosas para quem recebe o telefonema. Em geral a pessoa não está preparada, não está no momento nem no local mais adequado para a negociação. Pode acontecer também a sensação de urgência, a pessoa não pode demorar ao telefone — e isso resulta em precipitação. Muito frequentemente, o telefone provoca uma sensação de prioridade. As pessoas largam o que estão fazendo para atender ao telefone. Um publicitário brasileiro, quando não conseguia falar com uma pessoa do alto escalão de uma empresa ou entidade governamental, telefonava de Nova York. Segundo ele, as portas se abriam. Pessoas que não queriam atendê-lo mostravam-se altamente receptivas. Parece que ninguém resiste a um telefonema de Nova York. Por outro lado, nas ligações locais, e também pelo fato de não se estar vendo a outra pessoa, é mais fácil dizer não por telefone. Se atender a uma ligação indesejada, você pode fazer a ligação cair desligando o telefone enquanto estiver falando ou encerrar a conversa alegando que irá participar de uma reunião de emergência. Se a ligação cair, ou seja, se você desligar o telefone enquanto o outro estiver falando, isso será tomado como uma grande grosseria. Mais ainda, nos telefonemas só percebemos as palavras e a entonação com que são ditas. Não vemos as expressões faciais. Assim, perdemos muito do significado da comunicação.

Tenha o telefone como uma possibilidade tática. Analise as vantagens de dar e de receber o telefonema e descubra o que é mais conveniente em cada situação.

OUTRAS CONSIDERAÇÕES SOBRE TÁTICAS

O entendimento das táticas torna-se mais completo quando se utiliza o Mecanismo Básico do Sucesso, de que tratamos no Capítulo 7. Assim, táticas são ações e procedimentos que utilizamos para alcançar os objetivos de cada etapa. Isso significa que, se adotarmos uma tática para alcançar algum objetivo de uma etapa e ela não der os resultados esperados, deveremos procurar outras táticas até chegarmos ao objetivo pretendido. O Mecanismo Básico do Sucesso, portanto, é um modelo que pode ser utilizado nas mais diversas situações de negociação. Sempre que existe um objetivo a ser alcançado, ele pode ser adotado.

Nenhuma tática funciona sempre nem em toda e qualquer situação. Além da criatividade é preciso sensibilidade para identificar as respostas que estamos recebendo e quais movimentos devemos efetuar em função dessas respostas.

Outra coisa que devemos considerar é que cada tática pode ter múltiplas finalidades e formas ou roupas. A imaginação e a criatividade de cada pessoa é que desvendam as múltiplas finalidades e roupas que cada tática pode vestir. E mais, embora uma tática possa pertencer a determinada estratégia, por exemplo, poder, ela pode ser utilizada como tática de outra estratégia. Como exemplo, vejamos a tática da autoridade parcial. Se ela for utilizada para evitar a satisfação de uma necessidade, expectativa ou desejo, é uma tática da estratégia poder. Essa tática, entretanto, pode ser usada para ganhar tempo. Às vezes, o negociador não tem tempo para esperar que o outro lado recorra a uma decisão superior e prefere fazer uma concessão.

A tática da confusão é uma tática da estratégia informação e também pode ser usada para ganhar tempo. Ou quando se pretende demover um indivíduo intransigente. Muitas vezes, uma pessoa só altera sua posição ou opinião se passar por um momento de confusão. Há quem diga que da confusão nasce a luz.

Uma mesma tática, além de poder ter múltiplas finalidades e estar encaixada em mais de uma estratégia, também pode apresentar várias formas. Assim, existem muitas maneiras de criar confusão. Pode ser através de sobrecarga de informação ou de informações desordenadas e incoerentes. A tática de ganhar tempo pode ser feita de muitas formas, como não entregar documentos na hora ou deixá-los incompletos, não se concentrar em pontos essenciais, ficando nos periféricos. Fingir que não está entendendo o que o outro quer dizer. Em certo sentido, é como as notas musicais. Com sete notas é possível compor um número infinito de melodias.

20

AS TÁTICAS GANHA/PERDE

odo negociador precisa fazer algumas escolhas. Entre elas, as seguintes:

▷ Encontrar soluções que atendam aos interesses das partes ou defender tão-somente os próprios interesses, na base do cada um que se defenda.

▷ Perspectiva de curto prazo ou longo prazo.

▷ Sinceridade e abertura ou sigilo e mentira.

As táticas ganha/perde são utilizadas por pessoas que escolhem as segundas opções, cuja posição básica é: "Eu só defendo os meus interesses. É preciso levar vantagem em tudo. O mundo é dos mais espertos".

Em geral, essas pessoas têm uma perspectiva de curto prazo. A longo prazo, só se elas puderem criar relações de dependência e dominação que lhes sejam extremamente favoráveis.

A mentira é sua forma básica de expressão. Só dirão a verdade quando puderem tirar proveito dela. Seguem as leis de Roger, um famoso consultor europeu, ao que tudo indica, inglês.

1ª. Lei de Roger. Não pecar contra o 11º mandamento, que é: não ser pego.

As Táticas Ganha/Perde

2ª. Lei de Roger. Quando contar uma mentira, não conte uma mentira só. Minta bastante para deixar o outro confuso, acreditando que a mentira é uma verdade. Apresente as mentiras sob a capa de verdades.

Para alguém que quer negociar visando um resultado ganha-ganha e não pretende ser vítima de um negociador ganha-perde, é preciso cautela. Suponhamos que você está tentando o resultado ganha/ganha com alguém e percebe que a outra parte está num ganha/perde. O que fazer? Existem três saídas: primeiro, a retirada; segundo, partir, também, para o ganha/perde; terceiro, tentar converter a situação num autêntico ganha/ganha. Quando se tem a possibilidade da retirada é mais fácil transformar a situação em ganha-ganha, pois pode-se apresentar a questão sob a seguinte forma: ou ganha-ganha ou nada feito, ou seja, retirada.

O que fazer numa situação destas? Tudo depende de um diagnóstico da situação, baseado nas respostas a quatro perguntas:

1. Como me sinto negociando nesta situação específica? Ou seja, você acredita que poderá manter um estado mental que lhe permita agir corretamente? Você poderá enfrentar apropriadamente o *stress* da situação?

2. Há realmente uma oportunidade de satisfazer minhas necessidades, desejos, interesses e expectativas com esta negociação?

3. Qual é o risco que estou assumindo? O bom negociador corre riscos moderados. Quem assume altos riscos é o jogador.

4. Qual é a provável relação benefício/custo? Para conseguir a satisfação de minhas necessidades, interesses e expectativas, qual é o custo a ser pago?

Estas respostas têm de ser muito bem pesadas, pois qualquer erro, como subestimar os riscos, supervalorizar os benefícios ou minimizar os custos, pode levar a uma conduta profundamente equivocada. O bom negociador nem sempre faz o melhor acordo. Mas, na pior das hipóteses, faz um acordo que não lhe venha a causar constrangimentos nem arrependimentos.

Para tudo isso é necessário, antes de mais nada, conhecer o repertório de táticas ganha-perde e identificá-las a tempo, para não se tornar vítima de alguma delas.

AS TÁTICAS GANHA-PERDE

Em geral, os dois tipos de negociador ganha-perde, sedutores e intimidadores, escolhem as suas táticas entre as seguintes:

As falcatruas

Entre as principais falcatruas temos:

▷ **A falsa negociação.** Existem ocasiões em que alguém finge estar fazendo uma negociação com o objetivo de obter informações confidenciais ou para afastá-lo de alguma oportunidade, como associar-se a uma empresa concorrente de quem está negociando com você.

▷ **A criação de dependências** ou de grandes vantagens para plataforma de negociação. Obter uma carta compromisso ou um sinal para alguma coisa e então renegociar tudo numa posição de superioridade. Existem empresas que vendem um sistema por preços baixos, de forma a criar uma dependência. Mas depois as manutenções e ampliações são extremamente caras, baseadas no fato de que para sair da dependência o preço será muito mais alto.

▷ **Falsa recusa a negociar.** Existem situações em que não se quer efetivamente uma negociação, como fazem os supermercados com os preços de venda. Não é o caso desta tática. Ela é usada com o objetivo de obter uma grande concessão para começar a negociação.

▷ **Informações falsas** a respeito do assunto, do tempo e de poder. Vejamos alguns exemplos:

Assunto objeto da negociação: há os falsos benefícios, custos e riscos, como vender um produto com vida útil de 12 000 horas como se fosse de 24 000 horas. Uma boa parte dos chamados contos do vigário está nesta categoria. É o bilhete premiado de quem precisa de dinheiro e tem pressa de viajar para o Interior para visitar o tio que está morrendo e não pode esperar até quarta-feira para receber o prêmio. Assim, vende o bilhete premiado por dez por cento do valor. Quem compra vê a relação dos bilhetes sorteados na casa lotérica, mas não se dá conta de que a lista refere-se a um bilhete contemplado em outro dia.

Tempo: descobrir o prazo-limite do outro e ficar "enrolando" com falsas viagens e outros artifícios até o outro chegar ao desespero e então tirar vantagens.

Poder: 1) nível de autoridade da pessoa com quem se está negociando. São falsas as informações com relação a este nível. No caso de se estar negociando com quem tem pouca ou nenhuma autoridade, são feitas concessões e se obtêm concessões limitadas ou, então, nenhuma concessão; 2) alternativas: documentos apócrifos com propostas de concorrentes que efetivamente não foram feitas. Ou, então, falsas concorrências para alijar outros competidores.

▷ **Roubo de informações.** Informações obtidas de forma desonesta. Espionagem, grampo telefônico e outros mecanismos de escuta.

▷ **O falso acordo.** É um acordo feito para não ser cumprido, como as imobiliárias que vendem apartamentos na planta e não os entregam. Vendedores de automóveis que não têm carros no estoque. São acordos com cláusulas em aberto, sem definição no caso de conflitos e divergências e que, portanto, não podem ser executados.

▷ **Confiança ingênua.** Busca-se obter a confiança de alguém para ludibriá-lo. É o caso de uma empresa compradora que faz pequenos pedidos e paga da melhor maneira possível. Uma vez obtida a confiança, e o descuido, do outro, faz um grande pedido e aí os sócios fogem ou a empresa entra em concordata. Portanto, embora confiança seja importante, negocie sempre com as devidas cautelas. Em geral, desconfie de pessoas que usam o chavão "mas você não confia em mim?" ou falam muito de ética.

▷ **Posições iniciais extremadas.** Uma coisa são valores altos ou baixos, mas dentro de uma coerência e realismo. Outra, muito diferente, são valores exageradamente altos ou baixos, sem nenhum critério que os justifique, como é o caso desta tática. Ela é usada com o objetivo de deixar o outro lado meio desarticulado, assim ele faz imediatamente uma concessão e desiste de lutar por seu objetivo desejável.

▷ **Concessão sem reciprocidade.** Consiste em, a cada concessão obtida, não dar nada em troca e continuar pedindo outras concessões. Parte do princípio de que quem concede uma vez pode conceder muito mais. É só uma questão de saber como. Também é conhecida por escalada de exigências.

▷ **Perde/perde**. No perde/perde tenta-se fazer com que uma das partes mude de posição ou ajude, baseada no fato de que se isso não acontecer ambas terão grandes prejuízos. É o caso de uma empresa que está em situação difícil e, se os credores não ajudarem, poderão perder muito. Pode também assemelhar-se a uma guerra de preços em que os dois lados acabam perdendo, como um camicase: ou você cai fora, ou faz a concessão, ou morremos todos juntos. Alguns produtores, devido aos baixos preços do seu produto, preferem queimá-los a vendê-los.

▷ **Surpresa final**. É aplicada em negociações mais longas e após várias reuniões, quando parece que a negociação chegou ao fim e apenas basta formalizar o acordo. Neste momento um dos lados faz mais uma exigência, pegando o outro de surpresa. A formulação desta exigência é mais ou menos a seguinte: "Estivemos estudando o assunto e descobrimos muita gordura neste preço. Assim, só podemos formalizar o acordo se vocês nos derem um desconto de mais quinze por cento". Uma variante é a tática do ziguezague. Consiste em se aproximar do fechamento e depois se afastar, várias vezes, a fim de obter sempre algum tipo de concessão.

Fragilização do estado mental

Estas táticas têm por objetivo desgastar, intimidar, seduzir e manipular o outro negociador com o intuito de colocá-lo num estado mental fraco de recursos. Há quem utilize estas táticas de forma bastante consciente, depois de estudar os padrões comportamentais da outra parte. Um negociador que agia assim descobriu que o padrão comportamental de uma pessoa com que negociava era o seguinte: 1º) quando irritado, explodia; 2º) após a explosão sentia-se culpado e fazia várias concessões. Entre esta categoria de táticas temos:

▷ **Situações estressantes.** Existem muitas formas de procedimento:

Chá de cadeira. Deixar o outro esperando por um longo tempo. Por isto, é sempre interessante ter alguma coisa para fazer e não se perturbar com estas esperas.

Reuniões desgastantes. São reuniões longas, com interrupções, telefonemas constantes, saídas da sala ou ruídos para tirar a concentração. Às vezes, estas reuniões são armadas de forma a impedir as pessoas de ir ao banheiro durante um tempo enorme. Em outras, o ar condicionado está muito frio e torna a sala uma filial do Pólo Norte. Colocar o outro contra a claridade, um refletor ou sentado em cadeira extremamente desconfortável também é estressante. Certas reuniões são desgastantes porque acontecem no final de uma sexta-feira ou então justamente na véspera de suas férias.

▷ **Menosprezo.** O objetivo desta tática é humilhar o outro lado de forma que ele se sinta inferior. Existem muitas maneiras de fazer isto. Pode ser com riso, deboche, utilização de palavras desconhecidas pelo outro, mostrando a ele a sua ignorância.

▷ **Coitadinho.** Esta tática usa expressões que provocam sentimentos de culpa no outro lado: "Vai arruinar a mim e a minha família". "Você quer me desgraçar". Às vezes, há até ameaças de suicídio. Uma empresa tinha um funcionário especialista em chorar e, em determinadas situações, ele era chamado para fazer este papel. Como regra básica lembre-se: "Quem tem pena do coitado fica no lugar dele". Ou ainda: "Quem tem pena é galinha".

▷ **Bom sujeito-mau sujeito**. Também é conhecida como mocinho--bandido. É jogada por duplas em que um dos lados faz o papel de bonzinho, compreensivo, enquanto o outro é durão, arrogante e insensível. Há uma tendência de as pessoas cooperarem com o bom sujeito, que também é bandido.

▷ **Sócio invisível**. É uma espécie de bom sujeito-mau sujeito, com uma diferença. O mau sujeito não está presente e é inacessível, por estar viajando ou coisa semelhante. Há casos em que o sócio invisível não existe.

▷ **Acusação reversa**. É acusar o outro de usar alguma tática ganha/perde ou procedimento que ele não está utilizando. Esta tática tem sido utilizada por estrangeiros quando negociam aqui.

▷ **Ameaças.** Existem dois tipos de ameaça: uma, quando se sabe de alguma coisa do outro lado. Outra, quando não se sabe nada e se "joga verde para colher maduro". Quando se sabe alguma coisa são emitidos sinais de que se sabe. Quando não se sabe nada a formulação da tática é: "Você não sabe o que eu sei a seu respeito". Se o outro negociador tem algo a esconder, achará que foi descoberto. Se não tem, ficará intrigado com as mentiras que podem estar falando a seu respeito.

▶ **A raposa e o corvo.** Certa vez, uma raposa avistou um corvo no alto de uma árvore com um queijo no bico. Então, começou a elogiar a ave: "Suas penas são lindas. Como ficam maravilhosas com os reflexos do sol! E as suas pernas são tão vigorosas! Até parece que você malha em alguma academia". E assim continuou. A cada elogio o peito do corvo ia estufando. Ao final, ela disse: "Para ser a ave mais maravilhosa, o rei dos pássaros, só falta cantar e mostrar a sua bela voz". E o corvo deu um grunhido horroroso, deixando o queijo cair. A raposa agradeceu, pegou o queijo e foi embora.

PARA FAZER FRENTE ÀS TÁTICAS GANHA/PERDE

Em primeiro lugar é preciso saber que elas existem e que é necessário poder reconhecê-las. Outro ponto é preparar a negociação. Uma boa preparação é básica. Com isto pode-se identificar se o outro negociador tem algum padrão no uso de algumas destas táticas, sozinha ou associada a outras. Houve um tempo em que, nas negociações sindicais, era muito comum os sindicalistas colocarem pessoas atrás das cadeiras onde os representantes da empresa estavam sentados para dar chutes e fazer outras provocações.

Com criatividade e imaginação é possível encontrar soluções novas e imprevistas. Depois, é preciso ver tudo isso pela ótica da oportunidade e não da ameaça.

Durante a construção de uma grande unidade industrial, o comprador costumava usar várias destas táticas e um vendedor concluiu: "Se usa comigo, usa com todos os outros vendedores". Preparou-se pacientemente e continuou insistindo, enquanto os outros vendedores, intimidados, desistiam. Resultado: vendeu todos os seus produtos.

Não existe uma só maneira de enfrentar as táticas ganha/perde.

Numa negociação entre um grupo brasileiro, comprador, e um canadense, vendedor, o negociador canadense começou a aplicar a tática do coitadinho, dizendo que os brasileiros estavam querendo "tirar a roupa dele". E levantou-se, despindo o paletó e a gravata. Ele era um verdadeiro ator. Na empresa brasileira, era costume os negociadores mais jovens acompanharem os veteranos, a fim de se aprimorar. O mais jovem ficou realmente convencido. O mais velho simplesmente levantou-se, aproximou-se do canadense, cumprimentou-o efusivamente e disse: "Parabéns! Até agora, o melhor ator que eu conhecia era Humphrey Bogart". Com isso, desarmou a tática e as negociações prosseguiram normalmente.

Compete a você descobrir quais são as melhores maneiras de enfrentar a tática. Em princípio, é importante ser firme sem ser grosseiro. Por exemplo: alguém percebe que o outro lado está jogando mocinho-bandido. Em vez de reclamar e agredir, pode simplesmente dizer: "Posso estar enganado, mas eu tenho a impressão de que vocês estão jogando bom sujeito-mau sujeito. Eu quero negociar com vocês, mas não tenho tempo para esse tipo de coisa". É uma forma firme e elegante e mostrou que você percebeu a tática. O outro passará a ser mais cauteloso, evitando esse tipo de procedimento.

Se o outro tiver muito mais poder do que você, seja flexível, evitando dar "murro em ponta de faca".

Na década de 50, um jornal e um partido político usavam o seguinte lema: "O preço da liberdade é a eterna vigilância". Podemos usar uma variante: "O preço de não ser 'enrolado' é a eterna vigilância e uma boa preparação". Mas isto deve ser feito sem paranoias nem sentimentos persecutórios. Afinal, nunca se pode saber onde estão as oportunidades sem correr algum tipo de risco.

Finalmente, se você foi vítima de alguma destas táticas, reconheça, aprenda e procure corrigir as coisas com rapidez. O pior que se pode fazer, por vaidade ou por se sentir humilhado, é negar. Não adianta nada e tudo pode piorar ainda mais.

SOLUÇÃO DE CONFLITOS NA NEGOCIAÇÃO. A SUPERAÇÃO DE IMPASSES

Os conflitos estão presentes em toda e qualquer negociação. Se não há conflito, não há negociação. Negociação é o processo de alcançar objetivos através de um acordo, nas situações em que existam conflitos, isto é, divergências e antagonismos de interesses, ideias ou posições. Negociar, portanto, é solucionar conflitos e, consequentemente, superar impasses, que existem enquanto os conflitos não forem solucionados. Os conflitos, além de ter origem em divergências a respeito de interesses, ideias e posições, podem também ser causados por diferenças de percepções, valores e procedimentos e por problemas de comunicação. Os conflitos, em si, não são negativos; ao contrário, podem ser altamente positivos. Tudo depende da maneira como são identificados e solucionados e do nível de intensidade que atingem.

Para lidar bem com conflitos e, consequentemente, superá-los, devemos percebê-los a tempo e efetuar o seu diagnóstico na negociação, impedindo que assumam proporções que dificultem a sua solução.

A primeira pergunta a ser respondida no diagnóstico é: "Este é ou não um conflito provocado?" Isto porque o outro negociador pode estar usando a tática da falsa negociação, que consiste justamente em não chegar a lugar algum. Neste caso, você nunca vai resolver o impasse. Uma empresa negocia uma *joint venture* com outra não para chegar a um acordo, mas sim para desvendar algum de seus segredos. Em negociações trabalhistas, já houve casos em que o objetivo do sindicato não era negociar, mas sim fomentar uma greve numa indústria onde este impasse jamais havia ocorrido. A orientação era: este ano sai greve de qualquer maneira.

Em geral, as pessoas não gostam dos impasses e preferem fazer concessões porque os impasses são frustrantes. Esta é uma emoção bastante difícil de ser aceita e trabalhada, e um mau acordo é mais fácil de explicar à direção de uma empresa do que um impasse. Há até o ditado "é preferível um mau acordo a uma boa demanda". Baseando-se nisto, alguns negociadores usam e abusam de táticas de impasse, pois elas dão resultado e eles obtêm muitas concessões

Portanto, uma regra básica é: nenhum negociador pode ter receio ou medo do impasse. Quem tem medo de impasse acaba fazendo concessões descabidas. Desta forma, é preferível um bom impasse a um mau acordo, a um acordo que mais tarde provoque constrangimentos e arrependimentos, em que será preciso gastar um tempo enorme com desculpas e escondendo evidências. O que define se é, ou não, preferível o impasse é a MADI, a Melhor Alternativa Disponível em caso de Impasse. Portanto, nenhum negociador deve iniciar uma negociação sem ter preparado uma boa MADI. Quanto melhor a MADI de um negociador, mais poder ele tem na mesa de negociação. Uma MADI fraca deixa-o mais temeroso e, se for descoberta pelo outro negociador, mais vulnerável.

Nestes casos, é sempre conveniente identificar a intenção destes negociadores e verificar se existe alguma oportunidade nestes tipos de procedimento.

Verificamos, portanto, que quem tenta resolver um impasse sem antes efetuar um diagnóstico da situação está dando tiro no escuro. Até pode acertar, mas a probabilidade é muito baixa.

Além disso, provocar impasses pode ter outros propósitos, como ganhar tempo, testar a determinação e a posição do outro negociador e "fazer média" com o eleitorado, ou seja, pessoas que os negociadores consideram importantes e querem agradar. Pode ser que se esteja querendo vender uma imagem junto à opinião pública.

Há outras duas razões para a existência de impasses: a primeira relaciona-se às margens de negociação. Como vimos no Capítulo 11, "A Margem de Negociação", há uma situação sem faixa de acordo, por exemplo, o vendedor não aceita menos de R\$ 120,00 e o comprador não paga mais de R\$ 100,00. Uma segunda razão é que, às vezes, o impasse pode ser a falta de interesse de um dos lados na negociação, como tentar vender geladeira para esquimó.

A primeira coisa a fazer para sair de um impasse, portanto, é procurar identificar o que está por trás dele. Se são as táticas da falsa negociação e do impasse ou as divergências reais. As divergências reais podem estar relacionadas a questões de percepção, ou seja, interpretação, comunicação e interesses relativos aos cinco elementos do MIN — Modelo Integrado de Negociação, isto é, os Cenários, o Assunto, as Habilidades de Relacionamento, o Processo de Negociação e a Realidade Pessoal dos Negociadores. O Modelo Integrado de Negociação oferece uma orientação segura para identificar o que está acontecendo. Assim, se o problema for o cenário, muda-se o local da negociação. Se for de habilidade de relacionamento, tenta-se melhorar o processo de comunicação. Se o problema tiver ligação com a realidade pessoal dos negociadores, é necessário fazer uma clarificação de valores e crenças. De qualquer forma, é conveniente ressaltar que os conflitos mais difíceis de ser trabalhados são aqueles que envolvem crenças e valores ou os que envolvem carga emocional muito grande.

Uma vez feito o diagnóstico e definidos os objetivos que pretendemos, todas as táticas vistas no capítulo que trata de estratégias e táticas podem ser utilizadas. De qualquer forma, é sempre conveniente ressaltar que todo este trabalho de diagnóstico e solução de impasse é feito dentro do processo de negociação, sobretudo na etapa de clarificação.

É importante ressaltar que os conflitos devem ser tratados nas respectivas áreas do Modelo Integrado de Negociação onde acontecem. Assim, se o problema estiver na área de relacionamento, deve ser tratado com os elementos desta área. Se o clima está tenso, é preciso observar o que está contribuindo para essa situação. Completamente errado é solucionar um problema de uma área com medidas de outra. Por exemplo: se o clima estiver tenso fazer concessões na área Conhecimento do Negócio. É justamente isso que os manipulados querem. Às vezes, um simples pedido de desculpas pode ser uma solução.

Se o problema estiver na Área Processo de Negociação, note se não pulou alguma etapa, se está indo muito depressa ou devagar.

Vejamos algumas das táticas mais empregadas, supondo que os conflitos e impasses não tenham sido gerados pelas táticas da falsa negociação e de impasses.

 Clarificação de percepção. Às vezes, nossos atos são percebidos de forma distinta daquilo que queremos. Um gesto de boa vontade pode ser entendido como uma jogada. Um elogio, como uma ofensa, uma forma de manipulação. Ou então, sem percebermos, nossa proposta contém elementos que o outro lado considera desleais.

Eliminação das distorções na comunicação. Os problemas de percepção e de comunicação são mais frequentes do que se imagina. Pessoas que estão legitimamente tentando uma negociação de cooperação podem entrar em conflitos devido a esses dois fatores. Exemplo disso são as reuniões em que os dois lados brigam, tornando o clima bastante desgastante emocionalmente, e depois de muito tempo chegam à conclusão de que estão falando a mesma coisa.

 Alternativas. Melhorar os benefícios, encontrar outras alternativas para o acordo, como pagamento a prazo. Fazer projetos alternativos, como no caso de uma negociação entre um arquiteto e um construtor intransigente com relação ao pagamento máximo. O arquiteto resolveu o problema apresentando projetos mais baratos, mas que lhe eram mais rentáveis. Há quem prefira apresentar várias alternativas piores, para que o outro acabe concluindo que a alternativa rejeitada era bem melhor do que as propostas posteriores. Há quem busque trocar seis por meia dúzia. Outros, com base nas objeções, encontram, de forma criativa, alternativas novas e superiores que não haviam pensado anteriormente. Portanto, os impasses podem ter resultados benéficos.

 Interromper a negociação para uma pausa. Às vezes, conflitos que pareciam insolúveis cessam depois de um bom descanso.

 Passar para assuntos não conflitantes. A solução de pontos não conflitantes pode melhorar o relacionamento e permitir que os pontos conflitantes, posteriormente, sejam tratados com uma atitude de cooperação.

 Fazer um resumo do avanço obtido, enfatizando as concordâncias anteriores. O progresso obtido pode gerar sentimentos de identificação e boa vontade para encontrar novas soluções.

 Mediador. Uma terceira pessoa, neutra, ajuda os dois lados a resolver o problema. Existem duas técnicas que podem ser bastante úteis. Uma é a técnica do texto único, em que o mediador inicialmente consulta os dois lados, para conhecer os critérios e os pontos que consideram importantes ao acordo. Depois, elabora um texto provisório, que é submetido aos dois lados, para críticas e sugestões. Com base nestas críticas e sugestões, faz um novo texto e assim sucessivamente, até encontrar um texto que seja aceito pelos dois lados. Segundo Roger Fisher e William Ury, o texto único foi a técnica utilizada em Camp David pelos Estados Unidos, como mediadores entre Egito e Israel. Depois de treze dias e 23 anteprojetos, chegou-se ao texto do acordo.

Uma outra técnica é a inversão de papéis. Separadamente, o mediador coloca cada um dos dois lados para viver o papel do outro e responder a pergunta: "O que você faria se estivesse nesta situação?" Isso gera uma grande compreensão do que o outro está fazendo.

Passar para um nível superior. Às vezes, a solução é passar a negociação para níveis superiores aos dos dois negociadores, pois um nível de autoridade mais elevado tem mais possibilidades de solução.

Mudar algum membro da equipe. O desgaste emocional chega a tal ponto que acontece o que denominamos antagonismo visceral. Um negociador não suporta mais a presença do outro. Neste caso, a única saída é mudar um membro da equipe. Deve ser ressaltado que há quem coloque um agente provocador na equipe, usando uma tática semelhante à do mocinho e bandido.

Humor. O humor pode ser uma boa saída. Mas se as piadas contiverem preconceitos raciais, religiosos e machismo se transformarão em verdadeiros desastres.

Clarificação de objeções. Consiste em transformar uma objeção numa pergunta que demande uma resposta que possa ser prontamente contornada. Por exemplo, se alguém diz que o preço de um produto é muito alto, a pergunta não deve ser se o outro está achando o produto muito caro, mas sim se ele já ponderou todos os benefícios deste diferencial de preços. É verdade que esta pergunta só pode ser feita depois de se descobrir uma série de necessidades e desejos que este diferencial de preços atende.

Saída honrosa. Este é um ponto importante. É preciso pensar que todo negociador tem um eleitorado e nenhum negociador quer, ou mesmo admite, fazer um papel que o deixe mal com este eleitorado.

Apresentar provas. Mostrar que se está falando a verdade, com base em evidências, pode ajudar a superar conflitos que têm origem no ceticismo de um dos negociadores.

 Tempo de aceitação. Dar tempo para que o outro assimile todos os aspectos de uma proposta.

 Encarar as agressões pessoais como tentativas de solucionar o problema. Responder as agressões com fatos, mas sempre lembrar que se você está tentando alguma coisa para sair do impasse e não está conseguindo é necessário mudar. Não insistir na mesma tática. Em alguns casos, é necessário responder a uma agressão com outra agressão. Alguns negociadores agridem para intimidar e só quando recebem o mesmo tratamento posicionam-se de maneira mais adequada.

 Fazer concessões da forma adequada. Isto será objeto do próximo capítulo.

De qualquer forma, o negociador deve ter em vista, pelo menos, três verdades: a dele, a do outro negociador e a de um observador neutro. Ele não deve considerar que a razão do impasse está sempre no outro, aliás esta é a forma mais usual de examinar a questão. Reveja os seus procedimentos e enfoques, verifique se está sendo intransigente e defensivo e se não está batendo o pé e perdendo muito tempo com coisas insignificantes, desconsiderando o todo. Se não está sendo inflexível e limitado e com isto ignorando os próprios objetivos e as oportunidades existentes.

22

COMO FAZER E OBTER CONCESSÕES.
A MATRIZ DE CONCESSÕES

Saber conceder e obter concessões está entre as habilidades mais importantes de um negociador. Em princípio, uma concessão deve ser encarada como um preço que se paga para obter determinado benefício. Quem paga mal paga duas vezes e concede muito mais do que o necessário. Por outro lado, fazer concessões algumas vezes assemelha-se à habilidade de presentear alguém. Nem sempre o presente mais caro é o que causa maior impacto. Assim sendo, é preciso ter muita cautela e, além disso, valorizar e tirar proveito das concessões que efetuamos, de modo a maximizar a relação entre os benefícios a ser obtidos e os custos a ser pagos. Para isso é preciso saber responder a quatro perguntas:

1. Qual é o valor da concessão para o outro lado?

2. Quanto vai me custar esta concessão?

3. O que eu quero em troca, ou melhor, o que posso obter em troca?

4. Qual é o padrão de concessão do outro lado?

Para responder a estas perguntas devemos lembrar que existe um princípio que, bem utilizado, é de importância fundamental, pois permite que aproveitemos as oportunidades que podem surgir quando efetuamos concessões. Este princípio é: aquilo que é importante para mim pode não ser para o outro negociador e, inversamente, o que é importante para o outro negociador pode não ser para mim. Portanto, é preciso estar atento às situações de concessão, conforme o grau de importância que apresente para um e outro negociador. Existem quatro situações de concessão, conforme apresentado na Matriz de Concessões.

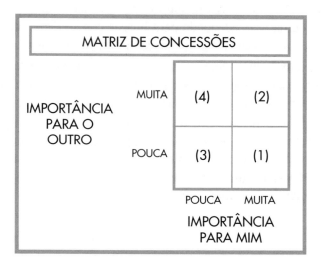

Situação 1: Muita importância para mim e pouca para o outro negociador.

Esta é a pior forma de fazer concessões, pois o outro não vai valorizar algo que para nós é muito importante. A principal origem desta situação de concessão é a tendência de considerar o outro negociador como um reflexo ou nosso espelho. Consequentemente, não percebemos que ele tem interesses, necessidades e valores próprios, provavelmente bastante diferentes dos nossos. Pessoas que concedem nesta situação não entendem por que estão obtendo muito pouco ou mesmo nada. Frustram-se e irritam-se em função disto.

Esta situação é a que apresenta a menor relação benefício/custo e a mais desastrosa para um negociador. Porém, para obter concessões é a melhor, pois é uma área que permite obter concessões importantes praticamente de graça, já que poucos estão atentos a esta situação e assim são incapazes de valorizá-la adequadamente.

NEGOCIAÇÃO TOTAL

Situação 2: Muita importância para mim e para o outro negociador.

Neste caso, o valor dado pelo outro para a concessão obtida é aproximadamente equivalente ao preço que pagamos. Embora esteja longe de ser uma situação tão nociva quanto a anterior, não é muito confortável. Tampouco é uma área adequada para buscar concessões. Entretanto, em algumas ocasiões trabalhar nesta situação pode trazer muitos dividendos.

Um exemplo disso foi a visita, em 1977, de Anwar Sadat, presidente do Egito, a Jerusalém, capital de seus inimigos. Esta concessão foi extremamente importante para o bom andamento das negociações entre Egito e Israel.

Em geral, esta situação deve ser evitada. Para isso, precisamos perguntar: "O que aconteceria se não efetivasse esta concessão?", "Seria preferível uma situação de impasse?", "Existem outras formas de efetuar a concessão?" Existem outras soluções para a questão?", "É possível encontrar alguma alternativa de ganho comum?"

Situação 3: Pouca importância para mim e para o outro negociador.

Esta é a área das pequenas concessões de parte a parte; embora não tenham maior utilidade no que diz respeito à parte substantiva ou mérito da negociação, podem ter grande importância no tratamento das emoções. Demonstrações e gestos de boa vontade, simbólicos, que envolvem pouco ou nenhum ônus, como um pedido de desculpas, um aperto de mão ou um convite para jantar, podem ter forte impacto sobre as emoções e, assim, abrir caminho para a cooperação.

Situação 4: Muita importância para o outro negociador e pouca para mim.

Esta área constitui-se na chave de ouro do bom negociador. Frequentemente não é muito bem entendida e trabalhada porque temos dificuldade de nos colocar no lugar da outra pessoa. Conseguimos ver a situação basicamente sob a nossa ótica e, com isto, acabamos perdendo muitas oportunidades. Alguns exemplos podem esclarecer.

Quando se discutiam na ONU, no período de 1974 a 1981, os direitos de utilização dos recursos dos mares, os representantes dos países em desenvolvimento manifestaram grande interesse pelo intercâmbio de tecnologia de mineração do fundo do mar. Os países desenvolvidos não viram nenhuma dificuldade em satisfazer este desejo e encararam a transferência de tecnologia como sem expressão, sem dar a menor importância ao assunto. Se tivessem agido de forma contrária, poderiam ter agregado um grande valor a suas propostas e facilitado a concretização do acordo.

Um cliente inadimplente, ao negociar com um banco, manifestou o desejo de efetuar o pagamento num determinado prazo, aparentemente longo. Para o banco isto não representava a menor dificuldade e o prazo foi concedido, sem se valorizar devidamente esta concessão.

Numa empresa, um gerente queria recompensar um funcionário cujo desempenho era bastante bom. Pensava em dar a ele um aumento salarial, mas, antes disso, resolveu perguntar ao funcionário o que ele desejava. Ficou surpreso com a resposta. O rapaz, de origem humilde e que vinha crescendo na empresa, achava mais importante do que uma recompensa salarial a permissão para que seus familiares o vissem operando equipamentos bastante sofisticados, que se apoiavam em tecnologia digital.

Enfim, são muitas as situações possíveis, mas em geral elas não são aproveitadas. Para obter concessões esta área é bastante negativa, pois o outro vai valorizar muito uma coisa que para nós não tem grande importância. E isto pode gerar dificuldades desnecessárias.

Outro ponto é descobrir o padrão de concessão do outro negociador.

Suponhamos que um vendedor tenha uma margem de negociação, diferença entre o desejável e o mínimo aceitável, de 100. Vejamos quais são os padrões de concessão para estes 100.

CONCESSÕES	PADRÃO DE CONCESSÃO					
	1	2	3	4	5	6
1ª	100	5	20	0	35	5
2ª	0	15	20	0	25	35
3ª	0	20	20	0	20	40
4ª	0	25	20	0	15	15
5ª	0	35	20	100	5	5
Total	100	100	100	100	100	100

NEGOCIAÇÃO TOTAL

A pior forma de concessão corresponde ao padrão 1 (100, 0, 0, 0, 0). Esta pessoa não luta pelo desejável e logo concede tudo o que podia conceder. Além de perder oportunidades de conceder menos, provoca no comprador um desejo de querer mais ainda. O interessante é que existem pessoas que concedem de graça e sem que nada lhes tenha sido pedido.

O padrão 2 (5, 15, 20, 25, 35) também é negativo. Começa com uma pequena concessão que aumenta com o correr do tempo. Crescem a expectativa do comprador e o seu desejo de lutar por mais.

O padrão 3 de concessões (20, 20, 20, 20, 20), embora não seja tão negativo quanto o anterior, também provoca no comprador a impressão de que sempre que insistir obterá uma concessão de 20. É só uma questão de paciência.

Já no padrão 4 (0, 0, 0, 0, 100) a concessão só é feita no final da negociação. O problema com este padrão é que o comprador, por não estar obtendo nenhuma concessão, pode desistir. Este é o tipo de negociador que só concede quando está chegando o seu prazo-limite.

No padrão 5 (35, 25, 20, 15, 5) o vendedor deixa a impressão de que está chegando ao limite e que as concessões são cada vez menores

No padrão 6 (5, 35, 40, 15, 5) há uma resistência inicial que ajuda a testar a persistência do comprador. As duas concessões seguintes são maiores, mas logo depois começam a decrescer, de forma a informar que o limite está chegando.

Estes padrões básicos podem ter outras formas, como, por exemplo, a concessão negativa, que é retirar uma concessão já feita.

Portanto, é útil apresentar alguns princípios da boa forma de efetuar concessões:

> ▶ Planeje sempre suas concessões tendo em vista tudo o que será negociado. Uma visão limitada pode levar a um beco sem saída. Adote o referencial da Matriz de Concessões.

> ▶ Tudo nas concessões depende do que se obtém em troca. Portanto, tenha em mente o que você quer e o que você está disposto a dar. Igualmente, considere que as pessoas têm valores e necessidades diferentes.

> ▶ Negociar bem é não precisar dispor de todas as cartas para obter o que se quer.

COMO FAZER E OBTER CONCESSÕES. A MATRIZ DE CONCESSÕES

▷ Considere todas as concessões feitas para não ser vítima da tática do "salame" ou de "grão em grão", por desconhecer a magnitude das concessões feitas, quando não se percebem todas as consequências e implicações do que se está fazendo. Às vezes, o negociador tem a impressão de que está concedendo coisas insignificantes e só quando efetua a quantificação percebe o vulto total da concessão. É semelhante à história do imperador que resolveu premiar o inventor do jogo de xadrez, a que já nos referimos anteriormente. Assim, para não comprometer todos os seus celeiros sempre quantifique suas concessões.

▷ Não conceda muito rapidamente nem demais, o que aumenta o desejo do outro de obter mais concessões.

▷ Valorize suas concessões.

▷ Faça o outro lutar pelas concessões.

▷ Se o outro fez uma concessão, não é necessário responder imediatamente com outra. Igualmente, não é necessário responder a uma concessão com outra de igual valor.

▷ Se possível, a primeira grande concessão deve ser da outra parte. Caso contrário, faça uma concessão condicional. Utilize o mecanismo do se... então. Isto quer dizer que você pode fazer concessões condicionais sob a forma: *se* eu concedo A, *então* você me concede B.

▷ Estabeleça com propriedade a sua margem de negociação, que vai desde o desejável até o limite, ou seja, aquele valor além do qual você não fará mais concessões e, se for o caso, se retirará da negociação.

▷ Tenha em mente a sua MADI (Melhor Alternativa Disponível em caso de Impasse), o que você fará caso a negociação chegue a um impasse que não permita prosseguir a negociação com esta pessoa/empresa. É importante não confundir a MADI com o valor-limite da margem de negociação.

▷ Utilize o mecanismo denominado Escada de Concessões. Uma Escada de Concessões consiste de vários degraus que vão desde o valor desejável até o valor-limite, ou mínimo. Mas tenha em mente que nesta escada os degraus não têm, necessariamente, o mesmo tamanho.

▷ Procure ter justificativas para as concessões.

▷ Se fizer uma concessão malfeita, não tenha receio de recuar. É o acordo final que define os termos da negociação.

▷ Lute, de forma realista, pelo desejável. Há negociadores que concedem com muita facilidade, às vezes, sem que a outra parte tenha pedido qualquer coisa. Há outros que lutam apenas pelo mínimo, ou valor-limite.

▷ O tempo-limite de uma negociação força uma decisão, e as maiores concessões acontecem quando está chegando o tempo-limite.

Enfim, tenha em mente que é sempre possível tirar proveito de suas concessões. Faça de suas concessões uma oportunidade e não um problema.

Parte VI

NEGOCIAÇÃO E PROCESSO DECISÓRIO

23
O PROCESSO DE TOMADA DE DECISÃO E SOLUÇÃO DE PROBLEMAS

24
PECADOS CAPITAIS NO PROCESSO DE TOMADA DE DECISÃO E SOLUÇÃO DE PROBLEMAS

25
ASPECTOS COMPORTAMENTAIS DO PROCESSO DE TOMADA DE DECISÃO E SOLUÇÃO DE PROBLEMAS

26
CONSTRUINDO ACORDOS. INTEGRANDO OS PROCESSOS DE TOMADA DE DECISÃO E SOLUÇÃO DE PROBLEMAS NA NEGOCIAÇÃO

27
PROCEDIMENTOS INDISPENSÁVEIS PARA QUEM QUISER NEGOCIAR COM BASE NA SOLUÇÃO DE PROBLEMAS

O PROCESSO DE TOMADA DE DECISÃO E SOLUÇÃO DE PROBLEMAS

Solução de problemas e barganha de propostas são, como já vimos anteriormente, as duas formas básicas de negociação. A barganha de propostas é a queda-de-braço em que os negociadores não se aprofundam na compreensão das questões, sejam elas ameaças, dificuldades ou oportunidades. Cada lado se aferra à sua proposta e age na base do ataque e defesa. Este é o padrão de negociação de uma boa parte de empresas. Duas grandes empresas americanas, a Walmart, uma rede de supermercados, e a Procter & Gamble, uma empresa que produz vários artigos, inclusive de higiene pessoal, também negociavam assim. Depois de algum tempo de batalha resolveram tentar outro processo, reunindo periodicamente alguns de seus altos executivos. Dessas reuniões surgiu um plano de uso conjunto da informática, com o desenvolvimento de um sistema de inventário informatizado. A consequência foi uma redução de custos de milhões de dólares e um aumento de mais de dois bilhões de dólares nas transações entre elas.

Na negociação baseada na solução de problemas procura-se compreender a natureza do que está sendo negociado. Assim, a situação tem de ser entendida, pelo menos, sob a ótica dos dois negociadores. Precisa ser diagnosticada e resolvida de modo a atender aos interesses das partes. Para negociar com base na solução de problemas é necessário, em primeiro lugar, saber que existe essa possibilidade. Em segundo, estar disposto a investir nessa direção. E finalmente conhecer e aplicar as seis etapas do processo de tomada de decisão e solução de problemas. Neste processo devemos estar atentos a dois assuntos já tratados anteriormente no Capítulo 7,

NEGOCIAÇÃO TOTAL

"O Mecanismo Básico do Sucesso", e no Capítulo 8, "Reflexão e Ação: Saber Pensar e Agir, Sendo um Negociador Integral". Isto porque, em cada etapa, devemos estar cientes da necessidade do pensamento convergente (racional), divergente (criatividade), intuição e estados mentais necessários para desenvolver com eficiência a etapa. Ao mesmo tempo, conhecer os objetivos de cada etapa e saber que para alcançá-los pode haver vários procedimentos. Se o objetivo da etapa não foi alcançado com um deles, tente outro, até que o resultado atenda ao objetivo.

ETAPAS DO PROCESSO DE TOMADA DE DECISÃO E SOLUÇÃO DE PROBLEMAS

1. Escolha do problema.
2. Definição do problema.
3. Diagnóstico da situação.
4. Geração de alternativas para a solução.
5. Escolha da solução.
6. Implantação da solução.

Apresentamos a seguir as seis etapas:

1. Escolha do problema

Nesta etapa são identificados os vários tipos de interesse existentes, de forma a descobrir as áreas que podem redundar em ganhos para as partes. E isso pode ser feito com a utilização do Quadro de Interesses, apresentado no Capítulo 17, "Os Momentos e as Etapas do Processo de Negociação". Foi nesta etapa que a Walmart e a Procter & Gamble perceberam que poderiam negociar o desenvolvimento de um sistema de inventário informatizado. É nesta fase que as oportunidades podem ser descobertas.

2. Definição do problema

Este ponto é extremamente delicado e, frequentemente, não recebe a atenção que merece. Assim, nada como recorrer a uma autoridade como Albert Einstein, para quem "a mera formulação de um problema é com frequência muito mais importante do que a solução, que pode depender

O Processo de Tomada de Decisão e Solução de Problemas

apenas de habilidade matemática ou de destreza experimental. Levantar novas questões, novas possibilidades, tratar velhos problemas sob novo ângulo, isto sim exige imaginação criadora e assinala avanços reais no campo da ciência". Neste sentido, é conveniente lembrar a frase do escritor inglês Chesterton: "Não é que os políticos não vejam a solução. O que eles não enxergam é o problema". E isto pode ser válido para muitas pessoas.

Um simples exemplo: suponhamos que, numa segunda-feira, ao chegar ao escritório, você não consiga abrir a porta da sua sala. Suponhamos, também, que você esteja usando a chave certa e que isso seja um problema para você e não uma solução. Você, de fato, quer entrar na sua sala. Este problema poderá ser definido de algumas formas: a primeira é que a chave não abre a porta. Neste caso, ou você manda consertar a fechadura, ou faz uma nova chave.

Em vez de definir como um problema chave-fechadura, porém, posso definir como um problema da porta. Assim, é a porta que não está mais funcionando adequadamente. Desta maneira, além das soluções anteriores, posso me perguntar: "É necessário que esta porta seja fechada a chave?" Pode ser que se constate que fechar a porta a chave foi uma necessidade anterior, sem qualquer validade agora. É o caso de um policial que tomava conta de um banco numa praça da Inglaterra, sem deixar ninguém sentar nele. Um jornalista ficou intrigado, sem entender a atitude do policial, e resolveu investigar a questão. Descobriu que o banco havia sido pintado e, para evitar que alguém se sentasse nele, enquanto a pintura não secava, foi designado o policial. Só que a pintura secou e ninguém revogou a ordem. De qualquer forma, é bom esclarecer que não era o mesmo policial que tomava conta do banco o dia inteiro. Havia uma escala de rodízio. Pelo menos isso.

Outra forma de definir o problema é como um problema de passagem. Neste caso, até a necessidade de a porta existir é questionada. Atualmente, as empresas estão abolindo os compartimentos. Tudo o que era símbolo de *status* está caindo, e uma sala privada ajudaria somente a distinguir uma pessoa das outras, sem qualquer ganho funcional.

Assim, um mesmo problema pode ser visto e definido de várias formas. E a maneira como isso é feito limita ou amplia o número de soluções possíveis. Além disso, permite que se mantenha o foco no que é realmente relevante. Às vezes, os problemas que devem ser resolvidos implicam salvar vidas de pessoas e empresas e os negociadores se apegam a detalhes insignificantes que apenas retardam a solução da questão ou a impossibilitam. Outras vezes, a formulação inadequada de um problema faz com que os negociadores se esqueçam de identificar as oportunidades existentes e se fixem em visões limitadas.

Algumas perguntas podem ajudar na formulação do problema: "Como sabemos que é um problema?", "Como podemos medi-lo?", "Que efeitos ele produz?", "Quem está envolvido?", "Por que e para que pretendemos fazer uma mudança?", "Como pode ser medida a mudança feita?", "Qual é a situação atual e a situação desejada?", "Como saberemos o momento em que atingimos nosso objetivo?"

3. Diagnóstico da situação

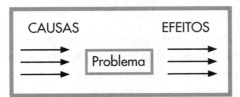

Objetivo: Conhecer a natureza de um problema ou oportunidade, seus efeitos e limites. O diagnóstico começa com a coleta de informação, tentando identificar quais são os sintomas ou os efeitos do problema e, em alguns casos, as consequências dos efeitos. Na coleta de informações usam-se algumas das famosas perguntas de Rudyard Kipling: o que, quem, como, quando e onde. A essas perguntas deve-se acrescentar o quanto, ou seja, a quantificação do problema. Deve-se identificar o processo segundo o qual o problema ocorre e sua extensão ou limites.

Uma vez que se tenha uma base consistente de informações, passa-se a identificar as causas possíveis e, entre elas, a mais provável.

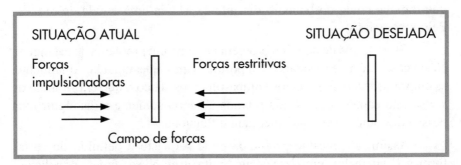

Um modelo que pode ser bastante útil em determinadas situações é o do campo de forças de Kurt Lewin. Neste caso, a situação-problema é vista como um conjunto de forças impulsionadoras e restritivas. Forças impulsionadoras contribuem para a solução e restritivas, para a manutenção do *status quo* ou do problema. Uma força impulsionadora pode ser, por exemplo, competência para lidar com a situação-problema. Uma força restritiva pode ser falta de recursos, de motivação ou de vontade política. De acordo com esse método, primeiro identificam-se a situação atual e a situação desejada e depois as forças impulsionadoras e restritivas da situação atual. Resolver o problema consiste em anular ou diminuir as forças restritivas e aumentar ou criar novas forças impulsionadoras.

4. Geração de alternativas para a solução

Deve-se sempre ter em mente que a solução de um problema é tão boa quanto a melhor alternativa que se conseguir. Assim, devem ser geradas várias alternativas de solução. É preciso ter muito cuidado com as soluções únicas. Vale a pena lembrar a frase do filósofo francês Emile Chartier: "Nada é mais perigoso do que uma ideia quando ela é a única que você tem". O domínio das técnicas de criatividade, como o *brainstorming,* entre outras, é muito valioso. É muito importante estar atento às suposições de cada alternativa de solução e também aos problemas que ela pode acarretar. O parque temático Terra Encantada, no Rio de Janeiro, passou por dificuldades em função do pressuposto de que seria visitado diariamente, logo após a sua inauguração, por 20 mil pessoas. Mas a média dos visitantes foi de apenas 5 mil, ou seja, um quarto do previsto. Por outro lado, é bom lembrar que os remédios podem ter efeitos colaterais mais devastadores do que as doenças que pretendiam curar. Muitas vezes resolve-se um problema e se cria outro maior, como um remédio para tratar úlcera que acaba provocando um infarto. Devemos estar sempre atentos aos efeitos secundários de cada alternativa. De qualquer forma, é necessário lembrar que só existe desfecho ganha/ganha se houver alternativa de ganho comum.

5. Escolha da solução

Toda decisão é baseada em critérios. Para decidir entre as alternativas existentes, portanto, é necessário estabelecer os critérios que serão utilizados. Há dois tipos de critério: os desejáveis e os necessários. Os desejáveis são aqueles que seria bom se a solução os contemplasse. Os necessários são aqueles que devem, obrigatoriamente, ser atendidos pela solução. Entre estes critérios estão os fatores limitativos ou restrições. Vamos supor que alguém queira comprar um apartamento. Entre os critérios desejáveis ele inclui, por exemplo, que o prédio tenha uma piscina. Se isso for indispensável, passará a ser um critério necessário. Outros critérios podem ser localização e número de quartos. Um fator restritivo: o preço do imóvel não deve ser superior a 200 mil dólares. Os critérios precisam ser muito bem escolhidos. Se por acaso faltar um critério relevante, a decisão ficará comprometida. Se entre os critérios desconsiderados estiver o de que não deve entrar água na garagem em caso de chuva, o seu BMW pode virar submarino. Na escolha da solução, além dos critérios, devemos levar em conta os pressupostos e as consequências secundárias de cada solução.

6. Implantação da solução

De nada adianta ter a melhor solução se sua implantação não for bem-feita. Essa implantação precisa ser bem planejada e, além disso, conter mecanismos para identificar e corrigir desvios. É necessário, também, pensar em planos contingenciais, caso a implantação se revele equivocada.

24

PECADOS CAPITAIS NO PROCESSO DE TOMADA DE DECISÃO E SOLUÇÃO DE PROBLEMAS

*S*aber ou não tomar decisões e resolver problemas, eis uma questão fundamental, pelo menos para quem queira, ou sinta que é necessário, negociar com base na solução de problemas. Sabemos que, numa organização, as negociações podem ocorrer nos níveis operacional, tático ou estratégico e, quanto mais complexas forem, mais haverá a necessidade de agir com base na solução de problemas, isto é, compreendendo a essência das questões que estão sendo tratadas. Quem negocia com base na barganha de propostas não se detém na análise e compreensão das questões e, assim, não vislumbra todo o quadro de possibilidades. Portanto, não vê nem aproveita as oportunidades existentes. Quem quer negociar como solucionador de problemas, entretanto, deve estar consciente do grande número de dificuldades e que os descuidos acabam redundando em muitos pecados que podem comprometer todo o processo de negociação. E uma das consequências destes pecados é o grande volume de dinheiro gasto para preservar o ego e o *status* dos negociadores que os cometeram.

Com o propósito de refletir sobre os pecados mais expressivos do processo de tomada de decisão e solução de problemas, vamos apresentar alguns:

▷ Envolver-se em situações para as quais não se tem autoridade. Há casos de negociações que duraram vários meses, para só então os negociadores descobrirem que não tinham autoridade para firmar o acordo a que tinham chegado. Portanto, saiba sempre qual é o nível de autoridade necessário para tomar uma decisão.

NEGOCIAÇÃO TOTAL

▷ Não distinguir entre o que pode e o que não pode ser mudado. Isso significa dar murro em ponta de faca ou ficar resignado diante de situações cuja possibilidade de mudança está ao seu alcance. Lembrar a oração da sabedoria: "Senhor, dai-me forças para mudar o que pode ser mudado, paciência para aceitar o que não pode ser mudado e sabedoria para distinguir uma coisa de outra".

▷ Perder tempo com decisões improdutivas ou irrelevantes. Tenha em mente uma das conhecidas leis de Parkinson, segundo a qual o tempo consumido com a tomada de decisão é inversamente proporcional à importância do assunto. Assim, siga o princípio dos 20/80: 20% do que se faz responde por 80% dos resultados.

▷ Ser reativo antes que proativo. Estar sempre a reboque dos acontecimentos, apagando incêndios, isto é, não ficar atento aos sinais e só ver depois. Por trás disso podem estar uma visão de curto prazo ou uma focalização em detalhes, em vez da compreensão global da situação. Ou, quem sabe, a adoção de soluções apressadas, imediatistas e simplistas, que atacam os efeitos e não as causas.

▷ Lamentar mais do que buscar soluções. É oportuno lembrar Henry Ford: "Não procure defeitos, procure soluções. Queixar-se qualquer um sabe".

▷ Diante de informações desagradáveis, usar mecanismos psicológicos, como rejeitar, negar, evitar e distorcer, antes de enfrentar os fatos. Lembre-se de que informação é a matéria-prima para tomar decisões e solucionar problemas.

▷ Tomar decisões em função de análises apressadas e superficiais e, a partir da decisão tomada, passar a julgar todos os fatos posteriores. Assim, aqueles que representarem reforço da decisão tomada serão aumentados e os contrários serão diminuídos, operando-se mecanismo inverso em relação à alternativa que não foi escolhida. Isso transforma o negociador num torcedor da solução que escolheu, e não em alguém que procura analisar objetivamente os fatos. Esse tipo de atitude dá origem aos chamados conflitos ganha/perde, tão comuns em nossas organizações.

▷ Não descrever a situação de forma adequada, procurando fatos e coletando informações pertinentes. E, como consequência, não definir adequadamente a situação-problema, ou seja, aquela que se quer mudar.

> Não definir corretamente o problema, considerando a situação atual e a situação desejada. O investimento de tempo que se faz na definição do problema tem altos dividendos.

> Não separar as causas dos efeitos, não identificar corretamente o que é uma e outro e, consequentemente, procurar resolver os efeitos e não as causas. Não retarde a solução com paliativos que só agravam a situação. Descubra e enfrente as causas.

> Optar por uma alternativa sem antes formular um número adequado de possibilidades. Lembre-se sempre: a melhor solução de que se dispõe é tão boa quanto a melhor alternativa formulada.

> Confundir alternativas com solução. A alternativa é um meio de que se dispõe para alcançar determinado objetivo. Quem negocia com base na barganha de propostas não consegue trabalhar com esta diferença.

> Discutir alternativas sem formulá-las adequadamente, considerando todos os pressupostos explícitos ou implícitos, bem como todo o conjunto de consequências de cada alternativa. Procure saber exatamente quais são as vantagens e as desvantagens da solução que escolher.

> Decidir sem estabelecer critérios ou desconhecendo os critérios efetivamente utilizados, desconsiderando também o conjunto de fatores limitativos existentes. Toda decisão é baseada em critérios. Identifique os critérios de decisão que estiver utilizando e procure analisar se são apropriados.

> Não planejar adequadamente a implantação da decisão tomada, inclusive o estabelecimento de mecanismos de controle. Assim, será muito difícil corrigir os desvios e aprender com a experiência.

> Não estabelecer a forma adequada de comunicação entre os que tomaram a decisão e aqueles que vão implementá-la, pois é possível que estes não tenham entendido corretamente o que ficou acordado. Assim, o que será realizado acaba sendo diferente do que ficou combinado. Com isso, uma ótima negociação pode ter resultados medíocres. Esteja sempre atento às necessidades deste processo de comunicação.

> Ao passar para uma nova fase do processo decisório, não verificar a consistência entre as etapas já percorridas. Em cada etapa podem

NEGOCIAÇÃO TOTAL

surgir informações que invalidem as etapas prévias. Assim, ao planejar a implantação da decisão, podem-se descobrir fatos que mostrem a inviabilidade da solução adotada. Em função disso, haverá a necessidade de uma renegociação, com todos os desgastes que isso pode significar.

▷ Acreditar que exista uma alternativa sem pontos negativos e, consequentemente, não explicitá-los. Uma corrente é tão resistente quanto seu elo mais frágil. O mesmo vale para qualquer alternativa. Esteja atento às fragilidades de cada alternativa.

▷ Não elaborar planos contingenciais para o caso de aparecerem fatos e situações imprevistos. Tenha em mente a ambiguidade e a incerteza. Certeza total só têm os oniscientes.

▷ Decidir sem antes definir o processo pelo qual a decisão deveria ser tomada. Rejeitar a necessidade e a importância de obedecer a um processo, um conjunto de etapas previamente estabelecidas. Tudo é processo. Não se atenha apenas ao conteúdo.

▷ Não utilizar adequadamente o pensamento divergente e o convergente, ou seja, a alternância entre a criatividade, a análise, a síntese e o julgamento. O emprego simultâneo dessas diversas formas faz com que não se efetue corretamente nenhuma delas. A falta de alguma pode levar a soluções medíocres ou a idealizações estratosféricas, desvinculadas de qualquer exequibilidade.

▷ Querer impor decisões em situações que apresentem discordância, envolvimento de riscos elevados e grande incerteza, ou seja, não negociar com as partes envolvidas.

▷ Desconhecer que a efetividade de uma solução é consequência do produto de sua qualidade por sua aceitação. Assim, uma solução excelente que não tenha aceitação terá pouca ou nenhuma efetividade. Quando se negocia com base na solução de problemas busca-se justamente isto: soluções que tenham alta qualidade e alta aceitação.

Saber solucionar problemas e tomar decisões estão entre as ações mais significativas de um negociador. A alternativa a isso é a barganha de propostas.

ASPECTOS COMPORTAMENTAIS DO PROCESSO DE TOMADA DE DECISÃO E SOLUÇÃO DE PROBLEMAS

Para que o processo de tomada de decisão e solução de problemas possa ser entendido completamente é primordial identificar um conjunto de elementos necessários para que ele tenha êxito. Não resta a menor dúvida de que entre estes elementos estão incluídos a racionalidade, a criatividade, a intuição e os estados mentais. Em geral, quando se pensa em processo decisório, enfatiza-se sobretudo a racionalidade. Existem, entretanto, aspectos comportamentais que, se não forem devidamente considerados, poderão conduzir a soluções equivocadas ou produzir atritos tão fortes que mesmo as soluções mais adequadas serão implementadas erroneamente ou abandonadas devido ao alto nível de resistência.

Três pontos merecem consideração especial:

1. O processo de percepção.
2. O processo de relacionamento humano para a superação de divergências.
3. O pensamento grupal.

O PROCESSO DE PERCEPÇÃO

O processo de percepção, pelo qual os estímulos externos são processados de forma a se transformarem numa mensagem, comporta três mecanismos: distorção, omissão e generalização. Entre os estímulos recebidos e a

NEGOCIAÇÃO TOTAL

mensagem que formamos existem estes três filtros, que podem fazer com que haja um distanciamento significativo entre a nossa percepção e a realidade externa. Omitimos fatos que nos são desagradáveis ou que contrariem nossas convicções; tiramos conclusões apressadas, ou seja, generalizamos a partir de algumas poucas informações; distorcemos a realidade, vendo apenas aquilo que realmente queremos ver. É sempre conveniente lembrar que a percepção é a chave do comportamento, isto é, nós nos comportamos de acordo com a nossa percepção e não de acordo com a realidade externa ou objetiva. Percepção é a forma como vemos e interpretamos. Contribuem para ela nossos pressupostos sobre a realidade, crenças, valores e expectativas.

Entre as formas usadas pelos seres humanos para superar divergências e tomar decisões está um fenômeno bastante interessante, chamado valência da solução, que ocorre quando pequenos grupos (de três a quatro pessoas), sem liderança formal definida, estão empenhados na solução de um problema. São apresentadas várias soluções que recebem comentários críticos ou de apoio, bem como descrições e solicitações de esclarecimentos. Se o número de comentários positivos e negativos for somado algebricamente e dividido pelo número de comentários, obteremos um índice chamado índice de valência. A primeira solução que receber uma valência positiva de 0,15 tende a ser adotada em 85 por cento das vezes, independentemente da sua qualidade. O que importa é a quantidade de comentários positivos e não a qualidade dos mesmos. Assim, uma alternativa de qualidade superior acaba sendo preterida por um mesmo argumento contrário, repetido diversas vezes, sob diferentes formas. É preciso ter em consideração que a técnica de propaganda nazista de Joseph Goebbels consistia em repetir uma mentira tantas vezes até que ela se tornasse uma verdade.

O fato é que os grupos de tomada de decisão, sem o devido treino, costumam passar por um processo bastante característico de:

▶ Análise superficial da situação.

▶ Tomada de decisão em função da análise superficial.

▶ Avaliação das informações posteriores em função da decisão tomada, ou seja, as informações que corroboram a decisão tomada serão consideradas pertinentes. As que a contrariam serão desqualificadas.

Um dos remédios para isto, o julgamento adiado, foi altamente aconselhado por Bertrand Russell. Portanto, antes de qualquer conclusão é bastante recomendável mergulhar nos fatos e esperar um tempo para a correta assimilação dos mesmos. Assim, antes de tirar conclusões é necessário levantar todos os fatos pertinentes, superando o comodismo, a ansiedade e outros mecanismos psicológicos. Contribui para isso, também, a perspectiva temporal adotada, se voltada para o passado ou para o futuro. Pessoas com perspectiva temporal voltada para o passado estão sempre se lamentando, chorando pelo leite derramado, defendendo-se, encontrando justificativas para o que foi feito e buscando culpados.

De qualquer forma, é conveniente ressaltar que esses passos equivocados na tomada de decisão ocorrem tanto nas negociações externas, com outras empresas e pessoas, quanto nas negociações internas, dentro de uma mesma empresa. E uma das negociações internas que devemos considerar é a da equipe que está se preparando para uma negociação externa. Se esta negociação interna não for muito bem efetuada, a equipe, com toda a certeza, estará fragilizada durante a negociação externa.

O PROCESSO DE RELACIONAMENTO HUMANO PARA A SUPERAÇÃO DE DIVERGÊNCIAS

Para superar suas divergências, os seres humanos adotam muitas vezes procedimentos bastante destrutivos. Frequentemente partem para soluções de ganho parcial, com vencedores e perdedores. O importante passa a ser não uma solução de alta qualidade, mas uma solução em que os pontos de vista de uma pessoa, ou de uma facção, prevaleçam, não importando quais sejam as consequências. Comumente, é o jogo do poder pelo poder. Há até quem justifique este e outros procedimentos com a frase de John Maynard Keynes "A longo prazo, estaremos todos mortos", ou seja, as consequências destas decisões se manifestarão somente daqui a muito tempo.

Estudos sobre procedimentos para solucionar divergências mostram que uma sequência adotada com muita frequência é a seguinte:

1. Desvalorizar a importância do assunto.

2. Menosprezar a pessoa discordante.

3. Tentar mudar sua atitude.

4. Procurar suporte social para seus pontos de vista, isto é, buscar o apoio de outras pessoas.

5. Mudar as próprias atitudes.

NEGOCIAÇÃO TOTAL

Isto pode significar que o ser humano é mais racionalizante, isto é, arranja justificativas racionais para as suas posições, do que racional. Assim, o racional não é utilizado efetivamente na tomada de decisão e solução de problemas. Rever suas próprias atitudes e opiniões é a última coisa que costuma fazer. Isto, em termos de processo decisório e de negociação, significa um desgaste enorme de energia e tempo e a frequente adoção de soluções de baixa qualidade.

O PENSAMENTO GRUPAL

Estudando algumas decisões americanas sabidamente equivocadas, como, por exemplo, a Guerra do Vietnã e a invasão da Baía dos Porcos, em Cuba, Irving Janis chegou a algumas conclusões bastante interessantes sobre os fenômenos que aconteceram durante o processo decisório, os quais denominou de "pensamento grupal".

Estes fatos, com as devidas adaptações, podem ocorrer com qualquer grupo de tomada de decisão e negociação:

1. Ilusão de invulnerabilidade, partilhada pela maioria ou por todos os membros do grupo, que cria um excesso de otimismo e encoraja todos a assumir riscos extremos.

2. Esforços coletivos de racionalização visando desconsiderar sinais que levem os participantes a reconsiderar seus pressupostos.

3. Uma inquestionada crença na moralidade intrínseca do grupo, com uma forte tendência de ignorar as consequências éticas e morais das próprias decisões.

4. Visão estereotipada dos líderes adversários, ou dos negociadores do outro lado, que são considerados demoníacos ou completamente estúpidos.

5. Pressão direta sobre qualquer membro do grupo que apresente argumentação consistente contra qualquer um dos estereótipos, ilusões ou comprometimentos do grupo, deixando claro que este tipo de discordância é contrária ao que se espera de um participante leal.

6. Autocensura para evitar qualquer desvio.

7. Uma falsa ilusão de unanimidade e uma forte tendência a achar que silêncio significa consentimento.

8. O surgimento dos "guardas da mente", participantes que procuram proteger o grupo de qualquer informação que possa abalar a complacência compartilhada da moralidade e da efetividade das decisões tomadas.

Não resta a menor dúvida de que estado mental, intuição, criatividade e racionalidade são pontos essenciais da efetividade no processo de tomada de decisão e solução de problemas. Existe, entretanto, uma série de aspectos meramente comportamentais que, se não for devidamente considerada e trabalhada, pode acarretar perdas irreparáveis ou mesmo invalidar todo o esforço despendido no processo decisório e de negociação.

26

CONSTRUINDO ACORDOS. INTEGRANDO OS PROCESSOS DE TOMADA DE DECISÃO E SOLUÇÃO DE PROBLEMAS NA NEGOCIAÇÃO

O ponto básico para a negociação com base na solução de problemas é a associação entre as etapas dos processos de tomada de decisão e de solução de problemas com o de negociação. A figura na página seguinte mostra esta relação. Nas linhas estão relacionadas as etapas de negociação; nas colunas, as de tomada de decisão e solução de problemas e X indica a correspondência entre elas. A etapa de escolha de problema só existe numa negociação quando as empresas resolvem trabalhar cooperativamente e buscam formas de fazê-lo. Nestes casos, ela compreende todas as etapas de negociação. É nela que se procuram estabelecer os princípios, a forma de cooperação e os problemas concretos que serão tratados e negociados.

Na preparação, a base de toda negociação, temos de abordar todas as etapas da tomada de decisão e solução de problemas. Ela corresponde à fundação de uma edificação. Se a fundação não for bem-feita, por melhor que sejam as estruturas e o acabamento, o prédio vai ruir. Assim, uma vez definido o problema, ou o objeto da negociação, ela deve ir da definição do problema à implantação da solução. Um dos pontos importantes é a identificação dos interesses. Nas relações entre duas partes, existem quatro tipos de interesse: comuns, opostos, complementares e distintos. O levantamento de dados que permitam identificar o conjunto de interesses é o ponto de partida do diagnóstico. E para identificar estes interesses e definir objetivos é conveniente ter em mente a sigla NEVDT, que demonstra as questões-chave: necessidades, expectativas, valores, desejos e temores. Em

CONSTRUINDO ACORDOS. INTEGRANDO OS PROCESSOS DE TOMADA DE DECISÃO E SOLUÇÃO DE PROBLEMAS NA NEGOCIAÇÃO

PROC. DE TOMADA DE DECISÃO E SOLUÇÃO DE PROBLEMAS / PROCESSO DE NEGOCIAÇÃO	ESCOLHA DO PROBLEMA	DEFINIÇÃO DO PROBLEMA	DIAGNÓS-TICO DA SITUAÇÃO	GERAÇÃO DE ALTERNAT. PARA A SOLUÇÃO	ESCOLHA DA SOLUÇÃO	IMPLAN-. TAÇÃO DA SOLUÇÃO
Preparação	X	X	X	X	X	X
Abertura						
Exploração	X	X	X	X	X	X
Apresentação	X			X	X	
Clarificação	X			X	X	X
Ação final	X				X	X
Controle e avaliação	X					X

geral estes pontos não estão bem definidos no início da preparação. Mesmo ao final poderão estar baseados em muitos pressupostos. O que importa é ter o maior número de informações ordenadas, tendo em vista o processo de solução de problema.

A fase de abertura, que na negociação tem como objetivo criar o clima e a confiança, não encontra equivalente nas etapas do processo de solução de problemas, salvo nos casos em que se está negociando a escolha dos problemas a serem trabalhados cooperativamente.

Já a etapa seguinte, exploração, está ligada a todas as etapas do processo de solução de problemas. É neste momento que devemos testar o dever de casa, examinando os pressupostos, validando as conclusões da preparação. Portanto, começa-se pela formulação do problema e prossegue-se percorrendo todas as etapas da solução de problemas, chegando-se mesmo, numa primeira aproximação, a questões sobre a implantação da solução.

A apresentação, embora esteja mais associada à geração de alternativas, lida mais propriamente com as alternativas geradas e com a escolha da solução. Quando apresentamos estamos propondo uma solução. É importante que os critérios de decisão da outra parte sejam devidamente considerados. A apresentação pode ser feita tendo em vista solucionar o problema ou definir um critério que seja adotado pelas partes. É sempre conveniente lembrar

NEGOCIAÇÃO TOTAL

que toda decisão é baseada num critério. Às vezes, negociar inicialmente o critério pode ser o ponto-chave da decisão. De qualquer forma, a questão dos critérios é essencial numa negociação. Os critérios correspondem às justificativas das nossas escolhas de objetivos, alternativas e procedimentos. Sempre que houver uma decisão, seja em que etapa for, haverá algum tipo de critério, alguns explícitos, outros implícitos ou mesmo ignorados. É conveniente ressaltar que uma negociação é feita de uma série de pequenas decisões, embora a finalidade maior seja a da grande escolha, que resulta no acordo entre as partes.

No tempo em que havia o Conselho Interministerial de Preços, CIP, uma empresa cipada, isto é, que só podia aumentar os seus preços se o CIP concordasse, estava encontrando grandes dificuldades em suas negociações, que já estavam chegando ao terreno pessoal. Então o negociador da empresa resolveu basear-se nos critérios de decisão do CIP. Analisou todos eles e apresentou uma justificativa para o aumento de preço, que foi finalmente aprovado.

Na clarificação são tratados os mesmos aspectos da apresentação, embora o enfoque seja outro. A apresentação tem por objetivo mostrar soluções e a clarificação, a discussão destas soluções, a superação de conflitos e o estabelecimento de concessões. As divergências são tratadas procurando-se encontrar o caminho que leve a uma decisão que atenda aos interesses das partes envolvidas.

Na ação final trata-se da escolha da solução, da definição dos termos do acordo e de sua implantação. Finalmente, o controle e avaliação, que corresponde à etapa de implantação da solução.

Desta conjunção dos processos de negociação e tomada de decisão e solução de problemas, ficam algumas palavras-chave para todos os negociadores: interesses, objetivos, justificativas, alternativas e critérios. Os negociadores negociam para satisfazer seus interesses; os interesses são materializados através dos objetivos; os objetivos devem encontrar justificativas que os mantenham e defendam. Devemos ter várias alternativas ou maneiras para que estes objetivos sejam formulados e alcançados. Finalmente, negociação implica um número infindável de escolhas, entre outras o local e a oportunidade em que as negociações ocorrerão, as estratégias e táticas que utilizaremos, os termos do acordo e sua implantação. E as escolhas, de uma forma ou de outra, envolvem critérios, que são as nossas preferências ou as preferências compartilhadas.

A maneira como estas cinco palavras são entendidas e o processo como são trabalhadas numa negociação fazem a diferença entre o negociador que barganha propostas e o solucionador de problemas. Entre sucesso e fracasso.

27

PROCEDIMENTOS INDISPENSÁVEIS PARA QUEM QUISER NEGOCIAR COM BASE NA SOLUÇÃO DE PROBLEMAS

*H*á uma série de procedimentos e instrumentos muito úteis, senão indispensáveis, para o negociador solucionar problemas. Estes procedimentos e instrumentos podem ser utilizados em todas as áreas do Modelo Integrado de Negociação. Entre eles, temos os seguintes:

A ESCADA DE ABSTRAÇÃO

Uma questão essencial: você vê a diferença entre objetivo e alternativa?

Compreender a realidade segundo os vários níveis de abstração pode ajudar a entendê-la melhor, de uma forma muito mais ampla, abrangente e rica. É como subir ao alto de uma montanha para poder enxergar mais longe. Em negociação, isso ajuda a compreender melhor as escolhas que um negociador tem de fazer a todo momento e a entender a diferença entre objetivos e alternativas.

A escada de abstração é um instrumento que ajuda a esclarecer a questão. Para subir a escada, ou seja, para aumentar o nível de abstração, devemos responder à pergunta "para quê?". Para descer a escada, ou seja, baixar o nível de abstração, devemos responder à pergunta "como?". Vejamos, inicialmente, uma escada com dois degraus. Primeiro degrau: comprar arroz. O segundo degrau é obtido pela resposta à pergunta: "Para que comprar arroz?" Para alimentação. Comprar arroz, que é o objetivo de primeiro nível, passa a ser uma alternativa quando considerado em relação ao segundo nível, isto é, arroz é uma das alternativas de alimentação.

Analisemos uma escada maior. Consideremos a negociação para adquirir um automóvel da marca X. Para que comprar este carro? Para usar. Com isso define-se o objetivo da compra. Poderia haver outros objetivos, como revender ou alugar. Para que usar o carro? Para viajar. Poderia, também, haver outros objetivos, como trabalhar ou transformá-lo num táxi. O que deve ser novamente observado é que aquilo que era objetivo, quando considerado por um degrau, passa a ser alternativa quando considerado pelo degrau de nível mais alto. Assim, a aquisição de um veículo deve ser vista como uma das alternativas possíveis para utilizar o carro. Existem outras alternativas, como comprar outras marcas de veículos. Usar o carro também é uma das alternativas para viajar, mas pode-se usar outros meios, como avião ou navio. Portanto, o degrau de nível inferior é uma das alternativas para o degrau de cima, que é o objetivo. Assim, um degrau pode ser objetivo e alternativa ao mesmo tempo. Depende em relação a que ele é considerado. Para descer os degraus, ou seja, baixar o nível de abstração, empregamos a pergunta *como*. Como viajar? Usando um carro. Como usar o carro? Comprando um veículo da marca X. Caso quiséssemos ainda descer mais um degrau, poderíamos nos perguntar: "Como comprar o carro?" Pagamento à vista, a prazo ou *leasing*?

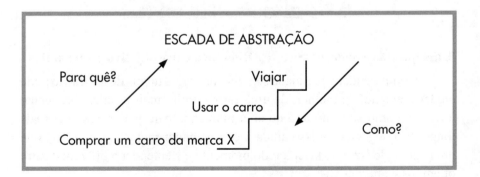

A pergunta seguinte é: "E daí, para que isto tudo serve?"

Uma empresa que produzia chapas metálicas estava mudando o seu sistema de controle de qualidade e passaria a utilizar raio x na inspeção das peças. Para isso fez um projeto, com uma estrutura de concreto armado em forma de ferradura, para abrigar o novo equipamento. Este projeto estava orçado em 50 mil dólares. Um ótimo negociador do estilo barganha de propostas que fosse comprar os materiais de construção e obtivesse uma redução de preços de 20% já se sentiria muito satisfeito. Se o desconto obtido fosse de 30%, ficaria muito mais satisfeito ainda, pois teria obtido uma redução de 15 mil dólares. Mas o negociador solucionador de problemas que conhece a escada de abstração tem outro enfoque. Ele procura entender a situação e a natureza do problema, e para isso saber distinguir entre objetivo e alternativa pode fazer a diferença. É neste ponto que a pergunta "para quê?" é extremamente útil. "Para que esta estrutura de concreto armado?" Para proteger o meio ambiente das radiações de raio x. Este, portanto, é o verdadeiro objetivo da estrutura de concreto armado. Logo, a estrutura de concreto armado, que era objetivo no nível mais baixo de abstração, passa a ser alternativa, quando subimos um degrau. E quando se sabe o objetivo de nível mais elevado pode-se buscar outras alternativas que permitam alcançar o mesmo objetivo. Por exemplo: em vez de concreto armado, utilizar terra. O resultado é que o custo da realização deste projeto baixou para 5 mil dólares.

Portanto, notem a diferença. O negociador excelente, com base na barganha de propostas, que não se preocupou em aprofundar a questão e em diferenciar objetivo de alternativa, pagará 35 mil dólares pela obra. Já o negociador solucionador de problemas, que sabe diferenciar objetivo de alternativa, e se preocupa com esta diferenciação, pagará 5 mil dólares para obter o mesmo resultado, ou seja, proteger o meio ambiente das radiações de raio x.

Assim, conhecer a escada de abstração e saber diferenciar objetivo de alternativa é essencial numa negociação, bem como estar ciente de que para cada objetivo podem existir muitas alternativas ou maneiras de alcançá-lo. Além disso, estar plenamente consciente de que tudo o que se faz é apenas uma entre as muitas alternativas possíveis. Com isso ganha-se mais flexibilidade, aumenta-se o número de escolhas e, consequentemente, a probabilidade de alcançar os objetivos. Mas não é só isso. Um negociador deve considerar que tudo o que faz é uma alternativa para alcançar um determinado objetivo.

A ESTRUTURA DE CONCORDÂNCIA

A estrutura de concordância consiste em fazer uma dupla escada de abstração, uma para cada um dos lados da negociação, até que se identifique o patamar de concordância que permita encontrar as alternativas de concordância que atendam aos interesses das partes, conforme a figura na página seguinte.

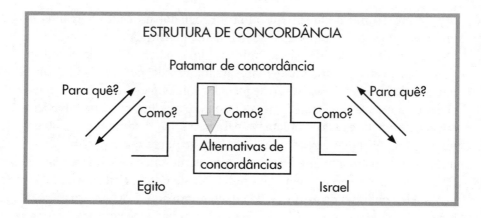

Para exemplificar como funciona a estrutura de concordância, utilizaremos as informações de Roger Fisher e William Ury sobre as negociações de paz entre Egito e Israel, em Camp David. Em 1978, estes dois países se reuniram para tratar da questão do Sinai, tomado dos egípcios pelos israelenses na Guerra dos Seis Dias, em 1967. Os objetivos iniciais, ou seja, de primeiro nível, entre Egito e Israel não permitiam chegar à alternativa de concordância. O Egito queria que todo o território fosse devolvido e Israel pretendia conservar parte do Sinai. Não houve mapa que permitisse a solução da questão, ou seja, a barganha de propostas somente estava contribuindo com o impasse. A identificação dos objetivos de níveis mais elevados permitiu a solução para o impasse. Para que, em última instância, o Egito queria o Sinai? Para manter a soberania egípcia, recém-conquistada, sobre o território. O Sinai pertenceu ao Egito desde os tempos dos faraós, mas havia sido conquistado várias vezes por romanos, franceses e ingleses. E para que, ou seja, qual era o objetivo de nível mais elevado de Israel? Segurança. Israel não queria que o Sinai fosse utilizado para atacá-lo. Uma vez estabelecidos os objetivos neste nível, soberania e segurança, resta saber se havia sido atingido o patamar de concordância ou se seria necessário aprofundar ainda mais o entendimento da questão. Neste nível foi encontrada a alternativa de concordância: o Sinai voltaria à plena soberania egípcia, mas em compensação seria necessário desmilitarizar as áreas que Israel considerasse fundamentais para manter a sua segurança.

ÁRVORE DE DECISÃO

A árvore de decisão é um instrumento que permite explicitar o provável conjunto de desdobramentos para cada ação ou decisão. Tem o formato da

Procedimentos Indispensáveis para Quem Quiser Negociar com Base na Solução de Problemas

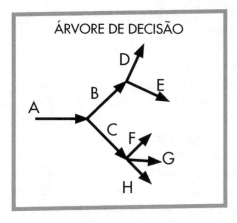

figura ao lado, em que cada uma das letras corresponde a um dos galhos da árvore. Suponhamos que alguém queira prevenir-se contra a utilização da tática da surpresa final (A) no fechamento de uma negociação.

Consideraram-se duas prováveis respostas: continuar negociando (B) ou retirar-se (C). Se se continuar negociando pode-se partir para a ameaça (D) ou desenvolver uma argumentação racional (E). E se se adotar a retirada (C) pode-se adotar a retirada definitiva e procurar outras pessoas para negociar (F), aguardar que o outro lado nos procure (G) ou tomar a iniciativa de um novo contato (H). E assim sucessivamente, até ter uma visão bastante ampla da situação. Depois disso, escolhe-se a linha de ação mais adequada.

Sempre que se quiser analisar uma situação, com todo o seu conjunto de implicações, a árvore de decisão é um instrumento que pode ser bem útil.

MAPA DE IDEIAS

É uma forma de abordar questões e problemas, procurando ver a totalidade e fugindo de uma análise mais linear. Foi desenvolvido por Tony Buzan. Suponhamos que a sua próxima negociação seja com uma pessoa muito intransigente. Como fazer o mapa de ideias?

1. Pegue uma folha de papel razoavelmente grande e no centro escreva: negociador intransigente. Isto será o gatilho, a partir do qual o mapa de ideias se desenvolverá.

2. Sem julgar, escreva na folha de papel tudo o que lhe vier à cabeça, por três ou quatro minutos.

3. Verifique se existem palavras que têm algum tipo de relação entre si. Relacione estas palavras com setas.

4. Olhe para o seu mapa e procure encontrar três ou quatro categorias principais que ajudem a agrupar as palavras ou ideias escritas livremente na folha. Por exemplo: algumas palavras definem as

características pessoais do outro, como grosseiro, mal-humorado, "reclamão". Outras podem ligar-se a procedimentos que devemos ter no que se refere ao relacionamento: contar até dez, responder agressões com fatos, argumentar de acordo com o estilo; outras, ainda, podem estar relacionadas aos procedimentos que devemos ter para tratar da parte substantiva da negociação, que é identificar interesses e encontrar alternativas. Para escolher as categorias principais, pense no MIN — Modelo Integrado de Negociação, nas etapas do processo de tomada de decisão e solução de problemas ou quaisquer outros pontos que você considerar pertinentes. Para cada uma destas categorias escolha um símbolo geométrico e coloque este símbolo ao redor das palavras ou ideias a ela relacionadas. Suponhamos que você tenha escolhido um triângulo para relacionamento pessoal, um círculo para procedimentos relativos ao relacionamento pessoal e um retângulo para os procedimentos para tratar com a parte substantiva.

5. Após colocar os símbolos ao redor de cada uma das palavras, pegue outra folha de papel, escreva as categorias principais numa linha e, embaixo de cada uma, as palavras ou ideias a ela relacionadas.

6. Analise como suas ideias podem contribuir para a solução do problema, que é negociar com uma pessoa muito intransigente.

O estado final de um mapa de ideias está apresentado na figura abaixo. Foram consideradas três categorias principais, representadas por um triângulo, um círculo e um retângulo. As letras, de A até J, representam palavras ou ideias a respeito do problema. As setas relacionam estas palavras, que estão dentro dos símbolos representantes das categorias principais.

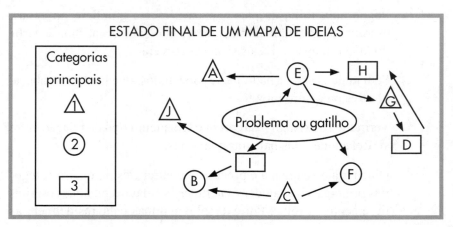

Um mapa de ideias mais simples pode ser feito em dez ou quinze minutos. Mas aí surge outra questão, a definição do problema. Neste primeiro mapa, o problema era um negociador intransigente. Entretanto, podemos definir o problema de várias maneiras, isto é, devemos encontrar outros gatilhos e fazer pelo menos mais dois mapas de ideias. Entre estes gatilhos temos:

1. Quando a situação estiver resolvida. O gatilho, isto é, a palavra ou ideia que ficará no centro do mapa de ideias, será: negociador cooperativo ou flexível.

2. Pense numa metáfora que possa representar o outro negociador, por exemplo, tempestade. Esta será a palavra-gatilho.

3. Palavra aleatória. Pegue um dicionário, abra-o ao acaso e com os olhos fechados aponte o dedo para a página. A palavra que estiver sob seu dedo será a palavra-gatilho para desenvolver o mapa de ideias.

Esta forma de proceder é uma maneira de superar bloqueios e encontrar soluções, ajudando a romper as barreiras da mesmice.

ESTABELECIMENTO DE CRITÉRIOS

Toda escolha é baseada em critérios. Para optar entre as várias alternativas, deve-se considerar dois tipos de critério: os necessários e os desejáveis. Os necessários são aqueles que, se não forem atendidos pela alternativa, fazem com que ela seja eliminada. Os desejáveis são aqueles que seria interessante se fossem atendidos pela alternativa. Entretanto, se isso não acontecer, não eliminam esta alternativa. Por exemplo: na escolha de um apartamento são apresentadas três alternativas:

OBJETIVO: COMPRA DE UM APARTAMENTO						
CRITÉRIOS NECESSÁRIOS	Apto. A		Apto. B		Apto. C	
	DADOS	SIM/NÃO	DADOS	SIM/NÃO	DADOS	SIM/NÃO
Construtora idônea	Cons. X	Sim	Cons. Y	Sim	Cons. S	Não
Custar menos de 150 mil reais	130M		120M		90M	
Garagem não inundar quando chover		Não		Não		Não
Ter pelo menos 3 quartos	3	Sim	3	Sim	4	Sim

De acordo com estes critérios, o apartamento C, mesmo tendo mais quartos e menor preço, foi eliminado, pois não foi aprovado no critério construtora idônea.

A fase seguinte é baseada nos critérios desejáveis. Um parâmetro incluído entre os critérios necessários pode, também, constar da lista dos critérios desejáveis.

CRITÉRIOS DESEJÁVEIS	Peso	Apto. A			Apto. B		
		Dados	Pontos		Dados	Pontos	
Rua tranquila	3	Ótimo	10	30	Boa	8	24
Facilidade de condução	4	Média	6	24	Muito boa	9	36
Condições de pagamento	5	Boa	8	40	Média	6	30
		TOTAL	94			90	

De acordo com os critérios acima, a alternativa A é considerada a melhor. Se, entretanto, foi esquecido um critério desejável, como a existência de uma piscina ou de um *playground*, que o apartamento B tem em melhores condições que o A, a escolha feita pode ser um equívoco. Tudo depende do peso atribuído ao item, da nota que se der a ele e do resultado do produto peso x item. E isso vale para qualquer escolha. Se os critérios não forem muito bem pesados e definidos, faremos escolhas equivocadas.

PROCEDIMENTOS DO PENSAR CRIATIVO DE EDWARD DE BONO

Edward de Bono é considerado uma das grandes autoridades contemporâneas no ensino do pensamento como habilidade prática. Ele reuniu ou desenvolveu uma série de procedimentos úteis para ajudar a refletir, compreender e decidir uma situação e identificar caminhos e procedimentos que auxiliem o processo de negociação. Entre as ferramentas relacionadas ou desenvolvidas por De Bono, estão as seguintes:

Procedimentos Indispensáveis para Quem Quiser Negociar com Base na Solução de Problemas

▷ **PNI** (Positivo, Negativo, Interessante). Para fazer uma PNI deve-se prestar atenção primeiro aos aspectos positivos de um contexto, situação ou alternativa. Em seguida, aos negativos e, finalmente, aos interessantes. De acordo com De Bono, isso deve ser feito de forma cuidadosa e disciplinada, num intervalo que não ultrapasse três minutos. Entretanto, grupos de negociação podem se utilizar deste procedimento para fazer análises por um tempo bem maior. O objetivo da PNI é que se vejam todos os pontos de uma situação antes de tirar conclusões ou defender uma posição.

▷ **APE** (Alternativas Para a Escolha). Tem como objetivo realizar um esforço sistemático para encontrar alternativas sobre uma determinada questão, não importando o que elas possam ser: possibilidades, escolhas ou qualquer outra coisa. Antes de fazer um julgamento, é necessário desenvolver um número razoável de alternativas. Assim, devemos utilizar o princípio de "julgamento adiado".

▷ **O terceiro caminho**. Baseia-se no ditado que diz que, quando há dois caminhos a seguir, o melhor é tomar o terceiro. Em negociação, significa que é necessário buscar outro caminho além das propostas defendidas pelos dois negociadores.

▷ **CTF** (Consideração de Todos os Fatores). Consiste em definir todos os fatores que devem ser considerados para fazer uma escolha, ou seja, determinar todos os critérios ou padrões de escolha.

▷ **C&S** (Conveniências e Sequelas). Trata-se de um exercício destinado a rebater pensamentos rápidos, sempre em relação ao futuro. O objetivo é pensar nas consequências positivas e negativas de uma ação ou decisão. É extremamente útil, pois é muito comum não analisar profundamente as consequências de uma decisão ou ação, sobretudo as consequências negativas. De Bono recomenda subdividir o tempo entre prazo imediato (menos de um ano), curto prazo (entre um e cinco anos), médio prazo (de dez a vinte anos) e longo prazo (mais de vinte anos).

▷ **"Ampolas lógicas"**. Quando alguém discorda de nós, em vez de considerar a pessoa estúpida, obstinada e inflexível, perguntar se essa pessoa não está argumentado de maneira lógica e inteligente, mas segundo a sua própria "ampola", ou seja, de acordo com sua percepção e interpretação da situação, que é diferente da nossa.

NEGOCIAÇÃO TOTAL

▷ **Teste de alternativas.** No caso de várias alternativas, imagine-se justificando a razão da escolha de cada alternativa para uma pessoa conhecida. Depois, escreve-se no papel cada uma dessas justificativas e procura-se encontrar a melhor alternativa, que, em geral, aparece com clareza. Algumas têm justificativas tão inconsistentes que são facilmente abandonadas.

▷ **Solução ideal.** É uma outra forma de encontrar um procedimento para efetuar uma escolha. Tendo várias alternativas, procure imaginar uma solução ideal (que não deve ser feita como uma opção disfarçada por uma alternativa). Depois, compare a alternativa ideal com as reais para verificar qual delas se destaca como a melhor.

▷ **O melhor lugar.** O melhor lugar para uma ideia ou alternativa é o contexto ou a situação em que ela pode se desenvolver. Para cada alternativa existe um lugar melhor. Portanto, é fundamental determinar que tipo de pessoa ou circunstância se adapta melhor a uma alternativa.

▷ **E se...** O e se... tem diversas utilidades. Pode ser usado na etapa de exploração de uma negociação. E se comprasse dez unidades? E se comprasse cinquenta unidades? E se pagasse à vista? E se pagasse a prazo? Pode também ser utilizado para solucionar conflitos, na técnica da inversão de papéis, sob a forma: "E se você estivesse na situação da outra parte, o que faria?" De Bono utiliza o e se... com o objetivo de identificar em que ponto uma alternativa deixa de ser interessante. Por exemplo, comprar um carro novo em vez de um usado. Podem-se fazer várias perguntas: "E se o carro não for econômico?" "E se o carro não sair da oficina?" (Alguém já incendiou um carro novo, em plena via pública, devido aos problemas que ele apresentou.)

A situação desagradável é aquela que, se ocorrer, faz com que a escolha seja equivocada. É conveniente analisar a probabilidade de que ela ocorra.

A capacidade de pensar, compreender, romper com as barreiras e limitações do pensamento, formular alternativas e encontrar soluções é fundamental para o negociador que pretende ser solucionador de problemas. Sem isso, negociar com base na solução de problemas não passará de boa intenção, o que na prática significa que as negociações ocorrerão efetivamente com base na barganha de propostas.

Parte VII

ALGUNS COMPLEMENTOS

28
O QUE NÃO FAZER AO NEGOCIAR

29
AS MODALIDADES E A ESTRUTURA GERAL E A ESPECÍFICA DE NEGOCIAÇÃO

30
A EQUIPE DE NEGOCIAÇÃO E A SUA ORGANIZAÇÃO

31
A CAPACITAÇÃO ORGANIZACIONAL EM NEGOCIAÇÃO

32
PODER PESSOAL: PALAVRAS FINAIS

33
UM TESTE: QUAL É A SUA HABILIDADE COMO NEGOCIADOR?

O QUE NÃO FAZER AO NEGOCIAR

*E*stamos negociando a todo momento. Negociação é como comunicação, algo que fizemos, fazemos e faremos milhares de vezes. E, talvez, por ser assim tão ligada ao nosso dia a dia, não percebamos todas as dificuldades envolvidas. Ou melhor, ficamos com a sensação de que alguma coisa não vai tão bem como gostaríamos e que, com certeza, poderia ser melhorada. Mas vamos tocando o barco assim mesmo. Entretanto, periodicamente, é conveniente dar uma parada e verificar como têm sido as nossas negociações. Quais são os resultados obtidos, onde estão os acertos e os erros.

Para facilitar essa reflexão sobre uma série de dificuldades e equívocos encontrados e cometidos por muitos negociadores, apresentamos a relação a seguir. Pense nas negociações que você tem feito e tire suas conclusões.

- ▶ Não preparar e não efetuar simulação das negociações, sobretudo aquelas de maior vulto. O tempo da improvisação está acabando.

- ▶ Negociar como se estivesse dialogando com o próprio espelho, ou seja, dificuldade em ver a situação com os olhos do outro negociador. Procure sempre ver a negociação sob todas as óticas possíveis.

- ▶ Acreditar que se está sempre na pior situação em termos de poder, tempo e informação. Não testar essas premissas, procurando congruência entre suas suposições e a realidade. Identifique e teste seus pressupostos.

NEGOCIAÇÃO TOTAL

▶ Confundir a versão com os fatos. É preciso muito cuidado para não cair na armadilha do: "O que importa é a versão e não os fatos". Verifique a autenticidade de suas informações.

▶ Falta de consciência do possível, manifestada através do estabelecimento de objetivos estratosféricos ou muito aquém dos efetivamente alcançáveis e dos tipos de risco assumidos. Risco total ou segurança absoluta.

▶ Não dispor de procedimentos para tratar a tensão e o *stress,* elementos sempre presentes em qualquer negociação, sobretudo aquelas de maior vulto.

▶ Confundir a pessoa do outro negociador com suas posições ou ideias. Assim, o foco da negociação desloca-se dos seus aspectos substantivos para conflitos de personalidades. Separe as pessoas dos problemas.

▶ Deixar-se envolver por táticas sujas, aquelas aplicadas com a intenção de ferir o outro negociador, psicológica ou mesmo fisicamente, ou iludi-lo. As táticas sujas devem ser identificadas e neutralizadas.

▶ Planejar e efetuar uma negociação sem buscar identificar os objetivos mínimos (necessários) do outro negociador. O outro sempre tem objetivos desejáveis e os minimamente aceitáveis.

▶ Utilizar de forma inadequada os recursos disponíveis. O negociador hábil tem pelo menos duas características: não faz acordos de que possa se arrepender mais tarde e utiliza da melhor maneira possível os recursos de que dispõe, sejam eles referentes a poder, tempo ou informação.

▶ Não identificar quais são as expectativas e os interesses comuns, complementares, opostos e neutros, o que acaba gerando polarização e conflitos entre as partes. Comece a negociação tratando dos interesses comuns.

▶ Descuidar-se de formular alternativas de ganho comum. Para isso são necessárias criatividade e uma boa dosagem entre pensamento convergente e divergente.

▶ Não verificar quais são os possíveis temores do outro negociador. Existe sempre uma série de temores subjacentes em grande parte das negociações, como ter o ego diminuído ou *status* prejudicado, sobretudo perante o próprio eleitorado. É sempre bom lembrar que todo negociador tem seu eleitorado e que muitas vezes ele age mais em função deste eleitorado do que de qualquer outra coisa. Deixe sempre uma saída honrosa para o outro.

▷ Não identificar as intenções do outro. As posições numa mesa de negociação são decorrentes de atitudes mentais, crenças e valores. É preciso, portanto, identificar se estamos diante de uma situação de colaboração, cuja premissa subjacente é de que um bom negócio é bom para ambas as partes, ou seja, o ganha/ganha, ou se estamos diante de alguém que quer levar vantagem em tudo, ou seja, o ganha/perde.

▷ Não atentar para o estilo e os interesses do outro. Como decorrência, apresentar argumentação sem nenhuma força persuasiva, distante do entendimento, da lógica, da emoção, das soluções e benefícios para o outro negociador. As pessoas estão interessadas, sobretudo, em soluções e benefícios.

▷ Desconhecer os sinais verbais e não-verbais ou processá-los de forma inadequada. Em todas as negociações são lançados muitos sinais que só podem ser interpretados corretamente por quem estiver atento à figura do outro negociador, isto é, vendo e ouvindo efetivamente. O negociador proativo vê antes.

▷ Não levar em conta o tempo de aceitação do outro. Todos nós, diante de ideias diferentes, temos um tempo para processar e aceitar essas ideias. A compreensão desse tempo diferencia o bom do mau negociador. É preciso ter paciência, saber esperar ou tornar o momento favorável.

▷ Descuidar-se do clima da negociação. O clima de uma negociação pode ser de apoio ou defensivo e significar a diferença entre um desfecho bom para ambas as partes ou um impasse. Ajuda muito se você colocar primeiro os fatos, depois as opiniões.

▷ Formular inadequadamente seus objetivos máximos (desejáveis) e mínimos (necessários). Isso ocorre, muitas vezes, porque na formulação desses objetivos não se considera a nossa MADI, a Melhor Alternativa Disponível no caso de um Impasse naquela negociação. Como consequência, às vezes cedemos mais do que

NEGOCIAÇÃO TOTAL

devíamos. Outras vezes, ficamos intransigentes e depois verificamos que perdemos uma boa oportunidade.

▷ Esquecer-se de que quem concede mal concede o dobro. A arte da concessão está em descobrir e valorizar o que é importante para o outro negociador e pouco importante para você e identificar a sequência correta. Sempre leve em consideração que aquilo que é importante para você pode não ter a menor importância para o outro negociador.

▷ Não diagnosticar corretamente as causas dos impasses e, com isso, acirrá-los ou fazer concessões inadequadas. Lembre-se de que os impasses têm cargas emocionais acentuadas. Portanto, trate delas com muito cuidado e preveja saídas estratégicas para possíveis impasses.

▷ Repetir constantemente as mesmas táticas, por falta de repertório. É sempre conveniente lembrar que táticas percebidas em tempo podem ser neutralizadas e revertidas e, muitas vezes, irritam o outro negociador. Procure desenvolver um bom repertório de táticas de informação, tempo e poder.

▷ Fazer a apresentação da proposta sem antes percorrer uma adequada fase de exploração ou sondagem. O bom negociador pergunta o dobro e compreende antes de se fazer compreender.

▷ Negociar em equipe sem definir, previamente, papéis e códigos de comunicação. Defina também procedimentos para retiradas estratégicas.

▷ Esquecer que a negociação só termina quando o acordo foi cumprido e não quando o acordo foi firmado. Tenha formas de avaliar e controlar o que foi acordado.

▷ Não procurar aprender alguma coisa de cada negociação efetuada. A prática só é boa mestra para quem sabe aprender com ela. Quem não sabe comete sempre os mesmos erros e cada vez melhor.

Estas são algumas das dificuldades e fraquezas de muitos negociadores. Convém refletir sobre elas e, se for o caso, buscar formas de superá-las. Com toda a certeza esta reflexão será muito mais rica se você aplicá-la a alguém com quem negocia frequentemente. Só assim terá oportunidade de validar as suas percepções.

O Que Não Fazer ao Negociar

Porém, estou supondo duas coisas: que o negociador tenha conhecimento do seu negócio, porque, caso contrário, é como andar de táxi numa cidade desconhecida: você pode chegar ao seu destino, mas o caminho que percorrerá pode transformar-se numa longa história. A outra é que o negociador efetivamente saiba a diferença entre negociar com base na barganha de propostas, ou queda-de-braço, e com base na solução de problemas.

AS MODALIDADES E A ESTRUTURA GERAL E A ESPECÍFICA DE NEGOCIAÇÃO

*N*egociação é um processo extremamente abrangente e comporta uma grande gama de modalidades, como vendas, compras, gerenciamento, sindicalismo, *joint ventures*, fusões e incorporações. Implica questões econômicas, sociais e políticas, nacionais e internacionais, e pode envolver aspectos estratégicos, táticos ou operacionais.

A negociação tem uma estrutura geral, presente e válida para toda e qualquer situação, e uma específica, voltada para cada modalidade de negociação. Assim, uma negociação sindical, por exemplo, tem a estrutura geral que envolve aspectos como etapas, estratégias e táticas, concessões, impasses, estilos comportamentais e comunicação. E também tem uma estrutura específica, própria das negociações sindicais. São rituais e procedimentos característicos que não estão presentes em outras modalidades de negociação.

Vamos exemplificar com uma situação de vendas. Há a estrutura geral de negociação e a estrutura específica, que trata de aspectos relativos apenas a vendas. Para compreender melhor estes aspectos específicos devemos ter em conta que nem toda venda exige negociação. Existem três tipos de vendedor: o "tira pedido", o "empurra produto" e o "consultor do cliente". A venda de um livro pode servir de exemplo. Quando alguém compra um livro, o vendedor "tira pedido" simplesmente atende o cliente, pegando o livro solicitado e formalizando a venda. Apesar de o vendedor "tira pedido" estar efetuando uma "venda", não está fazendo uma negociação. Negociação, entre outras coisas, é um processo de influência. Já o vendedor "empurra produto" é aquele que quer vender uma série de livros e insiste na venda. Inventa muitos artifícios, como: "Só falta a sua venda para que eu não seja despedido da empresa", "Tenho um problema de saúde, preciso fazer uma cirurgia urgente e estou sem recursos", "Ajude-me a ser o campeão de vendas da minha empresa". Estas são algumas das histórias que inventa. A conduta típica é: primeiro eu, segundo eu, terceiro eu, o cliente que se dane. Interesses, necessidades e expectativas do cliente? Nem pensar. Já o vendedor "consultor do cliente" pergunta quais são suas necessidades e áreas de interesse, os autores preferidos e outras questões relevantes. Depois, além do livro solicitado, mostra outros que são do interesse real do cliente. Essa atitude cria vínculos e gera um clima de confiança.

Para agir como consultor do cliente é preciso ter um enfoque um pouco diferente do usual e entender negociação como comunicação, processo compartilhado de decisão e solução de problemas. Assim, primeiro vem o diagnóstico, depois a solução. Ajudar o cliente no diagnóstico e na solução de seus problemas, eis o papel do vendedor consultor. Mas para isso é preciso saber que o cliente "nem sempre tem razão". Uma coisa é estar focado no cliente, nos seus desejos, expectativas e necessidades, não apenas nos explicitamente manifestos, mas também nos subjacentes, além do nível de consciência. Outra coisa, muito diferente, é adotar como verdade o lugar-comum de que "o cliente tem sempre razão". Caso isso fosse verdade, seria um paradoxo a ser desvendado: por que o ser humano, falível por natureza, transforma-se em onisciente quando assume o papel de cliente? Além disso, se o cliente tivesse sempre razão, o mar dos modismos não estaria cheio de náufragos.

Outro ponto básico que o vendedor consultor deve ter em mente é o da transformação das características e benefícios genéricos dos produtos e serviços em benefícios específicos e efetivos para os clientes.

É necessário considerar, porém, que negociação não é tudo para vendas. É extremamente importante, mas vendas também significa administração do tempo, apresentações impactantes, reuniões eficazes e determinação precisa de objetivos. E tudo isso são áreas com espaço próprio, independentes de negociação. Por um lado, as vendas, excluindo-se o vendedor "tira pedidos", representam negociação ou, mais precisamente, uma das modalidades de negociação. Por outro, elas devem estar alicerçadas em outras disciplinas de tal forma que se possa chegar ao que realmente importa, isto é, ao profissional extremamente competente, capaz de obter resultados expressivos.

Assim como em vendas, para entender a parte específica de qualquer modalidade de negociação é preciso entender a sua essência.

NEGOCIAÇÃO TOTAL

Vamos supor uma negociação mais complexa, como a formação de uma *joint venture*, isto é, uma junção de várias empresas, que podem ser de países diferentes, para explorar petróleo em águas marítimas profundas. A estrutura geral de negociação compreende, igualmente, etapas, estratégias e táticas, concessões, impasses, estilos comportamentais e comunicação. A estrutura específica diz respeito a aspectos relativos à formação da *joint venture*, aos procedimentos e à estrutura administrativa que deve ter para funcionar. Assim, é preciso entender como ela pode funcionar especificamente. Neste caso, há um operador, ou seja, quem efetivamente fará a parte operacional, a parte executiva, e um conselho de administração, *Joint Operating Committee (JOC)*, formado por todos os integrantes da *joint venture*, que faz orçamentos, delibera, decide sobre questões operacionais imprevistas e fiscaliza as atividades do operador. Tudo isso é definido pelo *Joint Operating Agreement (JOA)* — Acordo de Operação Conjunta. Por meio do *JOA* são definidas várias coisas, entre elas o operador, a participação percentual de cada empresa na *joint venture*, os procedimentos de funcionamento do *JOC*, as regras de votação para questões fundamentais, as definições orçamentárias, a filosofia para operações não consensuais, ou seja, aquelas em que não se chegou a um acordo quanto a forma de procedimento, duração do contrato, entidade que efetuará a arbitragem para dirimir quaisquer conflitos e a lei aplicável, isto é, de qual país. Uma vez definido este conjunto de pontos é que a *joint venture* começará, efetivamente, a executar as suas atividades-fim.

Assim, ao negociar, devemos considerar a estrutura geral e a específica de negociação, isto é, aquela que diz respeito a cada modalidade específica. Entendê-las, dominá-las e integrá-las pode fazer a diferença entre o fracasso e o sucesso.

30

A EQUIPE DE NEGOCIAÇÃO E A SUA ORGANIZAÇÃO

*N*egociar em equipe, mais do que nunca, está se tornando uma necessidade imprescindível, sobretudo para os casos mais complexos, em que é impossível a uma única pessoa dominar todos os aspectos relevantes. Isto porque o montante de conhecimentos e informações técnicas, jurídicas, econômicas e financeiras necessárias é extremamente significativo. Além disso, uma pessoa que for negociar sozinha com uma equipe bem preparada estará em tremenda desvantagem. Para negociar bem em equipe são indispensáveis uma boa preparação e uma definição precisa de papéis, procedimentos e códigos de comunicação. Em princípio, não costumamos dedicar muita atenção à preparação, seja nas negociações individuais, seja nas negociações em equipe. Se uma equipe bem preparada é extremamente poderosa, uma equipe despreparada pode constituir um verdadeiro desastre. Recentemente, um técnico da área de comércio internacional, em entrevista a um jornal, disse: "Vamos negociar levando uma folha de papel, enquanto os americanos chegam aqui carregando uma mala". Muitas vezes as pessoas são reunidas às pressas, sem que cada uma saiba muito bem qual é o seu papel. Quando a equipe não está preparada, e um integrante vê o outro falando algo que não deve, fica sem saber o que fazer. Às vezes, só depois da reunião de negociação, quando não há mais o que fazer, revela ao outro os deslizes cometidos. De vez em quando, dá um pontapé por baixo da mesa para que o colega pare de falar. Já houve casos em que o pontapé atingiu uma pessoa da outra equipe, que, com certeza, ficou sem entender a razão da tática tão agressiva. Em outras situações, pessoas de uma mesma equipe brigaram durante a negociação e tiveram de ouvir um comentário irônico do tipo: "Se vocês quiserem, nós

243

NEGOCIAÇÃO TOTAL

podemos servir de mediadores para aparar as arestas entre vocês". E há o vendedor que levou o seu chefe para ajudar num fechamento praticamente concluído, em que só precisava de um pequeno reforço, mas, quando chegou lá, o chefe em poucos momentos destruiu todo o trabalho feito. Casos assim acontecem bastante e, por vezes, os montantes envolvidos nas negociações ultrapassam milhões de dólares e os prejuízos são muito expressivos.

Negociar em equipe tem uma série de vantagens, como aumentar a quantidade de conhecimentos e informações e o número de abordagens a um problema. Além disso, a preparação, quando bem-feita, possibilita uma maior aceitação e compreensão da solução e decisão adotada, o que permite mais envolvimento e unidade entre os membros da equipe.

Entretanto, nem tudo são flores no trabalho de uma equipe. Na hora da negociação propriamente dita, podem aparecer conflitos e divergências entre os integrantes da equipe, inclusive alguns que estavam latentes na hora da preparação e que não foram devidamente identificados e trabalhados. E no momento da preparação podem surgir questões de dominação individual e pressão social, lutas por objetivos secundários, questões de agendas ocultas, além de pontos que foram abordados no Capítulo 25, "Aspectos Comportamentais do Processo de Tomada de Decisão e Solução de Problemas", entre eles o do pensamento grupal, em decorrência do qual a equipe acaba adotando procedimentos e decisões extremamente equivocados.

Portanto, formar uma equipe poderosa, capaz de obter resultados numa negociação, nem sempre é tarefa muito simples. Para negociar em equipe devemos considerar dois aspectos: primeiro, a formação da equipe propriamente dita, depois, a atuação da equipe numa negociação.

Na negociação, é preciso considerar todos os seus momentos, ou seja, o antes, o durante e o após a reunião de negociação, tendo em vista:

1. As dimensões do MIN — Modelo Integrado de Negociação, isto é, cenários, conhecimento do negócio, relacionamento interpessoal e realidade pessoal dos negociadores.

2. Os papéis que podem ser desempenhados pelos participantes da equipe. Existem quatro papéis principais:

   ▷ O líder, responsável maior pelo conteúdo e pelos resultados da negociação. É quem tem a palavra final.

   ▷ O facilitador, responsável pelo processo da negociação e pelos comportamentos e relacionamentos. Em algumas situações também é designado coordenador.

A Equipe de Negociação e a Sua Organização

▷ O registrador, que toma nota do que está acontecendo.

▷ Os membros da equipe, os demais participantes, que tratarão do conteúdo ou assunto da negociação.

Estes papéis poderão ser exercidos com exclusividade, ou seja, cada pessoa desempenhando somente um papel, ou mesclados, com uma ou mais pessoas exercendo mais de um papel. Se forem exercidos com exclusividade, quem é facilitador, por exemplo, não participa das discussões relativas ao conteúdo ou assunto da negociação. Suas intervenções referem-se somente ao processo, ou seja, às etapas, ajudando a equipe a segui-las corretamente, sem pulá-las, com questões ligadas a clima, geração de confiança e participação. Quem é líder ou membro da equipe ficará restrito às questões de conteúdo e não interferirá nas questões relativas aos processos. Quem é registrador ficará somente registrando. Quando os papéis forem mesclados, uma mesma pessoa poderá exercer dois ou mais papéis. Assim, um registrador, por exemplo, poderá participar das discussões da negociação. Há situações em que o papel de líder pode ser exercido por mais de uma pessoa, desde que no grupo ninguém tenha a exclusividade do poder formal pela decisão final.

Uma vez que se tenha conhecimento dos papéis, o número de formas como a equipe pode atuar é muito grande. Numa equipe de negociação de uma empresa japonesa, havia um fotógrafo que se limitava a levantar-se e tirar fotografias. Sua participação e importância pareciam nulas. Qual não foi a surpresa do grupo brasileiro ao constatar que o fotógrafo era o líder da equipe, responsável pela decisão final pelo seu lado. E o mais interessante é que ninguém da equipe brasileira soube o significado daquelas fotografias, se havia ou não algum tipo de comando que era dado para a sua equipe. E, com toda a certeza, havia.

Assim, existem muitas formas de conduzir uma negociação. O importante é definir bem os papéis e identificar as formas de atuação. Portanto, um facilitador pode assumir o comando da negociação, dando a palavra às pessoas que precisam interferir em cada assunto. Mas também pode ficar quieto e somente intervir quando houver qualquer coisa que diga respeito ao seu papel diretamente, como quando o grupo não está se detendo adequadamente numa etapa, por exemplo, a exploração, ou quando percebe que o clima está se tornando defensivo e contraproducente. Assim, se o facilitador percebe que são necessárias mais informações, ele sinaliza para os membros de sua equipe, de forma que se façam mais perguntas e sondagens. Se o clima não estiver adequado, ele mesmo pode intervir, propondo alguma coisa para melhorá-lo. Quanto ao registrador, pode haver mais de um tipo: um que toma nota dos assuntos tratados, outro que fica observando os comportamentos para verificar se descobre padrões comportamentais do outro grupo. E mais um, que pode somente registrar a forma de falar, também para identificar padrões, sobretudo na tonalidade da fala.

As equipes podem ser permanentes ou formadas para cada negociação. Uma equipe de projetos só permanece durante a negociação que motivou a sua criação. No caso de equipes de projetos, alguns participantes poderão ficar alocados exclusivamente a uma equipe, enquanto outros poderão fazer parte de mais de uma equipe.

A importância e os valores a serem negociados definirão se a negociação será feita individualmente ou por equipe e, nesse caso, como devemos proceder em relação aos papéis, à duração provável da negociação e como a equipe será formada. De qualquer forma, é sempre conveniente ressaltar que quando uma pessoa está negociando sozinha, quer ela se dê conta, quer não, está exercendo os quatro papéis da equipe. Se vai exercê-los bem ou não, é outra história.

Na formação de uma equipe, alguns pontos precisam ser considerados, entre eles, o de quem deve participar, levando-se em conta, inclusive, os negociadores do outro lado. E se haverá um apoio fora da reunião de negociação para as tarefas mais variadas, inclusive as burocráticas, para que aqueles que estiverem negociando possam dedicar-se exclusivamente aos pontos relevantes. É preciso definir quem seriam os substitutos no caso de algum integrante do grupo ficar impossibilitado. Nas negociações internacionais, é conveniente que a equipe tenha consultores locais nos assuntos relativos às particularidades do país, sobretudo nos aspectos legais. Na fase de preparação da negociação, poderão ser convocadas para colaborar pessoas que não façam parte da equipe. Nesse sentido, é conveniente contar com a contribuição de pessoas dos quatro estilos compartimentais, inclusive com pessoas capazes, mesmo que não conheçam o assunto. Richard Bandler, um dos criadores da programação neurolinguística, relata a história de um especialista em informática, altamente competente, que estava trabalhando arduamente para desenvolver um sistema, mas sem encontrar uma solução. Sua mãe, que presenciava todo o empenho do filho naquele trabalho, que lhe tomava todo o tempo, resolveu perguntar do que se tratava. Então, deu-lhe uma sugestão que foi a chave para resolver o impasse. Há ocasiões em que o não-especialista pode ser muito útil. Em Física, consideram-se duas formas de erro: o erro acidental e o erro sistemático, em que a pessoa comete consistentemente o mesmo tipo de erro. E estes mesmos tipos de erro ocorrem quando se está buscando compreender uma dada situação, sobretudo em função da nossa familiaridade com determinado assunto ou de nossas crenças, que fazem com que percebamos algumas coisas e sistematicamente ignoremos outras. O não-especialista pode auxiliar a superar essas dificuldades.

Existem várias técnicas úteis para preparar bem uma negociação, mas a que merece atenção especial é o *brainstorming*, na sua forma pura, conforme desenvolvida pelo seu criador, Alex Osborne, ou nas suas variantes. O *brainstorming* pode ser utilizado para preparação de todas as etapas da negociação e alcança o seu melhor resultado quando é feito em grupo.

Outro ponto importante para a formação de uma equipe refere-se às três necessidades das pessoas em grupo, de acordo com William Schutz: inclusão, controle e afeto. Inclusão é a necessidade de fazer parte, de pertencer, de se sentir considerado, importante, significativo e respeitado. Em suma, de que sua existência no grupo seja do interesse de todos. Afeto está ligado a gostar e ser querido. Controle é a necessidade de se sentir competente, de ter influência e aceitar ser influenciado. Respeito pela competência e responsabilidade dos outros e consideração dos outros pela competência e responsabilidade própria. A diferença entre inclusão, controle e afeto é mostrada pelos diferentes sentimentos que alguém tem ao ser excluído de um clube fechado, ser reprovado em uma matéria da faculdade ou ser rejeitado pela namorada. A exclusão do clube fechado mostra que, como grupo, eles não têm interesse na sua presença. A reprovação mostra que o professor o considera incompetente naquela disciplina. A rejeição da namorada significa que ela não o considera merecedor do seu afeto.

Qualquer equipe cujos integrantes não tenham essas três necessidades atendidas não terá coesão. E, para que uma equipe tenha um desempenho excelente, ela necessita de alta coesão e altos padrões de desempenho.

Outro ponto extremamente relevante é o das fases que uma equipe passa, não apenas no seu desenvolvimento, mas também quando está se empenhando na execução de uma tarefa. De acordo com Ivancevich, Szilagyi e Wallace, uma equipe atravessa quatro estágios: orientação, resolução de conflitos internos, crescimento e produtividade e controle e avaliação.

A fase de orientação ocorre quando as pessoas se encontram inicialmente ou quando há uma nova tarefa. Nesse momento, surgem questões como os padrões de comunicação, o desenvolvimento das interdependências entre as pessoas, o entendimento das metas e da estrutura, as definições de expectativas e a aceitação mútua entre os integrantes da equipe.

NEGOCIAÇÃO TOTAL

A seguir vem a resolução dos conflitos internos, decorrentes de diferentes interpretações e soluções para as questões surgidas na fase anterior, isso porque as pessoas trazem para o grupo questões não resolvidas sobre diferentes sentimentos e atitudes com relação a autoridade, poder, dependências e liderança. Se esses problemas e conflitos não forem identificados e resolvidos, a satisfação e o desempenho dos integrantes do grupo serão afetados negativamente e o grupo provavelmente nunca avançará além dessa etapa.

Na fase de crescimento e produtividade, as atividades da equipe voltam-se, quase exclusivamente, para a direção de suas metas. As relações interpessoais dentro do grupo são caracterizadas pelo crescimento da coesão, compartilhamento de ideias, dar e receber *feedback*, descoberta e exploração de ideias e ações sobre a tarefa que está sendo feita.

Finalmente, a fase de controle e avaliação, centrada nos desempenhos individuais e grupais e nos resultados obtidos.

Deve ser ressaltado que mesmo uma equipe já formada e desenvolvida passa, em cada nova atividade, por essas fases. Uma das formas de saber se elas foram bem trabalhadas é constatando se o grupo está ou não voltando às fases anteriores. Por exemplo, o grupo está na fase de crescimento e produtividade, no pleno desenvolvimento da tarefa, e a toda hora surgem conflitos não resolvidos ou, pior, dúvidas quanto à interpretação do que se está efetivamente fazendo e negociando.

É interessante ressaltar que cada uma dessas etapas é acompanhada de determinados tipos de emoção. Assim, na fase de orientação podem surgir ansiedade, sentimentos de insegurança, dúvidas, ambiguidade. Essa é uma das razões pelas quais a fase de orientação frequentemente é mal resolvida. Normalmente ninguém gosta de conviver com esses sentimentos. Eles não pertencem à zona de conforto. Na fase de resolução de conflitos às vezes surgem agressividade, fugas e amaciamentos, em que se evita enfrentar a situação e se colocam "panos quentes" ou se encontram soluções de baixa qualidade e aceitação.

Na fase de crescimento e produtividade, o grupo passa por emoções extremamente boas se as fases anteriores tiverem sido bem resolvidas, não só quanto ao pertencimento em relação ao grupo, mas também de satisfação com a tarefa que está sendo cumprida e com os objetivos que estão sendo alcançados. Caso as fases anteriores não tenham sido bem resolvidas, haverá perdedores e vencedores dentro do grupo, o que significa baixo aproveitamento das potencialidades dos integrantes da equipe.

De qualquer forma, a fase de controle e avaliação é um teste ácido, que mostrará os sentimentos de realização ou frustração. Entretanto, saber lidar com as frustrações e os erros é essencial ao crescimento da equipe.

Muitas vezes é conveniente que o grupo conte com a colaboração de consultores internos da empresa, os especialistas em desenvolvimento de equipes. Essa iniciativa pode fazer com que a estrada a ser percorrida para a formação da equipe seja menos árdua.

Desenvolver equipes de negociação demanda competência e um bom investimento em tempo, emoções e outros recursos. Mas os resultados são extremamente compensadores.

A CAPACITAÇÃO ORGANIZACIONAL EM NEGOCIAÇÃO

*N*ormalmente, quando se busca capacitação em negociação, pensa-se somente em capacitação individual, algumas vezes em equipe e, raramente ou nunca, em capacitação organizacional. Isso tem sido assim em função de uma compreensão fragmentada da questão. Entretanto, pode constituir grave erro, pois a capacidade de uma empresa, em termos de negociação, não depende apenas das capacidades individuais de seus negociadores. Negociadores excelentes, mas com condições organizacionais adversas, podem ter desempenhos medíocres e, o que é pior, ser responsabilizados por um desempenho cujo fator determinante foi a baixa capacitação organizacional, e não individual. Nesse sentido, é indispensável compreender o que vem a ser e qual é a importância da capacitação organizacional em negociação, ainda mais necessária, ou melhor, indispensável nesta época de globalização, em que negociar com empresas de outros países fará parte do dia a dia de todos.

A capacitação organizacional de negociação procura responder a seguinte pergunta: "Quais são as condições necessárias e suficientes para que negociações realizadas individualmente ou em equipe tenham êxito?"

Inicialmente devemos ter em mente que as negociações podem ser relativas a aspectos estratégicos, táticos ou operacionais. As negociações estratégicas são muito delicadas porque, em geral, erros em nível tático e operacional, mesmo que impliquem sacrifícios, podem ser assimilados. Já erros em nível estratégico podem levar a empresa à falência. Assim, se as negociações em nível estratégico forem mal conduzidas e concluídas, por melhores que sejam os desempenhos nas negociações táticas e operacionais o resultado final, para a empresa, será extremamente duvidoso. Portanto, a identificação dos vários níveis de negociação e de suas importâncias relativas é o ponto de partida. É isso que proporciona o conhecimento da energia e do montante de recursos a serem despendidos em cada situação. As negociações em nível estratégico, ou as de maior impacto em nível tático/operacional, devem ser identificadas e privilegiadas, de acordo com um velho princípio de Peter Drucker: "Primeiro o mais importante".

O ponto seguinte é entender que toda negociação é um processo que comporta três momentos distintos: o momento que antecede o encontro com o outro negociador, ou preparação, o contato com o outro negociador, ou negociação propriamente dita, e o pós-encontro, ou implementação do acordo. Cada um desses momentos tem as suas particularidades e necessidades específicas.

O sucesso de uma negociação começa com uma boa preparação e, sem um bom banco de dados, isto é praticamente impossível. Um bom banco de dados contém o histórico das negociações anteriores sobre os aspectos técnico, econômico, financeiro e jurídico, mas não se limita a isso. Deve conter, igualmente, informações sobre a organização com a qual se está negociando, sua estrutura de decisão, seus decisores, os limites de autoridade ou alçada, as pessoas relevantes para cada decisor, ou seja, o seu eleitorado, as portas ou passagens, isto é, as pessoas que encontraremos pelo caminho até chegar aos decisores. São igualmente relevantes as informações sobre crenças, estilos comportamentais, valores e até condições físicas dos negociadores, bem como sobre a cultura organizacional. Para negociações internacionais, deve haver informações sobre o país e particularidades que possam afetar o desfecho da negociação.

O sistema de comunicação interna e de acesso aos dados é outro aspecto importante para uma boa preparação. É possível saber e contatar rapidamente as pessoas que têm informações ou contribuições relevantes? É possível acessar eficientemente os dados armazenados nos vários setores, ou estes dados estão em sistemas que não se comunicam? Existe alguma padronização que facilite esta comunicação? Se não tivermos um sistema de comunicação e informação rápido e eficiente, a preparação poderá ficar comprometida.

Nas negociações em equipe, esta deve estar representada em qualidade e quantidade de negociadores, determinadas pelo vulto da negociação e pelas capacidades que forem necessárias, como domínio em assuntos de natureza muito distintas, por exemplo, técnicos, econômicos e jurídicos.

NEGOCIAÇÃO TOTAL

Mas só isso às vezes não basta, pois negociações mais demoradas ou mais relevantes exigem equipes de apoio. Qual é o papel de uma equipe de apoio? Ela recebe as informações sobre o dia a dia da negociação para efetuar uma análise detalhada dos acontecimentos e sugerir caminhos e alternativas. O esquema é semelhante ao dos campeonatos internacionais de xadrez, quando a partida é suspensa. Os enxadristas vão descansar enquanto seus assessores analisam o jogo, buscando identificar as várias possibilidades existentes. Portanto, as equipes de apoio têm um papel extremamente relevante e, mais do que isso, contribuem não apenas para que os negociadores tenham mais informações, análises precisas e sugestões sobre os desdobramentos possíveis, mas também para que não sejam vitimados pelo *stress*. Negociadores competentes podem fracassar em função do desgaste físico e emocional.

O pós-negociação é outra parte muito importante. Muitos negociadores fazem o acordo e se esquecem da sua implementação e é neste pós-acordo que acontece o verdadeiro desfecho. Negociações bem conduzidas podem redundar em tremendos fracassos porque o que é implementado não tem relação com o que foi definido no acordo. Assim, há quem prometa o que não pode cumprir, levando em conta a inexistência de controle pela outra parte, ou falta de comunicação entre quem fez o acordo e quem vai implementá-lo. Portanto, uma negociação só deve ser considerada encerrada quando o acordo foi cumprido, e não quando foi formalizado.

Uma vez que se entenda a fenomenologia da negociação e encare a negociação como meio de alcançar os objetivos organizacionais, devemos dimensionar o volume de negociações a serem desenvolvidas, o provável número de negociadores e de equipes necessárias e adotar um modelo representativo da organização que considere parâmetros como liderança, processos, estrutura, qualificação, apoio logístico, banco de dados, sistemas de comunicação e informação, valores e crenças.

Mesmo que as negociações sejam realizadas de forma descentralizada, por unidades de negócio ou resultado, a capacitação organizacional demanda um acompanhamento global através do estabelecimento de indicadores de processo e resultado que sirvam como referencial para responder a seguinte pergunta: "Como é possível saber se uma negociação foi boa para a empresa?" E, a partir daí, aprender com as negociações mais expressivas e com as que fracassaram, corrigindo desvios. É nesse sentido que as chefias ou gerências têm um papel essencial, além de coordenar suas equipes. Elas precisam ter condições para atuar como consultores de seus subordinados, ajudando na identificação e superação contínua de seus problemas e, mais do que isso, contribuir ativamente para transformar a empresa numa organização de aprendizagem.

Outro ponto importante é a metodologia ou processo de negociação. Há empresas que, sem se dar conta, contratam consultores das mais variadas tendências e linguagens, que muitas vezes têm até orientações contrárias. Com isso não se forma uma massa crítica de negociadores nem se contribui para formar uma cultura de negociação. Quando os integrantes de uma equipe têm diferentes formações e orientações, a consequência é o conflito e o enfraquecimento, e os resultados poderão ser desastrosos.

Um tipo de informação bastante relevante ao processo de desenvolvimento da capacitação organizacional de negociação é a percepção que têm as pessoas que negociam com a empresa, como clientes, fornecedores e associados. Muitas suposições podem ser válidas ou desmentidas.

Com base nesse conjunto de informações e referenciais, é possível efetuar um diagnóstico do que existe atualmente e desenvolver um projeto visando identificar e construir o que deveria existir. Quais são as forças impulsionadoras, quais são as restritivas e qual o caminho a ser percorrido. Em geral, os projetos fracassam porque esses conjuntos de forças não foram identificados e, na hora da implementação, surge uma série de surpresas negativas que poderiam ter sido perfeitamente previstas, caso fossem levantadas todas as forças restritivas.

O que deve ficar claro é que a competência organizacional de negociação não é fruto do acaso. É consequência de um projeto elaborado com este objetivo, em que o comprometimento e o envolvimento da alta direção são fundamentais. É oportuno ressaltar que, muito frequentemente, é necessário ter pessoas voltadas exclusivamente para o desenvolvimento deste projeto, contando-se, inclusive, com a contribuição de consultores internos especialistas em desenvolvimento de equipes e de organização.

Hoje em dia, quando as empresas, mais do nunca, precisam criar e aproveitar as oportunidades com qualidade, velocidade e flexibilidade, uma alta capacidade organizacional em negociação é imprescindível. Mas, de qualquer forma, deve-se entender que esse processo de capacitação é dinâmico e contínuo. Uma empresa não é capaz. Uma empresa está capaz.

PODER PESSOAL: PALAVRAS FINAIS

Saber negociar está entre as habilidades mais importantes para uma pessoa. A todo o momento estamos negociando, seja na vida profissional, seja na vida particular. Parte considerável do que obteremos da vida está profundamente relacionado à maneira como negociamos. E nossa capacidade de obter resultados, numa negociação, está diretamente ligada a nosso poder pessoal, que é consequência de nossos estados mentais, conhecimentos e habilidades. Ter estados mentais ricos em recursos é fundamental, pois de nada adianta ter conhecimentos e habilidades se entramos em estados mentais pobres de recursos. O que devemos considerar é que, queiramos ou não, sempre estamos num determinado estado mental. A questão é saber se ele é ou não adequado ao que estamos fazendo e estarmos conscientes da alternância e da possibilidade de mudar nossos estados mentais. Eles, em certo sentido, são escolhas que fazemos. Diante da escuridão podemos praguejar, acender uma vela ou, quem sabe, olhar para o céu estrelado. Vinícius de Morais dizia que a vida é a arte do encontro. Mas, antes, talvez seja a arte da escolha. Nós podemos escolher a cor das lentes que vamos usar para ver a realidade, ou melhor, podemos mudar o canal da nossa TV mental. Assim, se o programa não estiver agradando, ou não for adequado, mude de canal. Portanto, compreender este fato e assumir responsabilidade pelo que nos acontece e pelas nossas escolhas é o ponto de partida para encontrar os estados mentais ricos de recursos e apropriados para cada situação. O fato é que já tivemos muitas experiências em que passamos por estes diversos estados e é necessário resgatar estes estados mentais, ou seja, identificá-los e

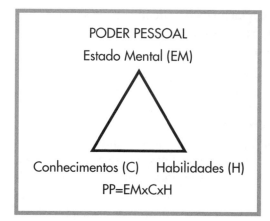

encontrar formas de eliciá-los, fazendo com que se apresentem quando precisarmos deles. Os recursos existem dentro de nós. Encontre os gatilhos ou elementos que permitam a eles aflorar de acordo com cada necessidade. Pode ser uma fotografia, uma música, uma postura corporal, uma maneira de respirar, um som interior, uma oração, uma imagem mental. Para cada situação, habilidade necessária e pessoa, há uma forma. Entretanto, esta é uma descoberta que tem de ser feita por cada um. É pessoal e intransferível.

Os conhecimentos são o segundo fator do poder pessoal. A base dos conhecimentos desenvolvidos é o Modelo Integrado de Negociação — MIN. Ele retrata as cinco áreas relevantes: cenários, conhecimento do negócio, processo de negociação, relacionamento interpessoal e realidade pessoal dos negociadores. Cada uma dessas áreas comporta vários itens a serem considerados e desenvolvidos, sempre presentes numa negociação. Quando for negociar, tenha sempre presente o MIN. O conhecimento pode ser passivo ou ativo. Passivo é quando se reconhece alguma coisa, quando sabemos que já vimos ou ouvimos aquilo antes. Portanto, conhecimento passivo é saber que alguma coisa existe. O conhecimento passivo, porém, não adianta praticamente nada em negociação. É fundamental transformar o conhecimento passivo em conhecimento ativo, que é quando dominamos suficientemente um assunto para poder utilizá-lo. A aprendizagem tem de ser contínua para estarmos aptos a usar o conhecimento na prática.

As habilidades são o terceiro elemento do poder pessoal. Só há uma forma de adquiri-las, que é praticando e aprendendo com a prática, uma ótima mestra para quem souber aprender com ela. Caso contrário, se cometerão sempre os mesmos erros, e cada vez melhor. Há pessoas que quando chegam ao final de suas vidas já estão errando com perfeição.

Para adquirir ou desenvolver uma habilidade, devemos considerar as etapas do processo de mudança: consciência da necessidade, mudança e sedimentação. A consciência da necessidade fornece motivação. Sem ela não há empenho suficiente para a mudança. A etapa de mudança consiste na identificação e prática das atividades necessárias para efetivar a mudança

NEGOCIAÇÃO TOTAL

desejada. A sedimentação é a integração da habilidade ao nosso repertório comportamental, isto é, quando passamos a utilizar a habilidade de forma automática, sem pensar em como exercê-la.

Outro ponto importante é como aprender com a experiência, ou seja, há também um processo para aprender com a prática. É o chamado processo da aprendizagem vivencial, que passa por quatro etapas. A primeira é a coleta de informação sobre a experiência objeto da aprendizagem, que deve ser feita de forma neutra, sem julgamentos. Depois de coletar as informações, passa-se para o processamento delas, ou seja, organização, análise e discussão, para só então gerar os produtos, que são as próximas etapas. A terceira etapa é a das conclusões sobre a experiência objeto da aprendizagem e a sua generalização, com a identificação de princípios gerais que permitam trabalhar com situações semelhantes. E, finalmente, a quarta etapa, que é a de encontrar aplicações, ou seja, como podemos melhorar o nosso desempenho no dia a dia com o aprendizado que tivemos da experiência. Deve-se notar que a experiência ou fato a ser considerado pode ser um erro, um desempenho equivocado, ou um sucesso retumbante, em que queremos identificar e aprimorar os fatores responsáveis pelo êxito.

De qualquer forma, pratique. Havia uma pessoa que falava muito bem em público e, o mais importante, de improviso. Ela era muito conhecida e sempre solicitada para discursar. Certo dia, entretanto, ao ser solicitada, não quis fazer o discurso e ninguém entendeu por quê. Foram tantas as insistências que ela, enfim, ponderou: "Está bem, farei o meu improviso, mas vou repetir o improviso que fiz na última vez, pois não me lembrei de prepará-lo hoje". Portanto, se você quiser estar com o improviso em dia, prepare-se.

Prepare-se até que tudo passe a fazer parte da sua natureza. Para isso, recomendamos que você faça um Programa de Desenvolvimento Pessoal. Da mesma forma como a negociação deve ser planejada, o seu desenvolvimento pessoal também deve ser. Sugerimos alguns tópicos:

- ▷ Faça um resumo dos principais pontos do livro de acordo com as suas necessidades.

- ▷ Faça o questionário do próximo capítulo: "Um Teste: Qual É a Sua Habilidade Como Negociador?"

- ▷ Com base na leitura do livro e no resultado do questionário, encontre formas de aprimorar os seus conhecimentos e aplicá-los no seu dia a dia.

- ▷ Aproveite cada negociação para fazer dela uma oportunidade de desenvolvimento pessoal.

> Procure descobrir os vários estados mentais necessários para fazer bem cada atividade, seus recursos internos e as formas de eliciá-los.

ÁREA DE
Conforto
Segurança
Familiar
ÁREA DE
Desconforto
Ambiguidade
Risco
Inconveniente
Incerteza
Insegurança
Desconhecido

No processo de aprendizagem precisamos sair da área de conforto, segurança e familiar. Não há um verdadeiro aprendizado nesta área, mas é justamente por querer permanecer nela que não percebemos as mudanças, negamos e rejeitamos informações que nos levariam a enfrentar a necessidade da mudança. Resistimos às mudanças de várias maneiras, e algumas delas, muito sutis, aparecem sob a forma de racionalizações, desculpas como "eu não preciso" e procrastinações. Entre estas, a principal é "vou deixar para a próxima segunda-feira", por isso considerado o dia universal do mentiroso. Todo benefício tem um preço. O benefício de desenvolver as habilidades de negociação compensa em muito o preço a ser pago. E um dos preços é poder entrar na área do desconforto, da ambiguidade, do risco, da incerteza, do inconveniente, da insegurança e do desconhecido, e viver todas as emoções ligadas a isto.

Se você encontrar o estado mental apropriado, poderá conviver e superar todas essas emoções e, com isso, aumentar o seu poder pessoal e obter resultados mais expressivos nas suas negociações e, consequentemente, na sua vida. Mas devemos ter em mente que tudo o que fazemos, não importa o quê, é uma alternativa. Isso quer dizer que existem muitas formas de fazer as coisas. Quando pensamos desse modo, aumentamos a nossa flexibilidade e o nosso campo de possibilidades. É neste sentido que devemos considerar sempre o Mecanismo Básico do Sucesso. Uma boa sugestão neste processo é: gradação, persistência e paixão. Saiba se propor, constantemente, pequenos desafios nos pontos que realmente sejam importantes para você. Assim, o caminho fica mais fácil de ser seguido, pois você encontrará mais motivação. E provavelmente será mais divertido.

UM TESTE: QUAL É A SUA HABILIDADE COMO NEGOCIADOR?

$\mathcal{U}$ ma autoavaliação é extremamente útil em qualquer processo de desenvolvimento pessoal. Entretanto, se você puder contar com a colaboração de uma ou mais pessoas que o conheçam bem ou, melhor ainda, que negociem com você, os benefícios serão muito maiores. Assim, dê uma cópia do questionário abaixo a estas pessoas, enquanto você, paralelamente, o responde. Depois, reúna-se com elas para tirar dúvidas, verificar divergências e procurar chegar a um acordo.

Dê grau 3 se a resposta se aplica a você frequentemente, grau 2 se às vezes e grau 1 se raramente se aplica a você.

QUESTIONÁRIO		3	2	1
01	Você prepara as suas negociações?			
02	Quando prepara a negociação, você tem em vista sua ótica e a do outro negociador?			
03	Você identifica os interesses comuns e conflitantes?			
04	Na preparação, você identifica todos os pontos a serem negociados e define as margens de negociação para cada um deles?			

UM TESTE: QUAL É A SUA HABILIDADE COMO NEGOCIADOR?

		3	2	1
05	Você tem expectativas positivas e estabelece objetivos desafiadores ao definir as margens de negociação?			
06	Você busca de forma consistente, perseverante e com flexibilidade os seus objetivos desejáveis?			
07	Consegue conviver e superar as situações de ambiguidade, tensão e *stress*?			
08	Quando estabelece as margens de negociação, leva em consideração a MADI — Melhor Alternativa Disponível no caso de um Impasse —, sua e do outro lado?			
09	Identifica os possíveis temores do outro negociador, sobretudo em relação às pessoas importantes para ele?			
10	Você negocia levando em conta o estilo comportamental do outro negociador?			
11	Você analisa e faz o balanço da situação de poder (capacidade de influenciar) sua e da outra parte?			
12	Quando negocia, você leva em consideração os tempos-limites de cada lado, isto é, os prazos em que as partes têm de, necessariamente, fechar a negociação?			
13	Procura encontrar alternativas que atendam aos interesses das partes?			
14	Você considera a negociação como um processo e segue as etapas deste processo?			
15	Separa as pessoas dos problemas, isto é, ataca os problemas e não as pessoas?			
16	Procura criar um clima positivo e gerar confiança?			
17	No encontro com o outro lado, você testa os pressupostos adotados na preparação, entre eles, necessidades, expectativas, interesses e valores?			

NEGOCIAÇÃO TOTAL

		3	2	1
18	Na negociação procura primeiro entender a situação pela ótica do outro e só então se fazer entender, isto é, apresentar a sua posição e justificativas?			
19	Prepara as perguntas e outras formas de obter informação tendo em vista o que pretende saber, como conseguir a informação e a utilização da informação obtida?			
20	Procura identificar as táticas utilizadas pelo outro negociador?			
21	Negocia considerando que mais importante do que aquilo que se faz é a resposta que se obtém pelo que se faz, ou seja, está atento às respostas que recebe da outra parte?			
22	Faz a apresentação das suas ideias e propostas mostrando soluções e benefícios para a outra parte?			
23	Considera que as dificuldades e os problemas surgidos na negociação podem ser oportunidades e não ameaças?			
24	Planeja *como* e *quando* fazer concessões?			
25	Antes de buscar uma saída para as situações de impasse, procura identificar as suas causas?			
26	Considera a possibilidade de que o desfecho da negociação atenda aos interesses das partes?			
27	Procura identificar todas as consequências positivas e negativas do acordo a que chegou?			
28	Você cumpre o que promete?			
29	Leva em consideração que a negociação só acaba quando o acordo foi cumprido e não quando foi firmado?			
30	Identifica os pontos positivos e negativos na condução da negociação e procura aprender com seus acertos e erros?			

	3	2	1
TOTAL DE CADA COLUNA			
TOTAL GERAL			

Interpretação:

Entre 75 e 90 — Existe uma alta probabilidade de que você seja um excelente negociador. Você pensa e age para obter resultados expressivos, preparando-se adequadamente, conduzindo a negociação com propriedade e estando atento a todo o processo de cumprimento do que foi acordado. Preocupa-se com a floresta e com as árvores, isto é, vê a situação de uma forma global, identificando o que é relevante em cada contexto. De qualquer forma, lembre-se de que sempre há espaço para melhorar. E também de que alguém não é excelente, mas sim está excelente. Isso quer dizer que o processo de autodesenvolvimento deve ser contínuo.

Entre 55 e 74 — Você é um negociador razoável, negocia mais centrado em você mesmo. Possivelmente você negocia mais com base na barganha de propostas do que na solução de problemas. Normalmente não chega a desfechos que atendam aos interesses das partes e provavelmente tem um grau menor de flexibilidade, tenta impor ou acaba concedendo mais do que devia. Verifique as suas respostas e veja onde pode melhorar.

Entre 30 e 54 — Nem tudo está perdido, mas existe um longo caminho a percorrer que, entretanto, com toda a certeza lhe trará muitos benefícios, seja na sua vida pessoal, seja na profissional. Talvez você não tenha efetivamente se dado conta da importância da negociação na sua vida ou, quem sabe, só agora você está começando a entender. De qualquer forma, boa sorte. A jornada é longa.

Repita este teste de tempos em tempos para verificar como está a sua evolução. E mais: construa você mesmo um teste com aqueles pontos que considera importantes e utilize-o. Na realidade, faça um *check list* dos pontos relevantes que devem ser seguidos em toda e qualquer negociação.

Bibliografia

I. Negociação

1. COHEN, Herb. *Você Pode Negociar Qualquer Coisa*. Rio de Janeiro: Record, 1982.
2. FISHER, Roger & URY, William. *Como Chegar ao Sim*. Rio de Janeiro: Imago, 1985.
3. FISHER, Roger & ERTEL, Danny. *Estratégias de Negociação: Um Guia Passo a Passo para Chegar ao Sucesso em Qualquer Situação*. Rio de Janeiro: Ediouro, 1997.
4. JANDT, Fred E. & SEBENIUS, James K. *Win-Win Negotiating*. Nova York: John Wiley & Sons, 1985.
5. JUNQUEIRA, Luiz Augusto Costacurta. *Negociação: Tecnologia e Comportamento*. 25ª ed. Rio de Janeiro: COP, 1998.
6. KARRASS, Chester L. *O Manual de Negociação: o Guia Completo de Estratégias e Táticas de Negociação*. Rio de Janeiro: Ediouro, 1994.
7. KENNEDY, Gavin. *The Perfect Negotiation*. London: Arrow Business Books, 1992.
8. LABORDE, Genie Z. *Influencing with Integrity*. Palo Alto: Syntony Publishing, 1987.
9. LAX, David A. *The Manager as Negotiator: Bargaining for Cooperation and Competitive Gain*. Nova York: Free Press, 1986.
10. MILLS, Harry A. *Negociação, a Arte de Vencer*. São Paulo: Makron Books, 1993.
11. MOINE, Donald J. & HERD, John H. *Modernas Técnicas de Persuasão: a Vantagem Oculta*. São Paulo: Summus, 1988.
12. NIERENBERG, Gerard. *Fundamentals of Negotiating*. Nova York: Hawthorn Books Inc., 1973.
13. WANDERLEY, J. A. "Negociação e Qualidade". In: Forum OPC. Rio de Janeiro: nº 93, março/abril de 1993.
14. WANDERLEY, J. A. "Crise e Negociação". In: *Jornal do Brasil*, maio de 1993.
15. WANDERLEY, J. A. "Negociação: Como Fazer Concessões". In: *O Globo*, setembro de 1995.
16. WANDERLEY, J. A. "Como Evitar Erros ao Fazer uma Negociação". In: *O Estado de S. Paulo*, agosto de 1996.
17. ZAJDSNAJDER, Luciano. *Teoria e Prática da Negociação*. 2ª ed. Rio de Janeiro: José Olympio, 1968.

II. Assuntos de apoio

1. BANDLER, Richard & Grinder, John. *A Estrutura da Magia*. Rio de Janeiro: Zahar, 1977.

2. COVEY, Stephen. *Os 7 Hábitos das Pessoas Muito Eficazes*. 14ª ed. São Paulo: Best Seller.

3. DE BONO, Edward. *O Pensamento Lateral*. Rio de Janeiro: Record, 1995.

4. DE BONO, Edward. *Ninguém Nasce Sabendo Pensar*. Tema Executivo.

5. DILTS, Robert, HALLBOM, Tim & SMITH, Suzi. *Crenças – Caminho para a Saúde e o Bem-Estar*. São Paulo: Summus, 1993.

6. DINSMORE, Paul Campbell & JACOBSEN, Paulo. *Prosolve — Processo Decisório: da Criatividade à Sistematização*. 2ª ed. Rio de Janeiro: COP, 1985.

7. DOYLE, Michael & STRAUS, David. *Reuniões Podem Funcionar*. São Paulo: Summus, 1978.

8. EPSTEIN, Gerald. *Imagens que Curam*. 4ª ed. Rio de Janeiro: Xenon, 1990.

9. HAYAKAWA, S. I. *A Linguagem no Pensamento e na Ação*. São Paulo: Pioneira, 1972.

10. HERSEY, Paul & BLANCHARD, Kenneth H. *Psicologia para Administradores de Empresas*. São Paulo: EPU, 1977.

11. IVANCEVICH, John M., SZILAGYI Jr. Andrew D. & WALLACE Jr., Marc J. *Organizational Behavior and Performance*. Santa Monica: Goodyear, 1977.

12. MOCOVICI, Fela. *Desenvolvimento Interpessoal — Treinamento em Grupo*. 2ª ed. Livro Técnico: 1980.

13. NASCIMENTO, Kleber T. *Comunicação Interpessoal Eficaz — Verdade & Amor*. In: Incisa, Rio de Janeiro, 1977.

14. ROBBINS, Anthony. *Poder sem Limites*. 2ª ed. São Paulo: Best Seller, 1987.

15. SILVEIRA Neto, Fernando Henrique. *Outra Reunião – Teoria e Prática para a Realização de Reuniões Eficazes*. Rio de Janeiro: COP, 1987.

16. THOMPSON, Charles. *Grande Ideia. Como Aplicar e Desenvolver sua Criatividade*. São Paulo: Saraiva, 1993.

17. TUBBS, Stewart L. *A Systems Approach to Small Group Interaction*. Massachusetts: Addison-Wesley, 1978.

18. WANDERLEY, J. A. "Pecados Capitais do Executivo no Processo Decisório". In: *O Globo,* agosto de 1986.

19. WANDERLEY, J. A. "Você é um Executivo Flexível?" In: Forum OPC, Rio de Janeiro, nº 85, junho/agosto de 1990.

EXCELÊNCIA EM NEGOCIAÇÃO

José Augusto Wanderley

Treinamentos, palestras, *coaching* e consultoria em:

• Negociaçõ
• Poder pessoal e administração do pensamento
• Liderança

Para contato:

e-mail: zw@jawanderley.pro.br
Home page: http://www.jawanderley.pro.br

Tels.: (0xx21)9953-1119 e (0xx21) 2205-5851

Este livro foi impresso pela
Arvato do Brasil Gráfica em papel *offset* 75g.